供应链思维

链性、战略和数字化转型

吴树贵 著

Supply Chain Thinking

Chain, Strategy, and Digital Transformation

机械工业出版社
CHINA MACHINE PRESS

随着数字化时代的到来，供应链管理面临着前所未有的变革。本书从数字化转型、数字技术应用等角度，重新定义了供应链，介绍了其发展趋势，全面分析了如何运用供应链思维统筹数字化转型，从数字系统建设的指导原则到实操路径均有涉及。书中详细探讨了供应链七大链性，以及交易在其中的关键作用，揭示了供应链在企业战略制定与执行中的重要地位。同时，书中强调了供应链认知"四段式"的理念，帮助读者（尤其是企业家）对照企业所处阶段，思考企业的发展路径与战略举措。本书注重理论与实践的结合，通过走访企业实地调研，结合中国企业的经营实践进行案例分析，引导读者学以致用。这些案例可以帮助读者深入了解供应链规律在不同场景下的作用，以及如何遵循规律优化供应链来提升企业的竞争力。无论是学者还是企业实践者，都能从本书中获得关于供应链管理与数字化转型的宝贵知识与实用方法。

本书适用于管理学类专业的学生，也可作为教学和企业培训的参考用书。

图书在版编目（CIP）数据

供应链思维：链性、战略和数字化转型 / 吴树贵著. 北京：机械工业出版社，2025. 4. -- ISBN 978-7-111-78001-4

I. F252.1

中国国家版本馆CIP数据核字第20258FV376号

机械工业出版社（北京市百万庄大街22号　邮政编码100037）
策划编辑：坚喜斌　　　　　责任编辑：坚喜斌　王华庆
责任校对：梁　园　张亚楠　责任印制：任维东
唐山楠萍印务有限公司印刷
2025年5月第1版第1次印刷
170mm×230mm・19.5印张・1插页・252千字
标准书号：ISBN 978-7-111-78001-4
定价：79.00元

电话服务　　　　　　　　　网络服务
客服电话：010-88361066　　机　工　官　网：www.cmpbook.com
　　　　　010-88379833　　机　工　官　博：weibo.com/cmp1952
　　　　　010-68326294　　金　书　网：www.golden-book.com
封底无防伪标均为盗版　　　机工教育服务网：www.cmpedu.com

前言

我们正处于"数字化时代",要充分利用数字技术推动社会经济全面发展,这已经成为全社会的基本共识。对于企业来说,数字化转型已经被视为"不得不做"的选项,但是,如何推进数字化转型仍然是一个让人颇费脑力的事。很多企业管理团队在进行数字化转型的顶层设计时,发现找不到"顶层",或是大家对"顶层"莫衷一是。有些企业则受到"互联网+""区块链+"或"AI+"之类的概念的影响,对于到底以什么技术"+",彷徨良久不能定夺,因而延宕了推进数字化转型的时机。

我们正处于"供应链时代",要充分尊重并利用供应链的构建和运行规律来经营企业,确保企业盈利且可持续发展,这一点几乎是所有企业的期望。但现实情况是,并非所有的企业管理团队都已经深谙供应链的规律。虽然很多人也能就"供应链"侃侃而谈,但多半还是人云亦云、有口无心。他们在经营管理的实操中,依然遵循着传统企业的管理理念。

有关企业数字化转型的论著不少,但多半是拿技术"说事",就数字技术讨论数字化,很少有真正契合企业经营管理实践所需的,将数字化转型放在供应链的大背景之下进行探讨的更是少之又少。已经有不少有关供应链的国外论著被介绍到国内,国内也有不少供应链专家学者著书立说。得益于此,人们对于供应链的一般认知已经大有提升。颇为遗憾的是,这些与供应链有关的论著鲜有结合企业数字化转型展开深入的讨论，即使有所涉及也是寥寥数语、浅尝辄止。

这是当前关于企业数字化转型和供应链实践的基本现象。20多年来，作者一直从事企业数字化转型服务，结合自己对于企业管理和供应链的研究，深感当下正是一个"数字化"和"供应链"相叠加的时代，我们需要用供应链思维来规划统筹企业的数字化转型。

数字化和供应链不是两张皮，而是一个硬币的两面。企业数字化转型事关数字技术在企业经营管理中的应用，对此，我们有必要清醒认识这样一个道理：若要将一门新技术应用于一个特定的专业领域，首先要对这个专业领域有清晰的认知。按照此理，如果我们要推进企业数字化转型，首先要对企业的经营管理有充分的理解。

供应链外无企业。换言之，所有的企业，无论其规模大小、意愿如何、地处何方或是作何经营，都处于特定的供应链之中。供应链即是企业生存的生态，企业置身其中，应该遵循的是"创造价值，成就彼此"的生存之道。企业数字化转型需要大处着眼，小处着手，而这个"大处"就是供应链数字化转型，也就是数字技术在供应链构建和运行中的应用，其目的依然是实现企业的终极目标：盈利且可持续。

供应链的构建和运行有其客观的规律。对于规律，我们只能通过充分的实践和调研去发现，而不能无中生有地去"发明"。基于20多年的实践和观察，结合对各种供应链论著的研读，作者在本书中给出了供应链的新定义，以便企业在实施供应链管理时可以清晰定位管理对象的边界和构成，并依此梳理出供应链的七个规律。本书姑且将其称为"七大链性"，分别是需求链、资源链、价值链、协同链、知识链、数据链和风险链。企业经营管理团队不断提升对供应链七大链性的认知，对于企业的数字化转型而言必定大有裨益。

在研究的过程中，作者发现采购交易对于供应链的构建和运行具有关键性的作用，因而进一步分析了采购工作在企业经营中所具有的"购置物料"和"构建供应链"的双重作用，并由此发现"构建供应链"这一作用一直被企业管理层忽视。这种忽视也体现在企业采购管理的制度建设中。因此，作者在书中建议，企业实施集中采购的重点是集中采购的规则制定权，并酌情将采购实施权按规则授予相关的业务团队。这样，一来可以提高采购的工作效率，二来可以避免"一统就死，一放就乱"的窘境，三来可以利用采购的杠杆作用构建高敏捷、低风险和强韧性的供应链。

作者提出的"供应链思维"强调的是一种具有实践指导意义的思维定式（Mindset），而非一种偏于理论的思想体系（Thought），亦即从供应链的构建和运行规律出发来着手应对企业经营管理中的所有问题，包括数字化转型。换言之，企业既要用供应链思维擘画发展战略，指导经营管理，也要在此基础上利用数字技术打造供应链竞争优势。

供应链的构建和运行规律无时无刻不在影响着企业的经营管理，搞懂了供应链运行所特有的属性和规律，就可以顺藤摸瓜，定位企业数字化转型的"顶层"所在，就能够规划出"大处着眼、小处着手、快速推进"的数字化转型路线图。

数字技术的快速发展为企业更好地利用供应链规律谋篇布局和提升竞争力提供了便捷性和可行性。作者从 20 多年亲力亲为的数字系统设计开发实践中悟出一个道理：根据第一性原理，数字化转型最为具体的实操工作是"软件+"，即软件系统的设计和开发，这也是数字化转型最为基础的工作。人们无需纠结"互联网+""区块链+"或"AI+"之类的选项，因为，包括互联网技术，甚至包括芯片研发在内的所有数字技术，都是基于软件而开发构建的。认清这一点有助于结合人们对企业经营管理和供应链规律的认知，对数字系统的功能和需求做出准确的表述，"讲清楚需求"是开发企业适用的软件系统的重要前提条件。关于软件系统的开发和企业级人工智能应用的开发，作者以身体力行带领团队进行设计研发的经历与心得，总结出两个"五步法"，在书中与读者分享。

本书中分享的内容，有不少取自作者在不同场合（如专业论坛）的发言，但究其源头，还得感谢作者所走访的许许多多企业以及结识的同行专家学者，与他们的沟通给了作者不少启发。本书有相当一部分内容试图解答企业在数字化转型和供应链管理中所面临的具体问题，因为这些问题在业界是普遍存在的。与同行专家的沟通同样使作者受益匪浅，因此，书中内容也包括对学界共同关注的数字技术应用和供应链理论发展等相关问题的思考。因此可以说，本书的目标读者群体，既包括企业家和企业经营管理团队，也包括数字化和供应链专家学者。本书适用于管理学类专业的学生，也可作为教学和企业培训的参考用书。

作为供应链的研究者，作者对国内供应链理论的建设有两点发现。一是国内有关供应链的理论论著多半是"舶来品"，尚未形成自有的供应链知识和理论体系；二是既有的供应链论著多半聚焦于线下供应链实践，对于数字供应链的建设，国外论著近年来明显增多，但国内论著对此着墨不多。后者有可能与我们的软件技术尤其是2B软件技术水平偏低，数字化实践偏少以致专家学者难以有机会参与其中有一定的关系。

客观来看，这些国内外有关供应链的论著在普及供应链知识，提升企业对供应链的认知方面确实发挥了不小的作用。源自西方企业经营管理实践的传统供应链管理理论可以借鉴，但照搬照抄会使我们始终处于落后的境地。更何况，数字技术的发展驱动了经营管理模式的深度改变，这些"舶来"的供应链理论已经远不足以应对当今供应链所面临的问题。在数字化和供应链双叠加的时代，供应链理论创新应该是我国企业经营管理实践者、供应链专家学者以及数字化专家的当务之急。

中国的产业门类最为齐全，我国的企业开始遍布全球，供应链实践必定是最为丰富的，但却没有形成自己的供应链知识和理论体系，这不能不说是一种遗憾。总结中国企业的供应链实践，将其升华为具有中国特色的供应链管理知识体系，是我们从制造大国向智造强国迈进，参与国际经济和重构秩序规则不可或缺的指导理论，也是彰显国家软实力的重要内容之一。

目 录

前言

第 1 章
无所不在的供应链

导读	... 002
1.1 世界是由供应链连接而成的	... 005
1.2 供应链认知"四段式"	... 011
1.3 供应链改变世界经济	... 022

第 2 章
供应链与中国经济

导读	... 038
2.1 "被"供应链的中国企业	... 041
2.2 来自中国的"链主"企业	... 045
2.3 产业链和供应链异同探析	... 054
2.4 供应链赋能地方经济发展	... 063

第 3 章
重新定义供应链

导读	... 070
3.1 供应链概念的发展	... 073
3.2 传统供应链的定义	... 078
3.3 重新定义供应链	... 085

第 5 章
交易在供应链中的关键作用

导读	... 150
5.1 交易的双重属性	... 152
5.2 采购管理制度的建设	... 172

第 4 章
供应链的七大"链性"

导读	... 094
4.1 需求链	... 097
4.2 资源链	... 104
4.3 价值链	... 111
4.4 协同链	... 116
4.5 知识链	... 123
4.6 数据链	... 130
4.7 风险链	... 140

第 6 章
用供应链思维统筹数字化转型

导读	... 192
6.1 顶层设计和整体性统筹规划	... 193
6.2 数字化转型的六大任务领域	... 204
6.3 软件+：数字系统建设的第一性原理	... 228

CONTENTS

第 7 章
数字系统建设：指导原则和实操路径

导读 ... 240
7.1 数字系统建设指导原则 ... 241
7.2 数字供应链规划建设的基本思路 ... 244
7.3 数字系统建设的实施路径 ... 249
7.4 系统建设模式的利弊分析 ... 269

第 8 章
供应链思维：企业战略与数字生态

导读 ... 276
8.1 供应链与企业战略 ... 277
8.2 供应链与企业核心竞争力 ... 281
8.3 供应链与企业数字生态 ... 292

后记 ... 300

第 1 章
无所不在的供应链

导　读

华人科学家，被誉为"AI 教母"的美国斯坦福大学教授李飞飞在 2023 年 11 月出版了 *The Worlds I See*（中文版名为《我看见的世界》）一书。即便是对英语稍有涉猎的读者也能从英文书名中领悟到，李飞飞教授说自己看见的世界不止一个。她将唯一的世界视为多重的，原因很简单，但也颇为深刻：人在成长。这个成长绝非仅仅是生理意义上的，更是心理和思想维度上的。李教授在自传中讲述了自己的成长轨迹，尤其是从事交叉学科研究和人工智能领域研究的感悟和独到见解。在她的学术旅途和职业生涯中，她且行且观察，看见的是丰富而又复杂的多重世界。

概括而言，多重世界的存在源于观察者视角的差异，而这一视角又深受其认知水平的影响。当我们基于供应链的角度来审视世界，尤其是深入观察世界经济、全球民生和地缘政治冲突时，**我们会发现这个世界是由供应链相互连接的，民生是由供应链支撑的，冲突中也有供应链的影子。**

我们当下对于供应链的认知是经过长时间积累而形成的，这个认知也随着技术的发展而不断深化。历次工业革命以新技术的出现改变了人类创造财富的方式，而这个创造财富的方式就包含了供应链的运行与管理方式。但是，所有这些改变首先都是因为人们对供应链的认知加深而相互成就的。当然，这是"事后诸葛亮"式的分析。例如，在前三次工业革命期间，业界和学界都未曾论及供应链的概念，但是当时所讨论的问题及与之相关的各种理论观点，都蕴含着现代供应链的影子。这些影子随着历史和技术的发展日渐清晰，于是也就有可能从中辨析出供应链的构建和运行是有规律可循的。

放眼历史，自从人类有了"物物交换"的经济活动，供应链的影子就依稀可见于其中了。古埃及金字塔的施工，中国古代长城的建造、京杭大运河的疏浚，无一例外地都有供应链的元素掺杂其中。"兵马未动，粮草先行"的中国智慧更像是总结了供应链的精髓，尽管它原来是在讲"兵法"，即军事运作中后勤供给对于克敌制胜的重要性。这与西方军事著作中有关后勤保障的"Logistics"有异曲同工之妙，但从概念诞生的时间来看，却相隔了数个世纪。虽然相隔甚远，但它们至少都强调了一个共同点：大仗小战，打的都是后勤保障。

业界有一个段子，说的是随着第二次世界大战的结束，一批原来在美军从事后勤保障工作的专业人员退役回到社会中。其中有10位来自美国战时陆军航空队"统计管理处"（Statistical Control）的精英被福特公司招入麾下，因为他们的管理理念和方法对福特的发展产生了深远的影响，被人称为"蓝血十杰"（Whiz Kids – Ford）。这10位都毕业于哈佛商学院，并获得了MBA学位，其中最为著名的是后来在美国肯尼迪政府担任国防部长的罗伯特·斯特兰奇·麦克纳马拉（Robert Strange McNamara）。他们赋予了"Logistics"新的含义，包括仓储、配送等一系列事务的"物流"工作，但是"Logistics"原有的根本属性并没有改变。

其实，当时企业经营管理中的短板恰恰就是可以归纳为"物流"的工作，而将这些后勤专业人士视为"没有专业技能"的人，也正是当时的企业经营者认知局限的体现。这个"军用转民用"的"Logistics"极大地提高了企业内部和企业之间的协同效率，业界对于物流的认知也因此普遍得到了提升。很可能是基于这样的大背景，物流也成了企业间协同作业理论（即供应链理论）的首要构件，很多论著都将物流和供应链一并讨论，例如欧洲著名供应链学者马丁·克里斯托弗（Martin Christopher）的《物流与供应链管理》(*Logistics and Supply Chain Management*)。

尽管这个"军转民"的经典案例明显带有演绎的色彩，但联想到"商场如战场"以及"真正的竞争在供应链和供应链之间"，我们似乎没有必要对其合理性有任何怀疑。

当今正是供应链时代和数字化时代相重叠的时代，而我们也正面临着"世界百年未有之大变局"，自 2008 年金融危机以来，西方国家与发展中国家之间的矛盾愈演愈烈，中美贸易摩擦持续升温，紧接着是新冠疫情、以色列与中东各国的紧张局势，这些事件接连不断，人们不由得心生焦虑：

未来的供应链将如何连接世界、支撑民生？又如何不受地缘政治冲突的影响？

这一问题的提出本身就说明了进一步深化对供应链的认知的必要性。要回答这一核心问题，可以援引和沿用"以史为鉴，可以知兴替"的中国智慧。

本章将梳理供应链发展的现状并以若干重大事件为例，解读供应链如何连接世界并支撑民生，进而回顾人们对供应链的认知不断深化的过程，以及供应链对经济全球化的重塑。

1.1 世界是由供应链连接而成的

呼机爆炸

2024年9月17日下午，黎巴嫩真主党人携带的寻呼机在同一时间发生爆炸，造成12人当场死亡，4000多人受伤；次日又发生对讲机爆炸事件，造成20多人死亡，450多人受伤。有反恐安全专家分析，被引爆的每个寻呼机中大约都有1~2盎司㊀的微量炸药。也有媒体猜测这批寻呼机在运输和存储过程中被恐怖武装劫持并做了手脚。

寻呼机本来是一个普通的民用产品，在全球范围内已经是一个退役的老旧产品。黎巴嫩真主党人和民众使用者甚多，并不是因为他们怀旧，而是因为不愿意自己的信息被敌对方定位和窃听。寻呼机和其他产品一样，从无到有经历了一整个供应链的流程，其中包括生产、储存、运输和交付等具体环节。发生爆炸的这一款寻呼机是高防尘、高防水的，除了电池可以更换，机体的其余部分是全封闭的。因此，从供应链的视角去分析，寻呼机在生产完成之后的存储和运输等环节中，被恐怖武装劫持并进行拆解、改装并植入炸药，涉及复杂的工艺技术和精确的物流时间控制，这种可能性几乎不存在。极有可能的是，1~2盎司的微量炸药被伪装成一个个电子元器件，在生产加工过程中由装配线上并不知情的工人组装进寻呼机。这样的组装没有影响寻呼机的外部形状，也没有破坏其接收信号的功能，但能够在接收到特定的信息指令时引发爆炸。

㊀ 1盎司 ≈28.35克。

这是合乎逻辑的推理，也与供应链的生产作业流程相一致。但是将供应链的作业方式用于改造民用的普通通信终端，使之成为实施无差别的恐怖袭击的武器，这还是我们认识的供应链吗？暂且不说这里需要什么样的技术手段，这样的案例给出了一个非常重要且紧迫的警醒：供应链安全至关重要。

据以色列媒体当地时间 2024 年 11 月 10 日报道，以色列总理内塔尼亚胡在当天召开的内阁会议上首次承认针对黎巴嫩真主党成员制造了通信设备爆炸事件。

台湾地震

相关统计数据显示，全球约 3/4 的芯片制造工厂集中在亚洲，并且多数位于地震易发区，如我国台湾地区和日本就汇集了总共大约 200 家芯片企业。其中半导体制造巨头台积电（全称"台湾积体电路制造股份有限公司"）的晶圆代工市场份额约占全球的 60%。

2024 年 4 月 3 日，台湾花莲县海域发生 7.3 级地震，这是台湾 25 年来的最强地震。地震发生时，半导体厂设备通常会根据程序设定自动停机，因而可能导致晶圆破片和巨大产值损失。除此之外，根据作业规范，若发生 4 级以上地震，无尘室人员必须疏散，以防有毒物质泄漏导致中毒。即使设施无损，生产车间也需要关闭数周进行检查，重启生产设备可能耗时两周。由于台湾的芯片产能在全球的占比较大，由此可能造成全球芯片供应的延缓甚至短暂中断，同时还有可能导致市场对芯片供应不确定性的担忧。这样的担忧极有可能顺着供应链逐级传递并被放大，带来全球性的担忧和恐慌，影响全球相关的产业链和供应链。

路透社在报道这次地震的影响时说，台积电在台湾的新竹、台南和台中的设施遭遇了不同程度的中断，可能会不得不拖延一些产品的交货。台积电在台南生产最尖端的 4/5 纳米和 3 纳米的操作设备曾一度暂停。另外，对于生产这些尖端芯片极为关键的极紫外光（EUV）光刻机设备也停机了8~15小时。有分析表示，这些都可能导致尖端芯片的短缺和价格飙升。

彭博社报道称，这次强地震打乱了台湾半导体公司的生产，提升了对科技产业，甚至对全球经济影响的可能性。由于台湾在生产尖端芯片上的关键作用，这些潜在影响是巨大的，因为这些芯片是从人工智能到智能手机再到电动汽车的根基。

还有报道表示，这些影响将会外溢，导致一些专注生产上游电子产品的国家，例如日本和韩国，以及一些专注于生产下游产品的经济体短期内缺少芯片供应。另外，急需芯片的厂商的低库存量也让台湾地区和韩国的芯片制造商能够提高芯片价格。

地震发生后，台积电的股票下跌了1.3%，联华电子则下降了近1%。为稳定市场情绪，避免更大的波动，台积电迅速公布震后状况安抚股民，表示10小时内晶圆厂设备复原率超70%，新建晶圆厂复原率超80%，所有极紫外光刻设备无损。公司正加速全面复原，持续复工，并与客户保持沟通，监控并通报影响。

新冠疫情

新冠疫情肆虐全球期间，为防止疫情扩散，不少城市不得不采取封城、锁路、停航的临时抗疫措施，其结果是当地经济运行瞬间停摆。企业停工待料，即使是备料充足的企业也因为人员流动受限而不能开工。商店门可罗雀，超市货架空空，网店即使有货也没有快递小哥完成"最后一公里"的物流配送。人们习以为常的生活节奏完全被打乱，生活必需品也变得稀缺难得。

新冠疫情的突发和蔓延让全社会猝不及防，表面原因是它颠覆了当前人类所习惯的生活和工作方式，既有的生活节奏、经济活动尤其是企业的作业流程在疫情的冲击下都变得脆弱不堪。更为深层的原因是，人们习惯了由供应链支撑起来的日常生活，而供应链的运行则是以市场需求为导向和驱动力的。新技术的应用，如互联网技术、航空客运和货运的发达，以及超大型专用集装箱船的使用，为企业在全球构建和管理供应链提供了极大的便利。为了拓展市场和追求盈利，企业不再局限于在有限的运输半径内寻源并建立上下游协同关系，而是开始在全球范围内配置资源，构建跨国界的供应链。

国际货币基金组织的专家在疫情期间曾有如下分析：

在过去，供应链曾经十分简单，且仅在有限的地理区域内运作。国内生产者会生产简单的产品，如酒、布匹或面包。总的来说，这些产品所需的全部投入品都可以在最终产品的消费地附近找到。但在我们的现代经济中，供应链非常复杂，涉及全球众多生产商。再想想你的手机：它可能包含了非洲开采的铝、南美生产的硅以及亚洲制造的芯片。其设计可能是在北美完成的，且可能在亚洲的一家工厂进行组装，最后经由一家欧洲航运公司予以交付。

这篇题为"供应链的延展"的文章认为，商店货架的空空如也是供应链的扰动造成的。供应链由过去的本地或近岸的简单构建，已经发展成为离岸运行的"长链"，同时也因为距离较长，不仅变得异常复杂，也变得更加脆弱而不具韧性。

从20世纪80年代供应链概念的提出，到如今供应链管理理论的相对完善，经历了将近半个世纪的时间，这个过程与经济全球化的演进基本上是同步的。经济全球化和供应链国际化的一个重要前提条件是人员和物资的自由流动，而新冠疫情恰恰击中了这一命脉。

人们日常生活中所享用和享受的一切几乎都源自供应链。供应链就像空气一样无所不在，尽管看不见摸不着，但绝对不可或缺。当供应链的运行处于正常有序、顺畅丝滑的时候，人们似乎并没有感觉到它的存在。人们享受着供应链，习惯成自然，理所当然地认为这就是生活本来应有的状态。

新冠疫情之前，沿街店铺里商品琳琅满目，快递小哥总是把我们网购的商品在第一时间送达。猝不及防的新冠疫情打乱了供应链的正常节奏，它颠覆了人们习以为常的运行方式，使其变得不堪一击。这时，人们才认识到供应链的正常运行对于人们日常生活的重要性，才真真切切地感受到自己的日常生活是由供应链支撑的。

对于普罗大众来说，新冠疫情给大家带来了极大的打击甚至是灾难，许多家庭甚至付出了生命的代价。如果一定要问新冠疫情带来了什么经验教训，或者非要从"坏事变好事"的说辞来寻找任何收获，从供应链的角度出发，可以聊以自慰的是：人们因为亲身经历了突发且猝不及防的物资短缺，对供应链支撑民生的根本性作用，有了更深的了解。

供应链的兴替

上述案例都是这些年来影响供应链顺滑运行甚至导致供应链停摆的全球性事件，要知道新冠疫情尚未完全远离我们，地震之类的自然灾害也难以预测或进行有效的防范。呼机爆炸可谓是人祸，地震和新冠疫情则是天灾。对于供应链从业人员，包括政府经济管理部门来说，此类天灾人祸留给大家的可能是弥足珍贵的教训、启发和经验，并形成对供应链的新认知。长期以来，供应链运行中被人们忽视的短板和脆弱性，因为这样的天灾人祸而暴露无遗，甚至被放大。那些曾经被专家和企业经营人员视为供应链亮点，曾经被业界竞相模仿的做法，也因为天灾人祸的冲击而需要我们重新审视和评估。

如此种种天灾人祸平添了供应链的不确定性。全球经济，包括国际化的供应链，也因此让人倍感风险叠加、危机四伏。于是，人们不由得心生焦虑。

供应链在未来将何去何从？

要回答这一核心问题，借用"以史为鉴，可以知兴替"的中国智慧应该会有助于开拓思路。我们的经济发展正处于由传统经济向数字经济转型之际，我们所处的时代正是供应链和数字技术叠加的时代。供应链理论在经济活动中的应用，必定以这两个时代特征相互叠加为经济发展的大背景，讨论"供应链未来将何去何从"，回顾审视供应链在传统经济中的规律性作用是题中应有之义，也是探索供应链"兴替"的必由之路。

关于供应链的理念何时萌芽，比较一致的说法是20世纪80年代。理念的萌芽源于实践，并随着人们对日益丰富的实践进行总结分析而逐渐升华为理论。不过，从实践到理论的这般升华，并非人们无聊时的消遣，而是因为需要。这个"需要"就是经济全球化在实操层面的需要，如跨国公司的投资，从战略制定，到资源分析和整合，再到运营管理中如何将战略落地执行，都需要行动指南和操作手册，而供应链理论在一定意义上就是扮演了这样的角色。

回顾这一段"从实践到理论"的过程，我们不难发现，这段并未远去的历史与我们这些年来所感受到的经济全球化过程基本是重合的，其概念和理论与经济全球化的观点和理论，在很大程度上也是高度契合的。供应链的实践创新和理论创新，解决的是经济全球化在实操层面的诸多问题。

从供应链理念的萌芽至今，正是世界百年未有之大变局的序幕徐徐拉开之际。随着世界百年未有之大变局的加速演进，各方力量参与博弈，逐鹿全球，地缘政治益发扑朔迷离，逆全球化思潮沉渣泛起，全球南方国家在追求发展权益方面立场更为坚定，并将在国际事务中扮演更为积极的角色，包括人工智能在内的各种新技术突飞猛进。我们有理由相信，所有这一切都会对连接世界的供应链的运行实践带来重大影响，同时也在提醒我们，全球供应链的实践和理论都处于"兴替之际"。这就是我们所关注的"供应链在未来将何去何从"这一问题的由来。事实上，供应链在未来如何发展也是一个全球性的课题，西方国家的专家学者同样也在热切讨论供应链的重塑。很显然，大家讨论的立场和出发点各不相同，话语权也不尽相同。

中国已经是联合国确认的工业门类最为齐全的制造大国，供应链的实践最为丰富。整理、分析我们的实践，并将其升华为具有中国特色且又适用世界的供应链管理理论，同样也日益显得必要和迫切。尤其是数字技术在供应链构建、运行和管理上的充分应用，对于我们向制造强国迈进，必定是不可或缺的题中应有之义。

回顾、复盘并在世界百年未有之大变局的背景之下重新认识供应链，既有当下的现实意义，也有前瞻的必要性。我们有必要复盘这些年来供应链理论和实践的发展过程，从中悟出未曾发现的规律。

1.2 供应链认知"四段式"

供应链的概念萌芽于西方工业发达国家，经历了一个不断进化（Evolution）的过程，而这个过程通常也被分为三段式。浏览有关论著，我们可以发现，尽管这些供应链专家和学者都认同"三段式"的划分，但是对于各个阶段的标志性事件或代表性论点的选择标准却各不相同，因此在不同作者的文章或论著中，我们会读到同样的三段式，但其中会有不同的经典事件或具有影响力的论点。例如，有分段为"物流管理阶段、价值链阶段和供应链网络阶段"；也有学者将其简单分为"初、中、高"三个阶段。具体而言，初级阶段主要聚焦于物流管理，在供应链管理方面重点关注物料和产品的流动顺畅以及相关联的库存管理和采购策略；在中级阶段，集成管理成为重点，企业开始整合内部资源，如生产、采购、销售等部门，同时开始关注供应链各环节的协同作业；在高级阶段，企业已经认识到供应链是超越企业边界，涉及供应商、生产商、分销商及最终用户的网络化高效协同作业。

无论如何分段，都基于分析者对于相应阶段一些经典事件和具有深远影响的论点的关注和认同。虽然这些经典事件和重要论点各不相同，但是这些"不同"对于我们了解供应链理论的演进发展过程并无大碍。我们也没有必要对此纠结，争论谁对谁错。恰恰相反，有关代表性事件的不同选择，反倒是丰富了供应链的案例，不同的论点给了我们不同的视角，帮助我们构建对供应链全方位、立体化的认知。

本书提出供应链认知"四段式"，毋庸置疑，显然也是受限于作者本人的认知，纯属一家之言、一己之见，不强求认同。需要说明的是，作者关注、研究供应链已有多年，广泛涉猎国内外许多相关论著，也走访过不少的企业进行实地调研。这些努力旨在探究信息技术尤其是数字技术在供应链领域该如何落地应用。作者始终认为，如果要将一项先进技术应用于某一个专业领域，单纯依靠技术本身并不能有效解决问题，还依赖于对这个专业领域有准确且透彻的理解。

基于这样的初心和经历，本书关于供应链的认知是以信息化和数字化为大背景的，是以信息技术和数字技术在其中的落地应用为出发点和落脚点的，同时与企业的供应链数字化转型这个发展方向也是高度契合的。

"四段式"分法也是作者的良苦用心，希望可以帮助读者，尤其是企业家和企业经营管理团队的成员，将其作为一种分析工具，对照自身企业或供应链合作伙伴企业所处的阶段，思考发展路径和应该采取的战略举措。

第一阶段：物流管理（Logistic Management）阶段

顾名思义，中文读者以为这是将物流及其管理作为重点来认知供应链的阶段。这样的望文生义虽然没有大碍，但还是有所缺憾。问题出在"Logistic"这个词被翻译成"物流"并没有完整传达原文的含义。

第 1 章　无所不在的供应链

美国军需后勤专家 G. C. 索普（G. C. Thorpe）所著的《理论后勤学》，被世界各国的军需后勤学院列在必读书单之中，因此也成了索普的成名之作。这本书的英文书名是 Pure Logistics，如果我们同样望文生义去理解并将其翻译成"纯物流"，很可能会贻笑大方。因为"Logistics"一词，本身就带有后勤协同和保障的含义。

索普在书中强调的是，为了应对战争，后勤保障对于军队的调动、补给和维持作战是必不可少的。其中包括物资、运输、营房、仓库、伤病员后送与治疗、人员补充、勤务与管理，等等。由此可见，这与传统的中国智慧"兵马未动，粮草先行"具有异曲同工之妙，它强调的是不同作业单位对一线作战的提前准备、即时支持与协同配合。Pure Logistics 第一次出版是在1917 年，1986 年再版也没做内容的增删修改，至今在各大书店还可以买到英文版和中文译本，足见其影响力之大。

完整理解了"Logistics"一词的本义，我们就可以借此分析这一阶段人们对供应链的认知框架：企业作为一个独立的运行主体，管理的关键点在于各作业单元之间的协同配合；重点要解决的问题是尽可能避免"职能筒仓"（Functional Silos），即各团队各自为政、各自为战，造成跨部门沟通不畅和不同职能部门缺乏协同的局面。

总而言之，这是我们对供应链初期形态的认知。在这个阶段，企业管理团队习惯于将内部的物料采购、存储、生产加工、半成品和成品仓库管理、最终产品分销等视为不同的作业单元。尽管管理层不遗余力地想通过优化内部流程来提升团队之间的协同效率，降低成本，但收效却始终不尽如人意。

通过浏览有关供应链的论著和文献资料，我们这些后人得以进行"事后诸葛亮"式的分析。可以发现，尽管在那个阶段供应链管理中已经萌生了整体性思维，但这种思维还仅仅是个萌芽。当时的企业管理层没有将整体性思维从战略制定开始，到作业流程和作业标准等实操层面一以贯之，尤其是没有在业绩考核层面将整体性思维应用其中。最为经典的案例是，有的企业将加工生产部门的设备完好率和运行率纳入业绩考核指标，这在现代语境中即指产能利用率。简而言之，设备的利用率越高，考核得分也就越高。于是，管理学中的经典格言——衡量即所得（You get what you measure）——在此得到了生动的印证。

可想而知，当时的管理层有一个朴素的观点，他们认为机台设备既然已经购置，歇着也是歇着，不用就是浪费。殊不知这样的"不浪费"却造成了更大的浪费，因为所有的产出都存入了成品仓库，但并不是所有的产品都能够卖得出去。简单从作业流程上看这也是不折不扣的 MTS（Make to Stock），但是 MTS 的真正含义是按库存生产，此处的"库存"既是变动的，又是一个具体的数值，它与销售预测强关联。尽管销售团队对市场需求的预测不一定准确，但是聊胜于无。所以，生产节奏没有和销售预测协调一致，仅仅以产能利用率考核生产部门而不与销售趋势预测对齐，这样的业绩考核就缺乏全局性的考量。

当然，这种情况也只是供应链实践中的个别案例。不同企业的管理团队对于供应链的认知水平也不尽相同，但人们对于供应链的认知始终处于不断深化的过程之中。随着市场竞争的加剧和客户需求的多样化，企业开始意识到仅仅依靠内部效率提升是不够的。即使内部各团队之间的协同严丝合缝、近乎完美，整体性思维也会让人们不由自主地将眼光投注到影响"更上一层楼"的各个环节。因此，企业外部的供应链伙伴企业的运行效率也就会顺理成章地成为新阶段的关注对象。

第二阶段：集成供应链（Integrated Supply Chains，ISC）阶段

这是业界有关供应链领域认知演进的一个重要转折点，正是在这个阶

段，供应链管理的概念开始形成。一个标志性的发展就是企业的管理模式从聚焦于企业内部各作业单元之间的协同配合，开始转变为关注一个产品从无到有，直至最终交付给客户的全过程。换言之，管理团队相应的工作职责范围已覆盖从原材料、零配件供应商的寻源考察、采购谈判、生产加工，到产成品的分销和交付的全过程。而这个全过程的上下游所有参与企业都成了供应链上的业务节点，这些节点如何协调一致，如何对齐作业节奏和作业标准，适配产能以及灵活调动人力资源，都成了企业经营管理范畴之内的事。

在集成供应链阶段，供应链管理的核心是流程整合和协调。企业通过整合内部和外部的供应链活动，实现了供应链的优化。例如，通过采用供应商管理库存（Vendor Managed Inventory，VMI）和协同计划、预测和补货（Collaborative Planning, Forecasting and Replenishment，CPFR）等合作策略，企业能够更准确地预测需求，减少库存积压，提高供应链的响应速度。

此外，集成供应链阶段还强调供应链的敏捷性和柔性。企业通过建立灵活的供应链结构，能够快速适应市场变化，满足客户的个性化需求。同时，供应链的透明度也得到了提高，企业能够实时监控供应链的运作状态，及时发现和解决供应链中的问题。

企业经营管理从聚焦内部协同延展到与相关企业之间的协同，供应链的概念也逐渐被广泛知晓和提及。但是不少人还只是浅层地理解，甚至有口无心、人云亦云，其实并没有真正搞懂供应链的实质意义。一个"链"字也容易让人产生错觉，加之人类自身就有的线性思维偏好，以为供应链是一个线性运行和发展的存在。事实上，为求供应链的可靠和稳定，企业会为某一种特定物料的采购物色多家供应商，而每家供应商还都有自己的供应商。依次类推，供应链的实际运行呈网状（如图1-1所示），因此我们将这一阶段称为集成供应链阶段。

图 1-1　供应链的实际运行呈网状

这一阶段还有另一个值得注意的现象，即企业在构建和管理供应链的实践中，逐渐解决了在具有互补可能的诸多非同行企业中挑选一家或若干家企业进行合作这样的问题。前文在讨论这个问题时，曾指出用比较优势理念，即合作对象的选择原则是以对方的强（比较优势）来补自己的弱。但是在面对多家有比较优势的企业，各有其所"强"能补己方之弱的时候该如何选择？

供应链的实践给出了一个更为简便的判断标准：价值贡献，即企业在构建，尤其是管理供应链运行的过程中，重点考察潜在和存续合作企业在供应链中的价值贡献，以此来决定合作企业的去留。因此，业内也有专家将这一阶段称为价值供应链阶段。

事实上，从价值贡献来看，供应链组成的伙伴企业完全符合供应链的内在规律。供应链本身就是相关企业协同作业创造价值的过程，而这个价值的载体可能是一个有形的产品，也可能是一项无形的服务，这个过程就是这个价值载体从无到有，直至交付给最终用户的一系列创造和增值活动。

第三阶段：信息化供应链阶段

20世纪90年代以来，信息技术的快速发展，特别是互联网的普及，在特定的意义上成为供应链集成化升级迭代的推手。企业开始采用先进的信息技术开发适用软件和软件系统，如早期的"物料需求规划"（Material Requirement Planning，MRP），专门用于生产计划和库存管理，帮助企业确定生产所需的原材料和零部件的数量和时间，目的是为了优化物料供应，确保生产过程中物料的可及性和可用性。继而又出现了"制造资源规划"（Manufacturing Resource Planning Ⅱ，MRP Ⅱ），在MRP的基础上扩展了功能，除了物料需求外，还包括生产计划、产能计划、车间控制、质量管理、成本管理和财务管理等。这是一个集成系统，将生产、财务、人力资源和其他制造相关功能整合到一个平台上，以提高企业整体运营效率。

企业资源规划（Enterprise Resource Planning，ERP）虽然出现得较晚，但似乎因其后发优势而成了一个集大成者。它几乎将MRP、MRP Ⅱ的所有功能和未曾涉及的其他功能，悉数整合到一个统一的线上平台，以提高企业所有部门之间信息流的畅通和整体协同作业效率。

信息技术并非仅用于企业内部资源的信息分享，不少企业还将信息技术用于供应链伙伴企业之间的数据共享，及时获取需求和反馈。例如，使用电子数据交换技术（Electirc Data Interchange，EDI）与供应商和零售商进行数据交换，提高了订单处理的速度和准确性，减少了纸质文件的使用和人为错误，使得供应链整体更加高效、灵活，并以客户为中心，能够更好地适应快速变化的市场环境。

从信息技术在供应链管理上的应用发展可以看出，这一阶段的供应链发展不仅是线下作业显现出"集成"特点，线上也有同样的快速进步。另外一个值得关注的是，整体性思维和工作方式在其中继续发挥作用，而且，"整体"的范畴也在不断地开疆拓土。整体性思维不仅被用于线下作业的补短补缺和持续改进，同时也被用于指导信息技术的开发利用。很显然，在此阶段，信息技术的利用更多的还是基于信息的交互，提升信息共享的可及性和便利性。

第四阶段：数字供应链阶段

顾名思义，这阶段的重点是数字技术对供应链的构建、运行和管理的支撑。这是供应链管理的最新发展阶段，也是当下所有企业面临的数字化转型的大背景和大方向。在这个阶段，企业在观察审视供应链时会更多地从数字技术的角度出发，尤其关注的是数字技术如何在其中落地应用。一个必然的趋势是，先进的数字技术，如大数据分析、物联网、云计算、区块链和人工智能等，都将被应用到供应链的运行和管理中，实现供应链的高度自动化、智能化和便利化。

举例来说，传统的供应链理论认为，供应链的运行过程主要形成三个流：货物流、信息流和资金流。在数字供应链的实践中，这三个流在很大程度上已经被升级为两个流：货物流和数据流，信息流和资金流合二为一，被优化成了数据流的组成部分。

从上述例子中还可以看出，在数字供应链的运行中，实体货物的流动仍然必不可少。但是由于有了物联网（Internet of Things，IoT）和无线射频识别技术（Radio Frequency Identification，RFID）的加持，实体货物的参数、数量、移动轨迹，甚至移动过程中所承受的压强和湿度的变化等信息，都可以随时同步给相关各方，确保与该货物相关的各方所掌握的信息和数据能够同步一致，"账实相符"（相关记账数据与实物一致）、"账账相符"（生产、仓储、物流等业务数据与财务记账和资金记账统一）。

从严格意义上讲，这个例子所展示的仅仅是数字技术在信息和数据传递、多方分享层面带来的便利,它仍然是信息化进程的一种延伸。数字技术在供应链领域的应用充满了无限的想象空间,似乎也有无限的可行性。但是,要确保数字技术真正落地应用,取决于我们对供应链的根本属性及其运行基本规律的认知,以及对数字技术的了解和掌握。其中最为根本的是,我们首先要想清楚数字技术在企业和供应链领域应用的目的是什么?这个问题看似复杂,其实很简单,数字技术的应用就是为了让企业更好地达成自己的经营目标。何为目标?**盈利且可持续**就是企业的终极目标。

当然,这个目标的达成需要敏捷而有韧性、高效且低成本的供应链的支撑,而数字技术为构建和运行这样的供应链提供了可行性。

数字技术只是达成这一根本目标的工具和手段,我们要避免的是将手段当目的,认不清这一点就很可能走入为数字化而数字化的歧途,辛辛苦苦建设的数字化系统注定会成为鸡肋,食之无味、弃之可惜。

因此,数字化转型不是简单地将线下的作业流程原封不动地搬到线上操作,其核心是将最新的数字技术应用到企业经营的方方面面,从而提升企业运行效率和经营效益。在这个过程中,企业的作业流程、方式、标准都要因数字技术的应用进行适配甚至重新规划设计,这种经营模式的重建极有可能推进商业模式的创新。

数字技术的应用还会为企业创造新的资源:数据。在数字化时代背景下,数据被公认为新的生产要素和新的资源。企业和供应链的运行过程既要有数据的支撑,同时每时每刻也在生成海量的数据。以往因为没有数字化手段,这些数据悄悄地来、悄悄地走,没有留下任何的痕迹,人们对这些数据隐约有感却无能为力。

如今,数字化转型的一项重要内容就是利用数字化系统,实时沉淀相关数据,实时分析加工并配置到各个业务节点,支持业务实操和决策。例如,通过实时收集和分析供应链中的数据,企业能够更准确地预测市场需求,优化库存管理,提高供应链的响应速度和灵活性。例如,利用大数据分析,企业能够发现潜在的市场机会,制定更有针对性的营销策略。如此种种不一而足。

由此可见,汇聚沉淀数据是数字化转型中的一项重要工作,但是获得数据不是目的,利用数据才是目的。因此,数据资源化同样是数字化转型中的重要任务。数据被广泛认可为一种新资源,这已成为社会各界的共识。数据资源化中的"化"字意味着一种进展和趋势,表示数据应该被视为资源并充分予以利用,同时这也将是一个不断进阶的过程。

供应链运行中蕴含着海量的数据,如何有效利用更是见仁见智。但是,数据对于人工智能应用的开发是不可或缺的基础资源,也是业界的共识。没有数据,人工智能就无从谈起,但是用别人的数据开发不了自己的AI。这也是许多通用型的生成式人工智能助手所生成的结果,总是给人一种既似曾相识又隔靴搔痒的感觉,究其原因就是它们用来做机器学习和训练算法的数据取之于公域(Public Data)的公开数据;而企业所需的专用AI必须基于企业自己的私域数据(Proprietary Data)进行训练,才能满足特定的业务需求。企业级的AI开发必须要找对场景,配对数据。企业和供应链的运行中既不缺数据,也不缺场景,关键是要有分析数据的能力和发现场景的眼光。只有不断提升对供应链运行规律的认知和对数字技术的理解,这样的能力和眼光才能逐渐培育出来。

从市场经济的角度看,供应链的构建是需求驱动的;从数字技术的角度看,供应链的运行是数据驱动的。供应链数字化转型一定要遵循市场规律和供应链运行规律,同时要充分利用数字技术在其中的赋能作用。因此,打造一个由需求和数据双引擎驱动的数字供应链应该是数字化转型应有的战略目标。

如前所述,业界对供应链的认知分为三段式还是四段式并不重要,差异只是存在于对各个阶段的代表性事件或重大理论观点的取舍之间。值得关注的是，不同的代表性事件和观点的介绍，总体上呈现一种基本的趋势，即人们对于供应链的认知始于局部而走向整体。不同的供应链学者和专家都在强调同一个观点——整体性（Holism），都在提醒供应链从业者必须要从整体性的角度来看待供应链。从供应链构思规划的指导原则，到构建和运行管理的实务操作，都必须遵循整体性思维方式，采用整体性的方法和路径（Holistic approach）。这一点与我们中国人强调的"大处着眼，小处着手"的系统性思维以及注重实干的精神，可谓异曲同工，毫无二致。

当然，这个整体性所含的范围是动态的，始终处于进化之中，这个进化中的整体，与我们对其认知的加深和扩展是成正比的。

需要提醒读者的是，有关供应链的分段，有不少论著直接称之为供应链发展的三个阶段，而本节的题目是"供应链认知四段式"。三阶段或四阶段的分法无关大局，重点是"供应链发展"和"供应链认知"的差异。本书强调的是人们对供应链认知的变化，而不是供应链自身的发展变化。如此强调理由如下。

理由之一与本书的基本观点有关，即供应链是一个客观的存在，有关供应链的理论，以及供应链构建和运行规律的论述，并非无中生有的发明，而是从实践中感知、感悟并升华而来的发现。所谓发现，其实就是认知的不断深化，并形成可传承的知识和理论，这涉及对以往认知过程的反复回顾与复盘，以及结合新的实践感知，努力推陈出新。我们对供应链的认知还在进行中，尤其是数字技术和人工智能的出现及其在供应链中的应用，更需要我们重新认识供应链。

理由之二，对供应链的认知决定了供应链的发展水平，一个企业如此，整个业界也是如此。四段式的分法表示的是我们对供应链认知的演进过程和具有代表性的不同阶段，而不是一个企业供应链构建和成长之路上必经的四个阶段。如果不加辨析直接将其指称为供应链自身发展的不同阶段，有可能造成误导，以为企业的供应链构建和发展都必须逐一经历这四个阶段。直白地说，当今企业，尤其是新创企业，不需要从传统供应链阶段开始，而可以尽享后发优势，在遵循供应链基本规律的前提之下，直接构建由需求和数据驱动的数字供应链。这样的转变不仅提高了效率，还为企业带来了前所未有的竞争力和市场响应速度，从而在激烈的市场竞争中占据有利地位。

1.3 供应链改变世界经济

经济全球化与供应链国际化

经济全球化发展的一个重要标识是全球各大经济体之间，不同国家的企业之间连接的紧密度被大幅强化，这种连接的具体方式便是供应链。正如本章导读标题所言，这个世界是由供应链连接的。毋庸置疑，以美国为首的西方发达国家是经济全球化的积极倡导者。而如今同样不容置疑的是，逆全球化思潮泛起之地也是西方发达国家，以美国为首的西方发达国家成了当今"脱钩断链"的始作俑者。如此先扬后抑甚至自我打脸，将两种极端对立的立场集于一身，不由得让人心生疑窦：当年美国及其盟友为经济全球化鼓吹与呼吁的初衷是什么？现在他们处心积虑要构建"小院高墙"的缘由又是什么？这样的"小院高墙"有朝一日是否会演变成"大院铁幕"？

一切过往，皆为序曲。诸如此类的问题，即便序曲有其合理性，但要寻找合理的答案，则一定要将序曲放在历史的大背景之下，才会有历史的纵深感和全景图，进而更准确地明辨其演化的脉络。

经济全球化始于何时是一个众说纷纭的话题，也是一个没有严格定义的命题。对于当今的普通中国人来说，我们所理解和感知的经济全球化始于

20 世纪 80 年代的改革开放，或者说，改革开放打开了国门，让我们融入了经济全球化的进程。

如此判定经济全球化的发端之时，将其放在全球视野——回顾将近半个世纪以来国际重大事件频发的大背景之下，其实也没有任何违和感。两强争霸的"冷战"年代，两大霸主及其盟友的所有战略决策都可能是事关"战争与革命"的选项，而留给不结盟国家和一众欠发达国家的决策选项少之又少。国与国之间的人员交往、商品贸易、资源整合等，凡是有利于经济发展和民生改善的前提条件几乎都被两大阵营冲突生生截断。

20 世纪 90 年代初，柏林墙的倒塌意味着源于意识形态的东西方"冷战"的终结，资本主义与社会主义两大阵营之间的冲突大为缓解，世界的安全形势得到了极大的改善。"冷战"结束后，随着两霸相争所形成的壁垒的倒塌，世界变"平"了，"和平与发展"成了大趋势。一方面，西方发达国家从工业革命开始，历经三次工业革命和近 300 年的积累，技术相对发达先进，资本相对丰富。面对相对趋稳的国际环境，它们急迫地需要更多的逐利机会。大型跨国公司开始在全球范围内寻找价值洼地，拓展市场、配置资源、整合生产要素，以求实现利润最大化。另一方面，原来被称为"第三世界"的许多欠发达国家和地区，刚刚摆脱了殖民统治，赢得了民族独立。百废待兴之际，发展经济、改善民生成了它们最为急迫的意愿，而它们面临的现实困难是一穷二白、缺技术、缺资金。但是它们充足且相对廉价的劳动力资源和丰富的自然资源也令西方发达国家垂涎欲滴，两者之间存在着一定的互补关系。变"平"了的世界方便了人员交往、商品流通和资本流动，客观上给予这样的"互补"得以实现的机缘，过去长期被边缘化的贫穷地区和欠发达国家也有了参与世界经济发展的机会。

这就是将近半个世纪以来的经济全球化的发端，其主要的推手是西方发达国家。随着经济全球化的推进，企业不再局限于创始地一国的国内市场，而是跨越国界，将生产、采购、销售等环节分布在世界上不同的国家和地区。这是一种新的经营模式，由此而来的是传统企业管理理论，从战略规划到实施路径，从激励机制到业绩考评，都要做出调整和创新，都要补短板、增缺项。

正是在这样的大背景之下，20 世纪 80 年代开始萌芽的供应链的概念受到了更多的关注。尽管初时的供应链概念专注于解决企业内部"职能筒仓"，但随着企业内部协同作业效率的提升，企业之间的协同效率也顺理成章地受到了关注，供应链管理的理论也随之日渐发展。

经济全球化和供应链国际化其实是互为因果的关系，其具体表象是一国企业走出国门，在全球范围内寻找伙伴，形成具有比较优势的分工与合作，即所谓的"强强联合"。究其本质，其实是一国企业超越本国地域，在全球范围内寻源并进行资源配置，充分利用不同国家和地区的资源优势，如劳动力成本、原材料供应、市场需求等，以此进行更有效的成本控制和更为激进的市场拓展，从而实现资本获利最大化。这是一种新创的经营模式，它让企业突破原来四面围墙之内的存在形式，突破既有的经营地域而转型为跨国经营。它使得企业能够更加专注于自己的核心业务，在其所擅长的领域内进行深入的研究，专注于提高产品质量、跟踪前沿技术，推进产品创新和经营模式创新。与此同时，将一些自己认为非核心的业务外包给专业化的服务商，形成"专业的人干专业的事"、优势和资源互补的上下游业务链条。

同样是在 20 世纪 80 年代初期，中国改革开放的总设计师邓小平做出了一个重要的战略判断：世界大战打不起来。这一战略判断帮助中国人民统一思想，上下一致专注于发展经济，主动对外开放，吸引外国资本、先进的科学技术和经营管理方式方法。这些年来，中国也有不少企业"走出国门"或"出海"。"引进来"和"走出去"并行，中国企业开始融入全球经济，成为全球供应链的组成部分。

第 1 章　无所不在的供应链

改革开放标志着中国在主观意愿上是经济全球化的积极参与者，但是，从供应链的视角来看，那时的中国企业，还是全球供应链上"被"参与的那一个，是西方跨国公司在全球配置资源时，"被"配置的一方。换言之，中国企业尚未成为供应链上的核心企业，用我们现在常用的通俗易懂的词来说，当时的中国企业还不具备担当"链主"的能力和资格。毋庸讳言，改革开放之初，我们的整体水平，从加工能力到管理理念，尚都处于"跟跑"的阶段，更没有在全球范围内整合资源为我所用的能力。

"冷战"之后，世界变"平"了，经济全球化开始加速。最显著的特征是资本、技术、市场等生产力要素，由发达国家向非西方的、更广泛的区域全方位扩散，中国市场也成为跨国公司争夺的目标市场。中国的改革开放可谓恰逢其时，中国人民以其独特的智慧和勤奋，顺势而为，抓住了机会，发展了自己，成为经济全球化的受益者和贡献者。

回顾当年，美国及其盟友曾经倡导推行经济全球化，而现如今却主张"脱钩断链"。今昔立场的对立看似自我矛盾，其实并不难理解。所谓"当年"，正值柏林墙倒塌之时，在"冷战胜利"的狂喜之下，西方政客踌躇满志，以为"历史的终结"已经到来，资本主义将在全球范围内"一马平川"地配置资源，薅全世界的羊毛。因此，他们不遗余力地推动经济全球化，其主要的理论支撑是自由主义和多边主义，而其背后真正的推动力是资本的逐利属性。但是，他们并没有彻底脱离意识形态，这为逆全球化思潮泛起埋下了伏笔。

正所谓"理想很丰满，现实很骨感"。历史并没有终结，在非西方的欠发达国家和地区，冷战的结束不仅触发了他们发展各自经济的强烈愿望，同时也在一定程度上减少了其实现愿望路径上的障碍。因为世界变"平"了，和平与发展成为国际社会的主旋律。经济全球化导致的客观结果是，原来的欠发达国家和地区参与了全球供应链，经济得到了不同程度的发展，民生获得了相应的改善。更为重要的是，他们对于供应链的认知也得到了极大的提升，他们不再满足于"被"配置，更不愿意被"薅羊毛"，他们希望在相互尊重主权和发展利益的前提下参与经济全球化和跨国供应链。但这种合情合理的诉求显然与"美国优先"的利益主张形成冲突，也被美国的政客精英视为逆鳞之举。美国的政客精英面对事与愿违的新局面，缺乏高瞻远瞩的战略思维。一方面手忙脚乱、没有章法，试图"脱钩断链"，另一方面又重新拾起"冷战"思维，构建"小院高墙"，要打造以意识形态异同为门槛的供应链。

经济全球化的另一个客观的结果是，全球范围的贫富悬殊日益扩大。国际社会中各行各业没有享受到经济发展红利的各个社会群体积怨日盛，成了逆全球化思潮的温床。值得关注的是，逆全球化思潮的泛起伴随着民粹主义，极有可能被西方政客精英所利用。

在西方国家，遏制中国和打压全球南方几乎成了政治正确。但是在企业界，"嘴上说不身体却很诚实"。务实的企业界人士很清醒地认识到，经济全球化的大趋势是不可逆的，企业发展跨国经营是由供应链的客观规律决定的。

中国一直是经济全球化的积极支持者，一如既往地坚持改革开放。中国企业也一直是供应链国际化的积极参与者，并在参与的过程中，逐渐由"跟跑"转型为"陪跑"，再由"陪跑"转型成为"链主"，发挥核心企业的作用"领跑"供应链。其中最值得称道的是，中国在2013年提出的"一带一路"倡议，即与"一带一路"沿线国家和地区开展政策沟通、设施联通、贸易畅通、资金融通、民心相通，通过以点成线、以线成面的方式，逐步形成区域大合作格局。

"一带一路"倡议之所以在国际社会广受好评，是因为它以平等互敬为基础，以共商、共建、共享为原则，以共同发展和建设命运共同体为目标。

经济全球化和供应链国际化的另一个大背景是科学技术的发展和应用。

20世纪80年代以来，信息技术和互联网技术快速发展，不仅为供应链国际化运行提供了新的技术保障，也为作业效率的提升发挥了如虎添翼般的作用。信息技术的飞速发展为供应链管理带来了革命性的变革。在信息技术和互联网技术的支撑之下，供应链管理通过集成 ERP、SCM、MES、PLM、CRM 和 SRM 等信息和数字化系统，实现了供应链诸多环节的信息共享和即时协同。这样的信息透明正是供应链运行规律的本质要求，因而提高了供应链伙伴之间的协同作业效率，降低了全链的运行成本，增强了风险预警和防范的能力，也提高了决策的及时性和正确性。智能化供应链管理则进一步利用大数据分析、人工智能等技术，对供应链数据进行深入挖掘和分析，从而预测市场趋势、优化库存管理、提高物流效率。信息化与智能化的供应链管理使企业能够更加精准地掌握市场需求，快速调整生产计划，提升客户满意度。同时，这也要求企业不断更新技术，培育企业的数字文化，提升员工的数字技能，以适应供应链管理的新趋势。

由先进的通信技术支撑的供应链和物流系统，将全球各地的生产节点紧密连接起来，形成了一个高效、敏捷的全球网络。这一网络不仅加快了产品从生产到消费的流通速度，还促进了知识的交流和创新的发生。正是基于这样的效果，数字供应链的构建开始引起企业界的重视并被提上日程。

当然，全球供应链也面临新的挑战，如文化差异、法律法规、汇率波动等问题，甚至还有政局波动和地缘政治等对供应链的冲击，这些都要求企业在管理供应链时具备更高的国际视野和更强的应对能力。

社会分工、比较优势和业务模块化

亚当·斯密（Adam Smith）的社会分工理论认为，在生产活动中，不同的个体或企业专注于自己最擅长的环节，以提高生产效率和产品质量。这种分工促进了专业化和技能的提升，使每个参与者都能够在特定的领域内积累经验和技术,从而推动了社会生产力和整体经济的发展。但是,亚当·斯密的古典经济学并没有回答,在具有互补可能的非同行企业中如何挑选一家或若干家企业进行合作这样的问题。

关于这个问题,我们也许可以在比较优势理论中获得启发。比较优势是经济学中的一个概念,它由英国古典经济学家大卫·李嘉图(David Ricardo)在19世纪初提出,它指的是在生产和贸易活动中,一个国家和地区相对于其他国家或地区在生产某一种商品或提供服务时的相对成本优势。比较优势理论主张各国应专注于自己相对效率最高的生产活动,通过贸易来获取其他商品或服务。虽然比较优势理论是国际贸易和全球化分工的基石,但我们仍然可以从中得到启发,借以分析供应链得以构建的驱动力。

术业有专攻。亚当·斯密主张的社会分工可以让专事于某一项作业的相关从业人员,从个人到团队,从实操工艺到流程管理,都有了精进和熟能生巧的机会,久而久之也就形成了一定的比较优势。例如,全球最大的电子产品代工厂富士康,没有自己品牌之下的产品,而是专事承接外包的电子产品组装业务,所有的产品都是按照美国苹果等发包方企业的要求加工生产的。从资源的角度来看,这是劳动力资源的比较优势,是富士康凭借自身对实操工艺和流程管理的能力,对中国大陆劳动力资源的整合利用。

一项业务或某一个工件的加工是内包或是外包(Insourcing or Outsourcing),这是企业供应链管理团队经常面临的一项决策难题。无论是传统的生产加工还是物流服务,从供应链角度来看,都是一种需求。因此,最重要的是要讲得清需求。至于究竟是以内包还是外包的方式予以满足,从表面上看取决于是否有相应的、充分的资源来满足需求,实则是从价值或投入产出比的角度来分析并做出决策。

有一家制造业企业,外购特种铸件是其经营模式的重要组成部分,相关的采购费用占了整个生产成本很大的比重。除此之外,在供货的及时性和质量方面也存在诸多不尽如人意的槽点。于是，改变现状尤其是降低采购成本成了采购部门的头等大事，虽然想尽办法但仍然没有妙计良策可施。情急之下，他们向企业高层提议将外购改为自制，陈述的理由也很充分，如可以保证质量、保证供货时间等。但这项提议最终被否定了。企划部、财务部和人力资源部的联合分析说明，由外购转为自制，首先要置办相关的生产要素，需要大量的资金投入用以构建足够的铸件生产产能。其次，还需要聘请专业人员。再次，由于铁水熔炉的使用将使企业成为耗电大户，因此需要重新铺设专用的高压电缆。最后，还需要满足相应的环保合规要求等，生产设备启用之后的日常监测和定期检测也需要不少人参与常态化的运维保养。里外里一算，与外购相比自制并不见得在成本上更具有优势。更为重要的是，本来一个相对轻资产的企业会因为这个自制铸件的决策而变成重资产的公司。

外购比自制更具有成本优势，很大程度上还取决于社会整体工业化的水平。越是在工业门类发展齐全的地方，各个行业的分工越是细致，专业化水平越高，相应的比较优势也就会相对更为凸显。"供应链即服务"（Supply Chain as a Service，SCaaS）的商业模式，正是基于这样的商业环境才得以崭露头角。在经营实践中，不少企业模块化的业务交与为数可控的几个供应商和服务商，建立了高效的协同作业机制，免去了频繁寻源、供应商考察以及交易谈判等重复性事务，降低了交易成本。此外，长期的互利合作不仅奠定了相互之间技术优势的高度契合和执行团队之间的默契配合，还有助于协调对长期利益和短期利益的判断。这有利于灵活调整模块组合，对市场变化做出快速响应，从而提高供应链整体的适应性。

很显然，比较优势并不局限于劳动力资源。地理位置和天然资源禀赋、人口结构和市场规模等，都可能是一种比较优势，也都可能是一种可利用的资源。例如，某些国家可能在原材料供应方面具有比较优势，而另一些国家则可能在高技术制造或创新设计方面更为突出。供应链国际化的运作，本质上是企业依据供应链的运行规律在全球范围内配置生产要素和资源。

供应链管理理论认为，每个参与供应链的企业或国家都必须在链上创造价值，发挥增值作用。因此，供应链的参与者都应清楚识别自己的资源禀赋以及产业发展水平和劳动力水平，辨析自身在供应链中可能存在的比较优势，无论是在成本、技术、质量上，还是在其他方面。供应链作为连接不同生产阶段和市场的纽带，其设计和管理必须考虑如何最大化地利用各参与方的比较优势，通过优化资源配置和流程协调，实现整个供应链的效率和效益最大化。

由此可见，供应链是社会分工在更广界域的表现和延伸，它的运作始于专业分工和由此而来的互补，形成跨企业的协同与合作。它涵盖了从原材料获取、产品制造、运输、分销直至最终消费者的全流程。在供应链中，不同的企业和个体承担不同的角色和任务，通过协同合作完成产品的生产和流通。社会分工的深化使得供应链的各个环节越来越专业化，同时，供应链从业人员在实践中不断探索，以优化协同作业的方式方法，形成标准的作业流程和作业规范，提高了协同作业的响应速度、效率和效益。相关的供应链管理理论也从中逐渐形成，反过来促进社会分工的进一步细化和深化，形成良性循环。

在经济全球化的大背景下，这样的分工和互补有了进一步的演进，人们开始对供应链运行过程中的某些环节进行模块化设计。模块化思维始于有形产品设计。"模块化"是指一个最终产品由若干独立的、可互换的部件组成，这些部件可以轻松地进行组装和拆卸，因此也被称为积木式设计。模块化可行性的关键在于遵循特定的设计规则，这些规则可以是某一品牌厂家自行制定的，以方便其产品实现规模化和高效率生产，同时也为售后服务和维修提供便利。

另外一种情况是，这些特定的设计规则是由行业组织或政府管理部门制定的，以确保不同厂家生产的部件可以互换且不影响最终产品的使用。例如，计算机硬件的生产制造就采用了模块化的设计规则。计算机维修工程师可以根据特定的使用需求，利用不同厂家生产的零配件、组件甚至主机，组合成一台满足个性化需求的计算机。这种设计思路能够方便产品的升级迭代，同时也因为兼容性的提升，使得维修更加简便易行。更为重要的是，模块化设计是规模化生产的前提条件，而规模化生产是企业降本增效的不二法门。

模块化思维的先进性显而易见，因此也被引用到软件系统的设计开发中。通常的做法是根据需求，将大型的软件系统设计为不同的独立模块。每个模块负责满足一个或多个特定的需求，相互之间通过标准化的接口相互通信和协作，确保每个模块可以即插即用（Plug and Play）。常见的微服务和SaaS（Software as a Service，软件即服务）系统基本上都是基于模块化思维构建的技术架构。

供应链的模块化是指将复杂的供应链流程分解为若干个相对独立的业务模块，每一个模块有相应的业务边界、作业模式和流程、作业规范以及业绩考核标准，只要确保不同模块之间无缝连接就构成了供应链的运行。

模块化的供应链运行与专业分工既有异曲同工之妙，又在后者的基础上有了精进和提升，因此功效明显并逐渐发展成为一种趋势。业界在讨论的2023年全球供应链关注的8大重点之一就是"供应链即服务"的商业模式。从本质上讲，这个模式是社会分工在供应链规律日益凸显的背景下的一种创新。与传统的加工外包或产品组装外包不同的是，这里的"即服务"主要是指非生产性的业务外包，例如"采购即服务"（Procurement as a Service）。对于发包企业来说，相当于把采购团队的整体业务都外包给了第三方中介服务机构。从这一点来看，这个第三方机构有点像我们国内的招标代理机构，他们根据招标人（采购方）的委托组织采购交易活动，邀请投标人（供应方）报价，组织专家进行评标并确定中标人，最终由招标人授予合同（本书将在第4章详细讨论招标投标交易方式）。

由此可见，模块化的"即服务"业务链符合古典经济学所说的——社会分工提升了生产力，比较优势为选择合作伙伴提供了指南。有效的供应链管理能够识别和利用各环节的比较优势，促进供应链上下游之间的资源整合，提升分工、互补和协同的效率，并有效管控成本使之最小化。供应链的全球化布局，就是企业依此管理思路，在全球范围内寻找最合适的生产地，最合适的互补对象，实行最高效的协同作业，并实现成本最小化、效益最大化。供应链管理还涉及风险管理，确保企业在利用比较优势的同时，能够应对市场波动和潜在的供应链中断。此外，供应链管理还包括对物流、信息流和资金流的综合考量，通过信息技术的应用提高供应链的透明度和响应速度，通过战略采购和合作伙伴关系的建立，强化供应链的竞争力。

供应链重塑的世界经济

当前世界经济的发展水平以及经济格局的形成，供应链，尤其是国际化的供应链，在其中起到了非常关键的作用。供应链国际化是近几十年来世界经济最显著的特征之一，这是就宏观层面而言。在微观层面，供应链国际化体现为产品生产过程的国际化，即企业在全球范围内寻找最佳的生产地点和最适合的外包企业及服务商，实现以最快的速度和最低的成本生产出高质量的产品。这是一种基于资源禀赋和比较优势进行分工协作的模式，它使得相关国家的企业有机会以自己的资源优势或比较优势参与该产品的制造过程，使它们可以专注于自己最擅长的生产活动并不断精进，从而提高全链生产效率，确保全链生产成本最低。

如果要选择几个供应链国际化的成功案例，在中国，人们首先想到的必定是华为、比亚迪、海尔集团等企业；在美国，估计非苹果公司莫属。我们在下一章介绍这些中国企业以"链主"的身姿，走出国门实践供应链国际化的案例。在此先分析一下苹果公司，因为它的供应链国际化与中国有很大的关系，包含了很多中国企业融入国际供应链的成功案例，尽管这其中有"被"融入国际供应链的意味。

第1章 无所不在的供应链

苹果公司现任 CEO 库克的强项是供应链的布局和管理，乔布斯当年选择库克做搭档的重要考量就是，他的这一强项正是苹果公司所需的。库克在苹果的供应链布局上大展身手，应该说没有让乔布斯失望。《史蒂夫·乔布斯传》里有一段文字讲述了库克到任不久，大刀阔斧地进行苹果公司供应链重组的举措和结果。

库克把苹果公司的主要供应商从 100 家减少到 24 家，并要求它们减少其他公司的订单，还说服了许多家供应商迁到苹果公司的工厂旁边。此外，他还把公司的 19 个库房关闭了 10 个。库房减少了，存货就无处堆放，于是他又减少了库存。到 1998 年初，乔布斯把两个月的库存期缩短到一个月；到同年 9 月底，库克已经把库存缩短到 6 天；1999 年 9 月底，这个数字已经达到了惊人的 2 天——有时甚至仅仅是 15 个小时。另外，库克还把制造计算机的生产周期从 4 个月压缩到 2 个月。这些改革不仅降低了成本，而且也保证了每一台计算机都安装了最新的组件。

失去乔布斯之后，苹果公司每一次新产品发布会总是招致新一轮的吐槽，"果粉"和消费者一再表达对苹果公司产品创新不足、呈现"挤牙膏"现象的深度失望。但是很多人都没有注意到这样一个事实：2011 年 10 月乔布斯去世和库克走马上任之时，苹果公司的市值大约是 0.34 万亿美元；2024 年 9 月，苹果公司的市值大约是 3.4 万亿美元。在乔布斯选定的接班人库克的带领下，仅仅 13 年的时间，苹果公司的市值增长了 10 倍之多。何以至此？供应链国际化和商业模式创新是根本的原因。因此，"果粉"对苹果的吐槽并不影响股东对库克的喜欢。

苹果公司的官网上就有一句口号：由 Apple 在美国加州设计，由世界各地的人制造。有关资料显示，苹果手机现在的供应链涉及约 50 个国家和地区。据福布斯统计，苹果加工厂的分布仅在中国大陆就有 155 座，加工厂数量位居第一；其次是中国台湾地区，有49座加工厂；第三是日本，有41座工厂。加工厂在东南亚国家也有分布，分别是越南32座，泰国和新加坡各23座，马来西亚18座，菲律宾16座。此外，在美国本土和印度分别有25座和13座加工厂。

2020—2022年之间，有关苹果加大在印度投资的消息频频见诸各大新闻媒体。苹果手机的重要"包工头"之一富士康将组装厂从中国郑州搬迁至印度。然而，到了2024年7月，富士康与中国河南省签署了战略合作协议，宣布在郑州投资10亿元建设新事业总部大楼——出走印度的富士康又回来了。

苹果公司的供应链布局和持续重构升级，堪称全球跨国公司中最为经典的成功案例。虽为个案，但既然是"经典"，必定有其普遍性的意义。由此及彼，由点看面，我们可以从中触觉到全球供应链对世界经济发展的影响。苹果公司所说的"由世界各地的人制造"只是讲了产品的生产制造环节所带动的经济，但其销售网络遍及全球各地。

当我们在关注苹果公司的供应链布局时，很可能会聚焦于产品的生产加工环节。但生产加工只是供应链的中心环节，生产是为了销售，供应链应该包括最终消费者。要想将产品销售给消费者，方便他们购买和交付，势必需要打造相应的销售体系和网络。如今，苹果智能手机销售点遍布全球各地，从这个角度来看，苹果公司的供应链其实遍布全球。

因此，苹果官网上的中文口号其实还可以加上一句：供世界各地的人享用。

如果说全球供应链的生产加工环节促进了当地制造业的发展，其销售网络的布局则促进了国际贸易的快速增长，推动了全球经济的一体化，加深了各国经济的相互依赖。然而，这也在很大程度上增加了供应链的复杂性。众所周知，越是复杂的系统越是脆弱、越容易出现故障。供应链因全球化而变得日益复杂，由此也导致了全球经济脆弱性的增加。因为任何一个环节的中断都可能影响到整个供应链的运作。例如，我国台湾地区的地震及新冠疫情都可能导致全球供应链的不稳定甚至中断，其中暗含且持续累积的不确定性严重影响人们对经济发展的信心，形成了对世界经济的巨大冲击。

面对地缘政治冲突、公共卫生事件、金融危机、自然灾害、技术变革和贸易战等挑战，全球供应链势必会进行重构，以提高其韧性和适应能力。事实上，供应链的重构已经开始。尽管不同行业各有各的招数，细细观察还是发现有以下共同特征，我们可以将其视为供应链发展演进的一种趋势。

- **供应渠道多元化**：为避免过度依赖单一国家或地区的供应商，不少企业开始通过多元化供应来源来增强供应链的稳定性和韧性。
- **供应链区域化**：企业在供应链中"身兼双职"，既是需方又是供方。作为需方，很多企业加大在本土或本地域的寻源，尽量就近发展上游供应商，增加供应链的稳定性和弹性，减少因长距离和跨境运输导致的各类风险。同理，作为供方，很多企业正在重新布局生产基地，使之尽量贴近下游客户和消费市场。
- **库存管理优化**：以往优化库存的指导思想是降低库存以求降低对企业流动资金造成的压力，如今优化库存的指导原则则是为了增强供应链的韧性，包括建立一定的库存冗余，其中既有原材料零配件的库存，也有产成品的库存，以缓冲外部供应链突发事件可能对供应链造成的扰动甚至破坏。
- **加强伙伴关系**：与供应链上下游的合作伙伴建立更为紧密的信息共享机制和协同作业机制，以便更好地应对危机，在具体的举措上，很可能会加快数字供应链的建设。
- **制定应急预案**：综合以上举措，制定详细的风险管理策略和应急预案，以便在突发事件发生时能够迅速且有条不紊地应对不期而至的危机。

- **加速数字化转型**：利用数字技术（如物联网、大数据、云计算和人工智能等）来构建需求和数据双引擎驱动的数字供应链，通过提升风险预警能力以赢得应对风险的战略纵深，确保相关的风险应急预案能够有效施行。

企业正在精心规划供应链重构，正如前文所述，**民生是由供应链支撑的**。供应链事关国计民生，因此，各国政府也在多措并举，支持企业应对供应链挑战。这些举措包括：

- 制定政策以支持关键行业的本地化生产，减少对单一国家或地区的依赖。
- 提供财政激励，为企业提供税收优惠和补贴，鼓励其投资于供应链技术和创新。
- 加大在交通、物流和数字基础设施等领域的投资，以提高供应链运行的效率和可靠性。
- 建立国家层面的风险管理和应急响应机制，以快速应对供应链不期而至的中断。
- 推动数字化转型，支持企业利用数字技术，提高供应链的透明度和响应速度。
- 坚持可持续发展政策，确保企业有良好的供应链环境，同时要求企业履行社会责任。
- 更积极地参与多边合作，营造更友好的供应链国际化的环境，增强供应链韧性。

可以说，经济全球化和供应链国际化其实互为因果。供应链的重构势必会再次导致世界经济格局和运行方式的调整。

第 2 章
供应链与中国经济

导 读

20世纪末《中华人民共和国招标投标法》立法筹备之初,作者有幸参与相关的讨论。记得在无锡举办的一次论坛上,来自欧美不同国家和国际组织的公共采购招投标专家在会上意见不一,对于公共采购的招标投标流程和适用法律各执一词,莫衷一是。作者不由得心生疑窦:其实国外有很多不同的"轨",我们到底接哪一条?即使我们想照搬照抄,也可能会因为该抄什么该搬什么吵得不亦乐乎。自那以后,一个观点开始在作者心中逐渐萌芽并日渐增强,即当时盛行的"与国际接轨"实为伪命题,如果信以为真,其结局则必定是削足适履或是邯郸学步。

有关国外先进管理理论的引入,我们已经有很多成功的经验。其中最为重要的是遵循"洋为中用"的原则,与中国的国情进行"接轨",才是适时适情适用的"拿来主义"。

40多年的改革开放取得了令全球刮目相看的伟大成就,这成就不仅仅是物质层面的,其中还应该包括我们借鉴世界发达国家先进的经营管理理念,结合中国国情特点所形成的具有中国特色的企业经营管理理论。我们有充分的理由相信,供应链理论将成为这个理论体系中重要的组成部分。

制造业企业的经营大致可以称为"三部曲",即采购、生产加工和销售(如图2-1所示)。但是,在计划经济时代,我国企业在实际运营过程中并不拥有经营管理的全部职责和权限,按计划完成生产任务是企业最为重要的考核指标。因此,企业领导人重点关心的是第二部曲"生产加工"。而对于其他两部曲,即使有想法基本上也是"心有余而力不足"。

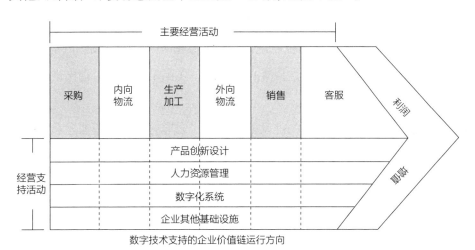

图 2-1 企业经营"三部曲"

中国企业从计划经济转型,迈入市场经济的洪流,经历了生死存亡的严峻考验。随着时间的推移,它们逐渐融入全球经济体系,如今,企业开始从供应链的角度重新审视企业自身的运营模式。在这一过程中,学习和借鉴发达市场经济国家的企业经营管理理论和实践经验是不可或缺的。总体来看,这一历程大致可以分为四个阶段。

第一阶段的核心是学习国外经验并紧抓市场营销,这一阶段在当时被戏称为"找市场而不是找市长",意思是企业应根据市场需求组织生产经营,而不应等政府制订生产计划。当时，众多企业将计划经济时期遗留的"供销科"一分为三，改造为"市场部""销售部"和"采购部"。但是，从当时的实践来看，这一阶段更重视的是市场部和销售部。市场部务虚，负责产品的广告宣传；销售部务实，负责产品的售卖。

第二阶段的核心是引进先进设备和管理模式。广告宣传刺激了市场需求，也促进了企业之间的竞争。于是，扩大产能和提升产品质量即"三部曲"中的"生产加工"成了企业领导关注的焦点。由于当时我国整体装备制造业水平落后，引进国外先进的生产设备就成了一个顺理成章的选项。国家也适时出台一系列政策鼓励企业进行"技术改造"。所谓"技术改造"，就是企业生产设备的更新换代，但是在实践中，多半是从国外引进先进的生产设备。

实际上，伴随着有形的先进设备的引入，无形的先进管理理念和作业流程也被引入。具体来说，先进设备的引入和使用必定需要对企业原有作业流程和管理规范进行修改调整，甚至是另起炉灶的颠覆性创新。相应流程上的作业岗位包括管理岗位的员工，都需要"先培训后上岗"，培训内容很可能偏于机台设备的操作，但是有心人还是可以从中悟出背后的业务逻辑和管理理念。回顾这一阶段的"技术改造"，我们应该承认，先进设备的引进和使用优化了作业流程，提升了产品质量和企业的管理水平，同时还在一定程度上帮助企业培养了新一代的产业工人和经营管理人才。

第三阶段的核心是学习和创新采购及供应商管理模式。改革开放和社会主义市场经济体制的确立极大地激发了企业经营者的积极性和创造力，其结果是社会物质得到极大的丰富，同时也逐渐促成买方市场的建立，为企业创新采购交易方式提供了机会。

交易方式和供应商选择的结果直接体现在价格上。从成本会计的角度来审视，如果生产加工过程的固定成本保持不变，采购所能节省下来的每一分钱，都会直接归于利润。如果企业的经营团队愿意并采取一定的举措，也可以将其转化为竞争优势。所以，采购这一职能作为企业运营"三部曲"之一，越来越受到企业的重视，这些年来，我们看到负责采购管理的岗位在企业的职级序列中越来越高，就是明证之一。与此同时，在这一过程中，中国企业开始接触到国外先进的电子化采购和电子交易场的理念和技术。

第四阶段的核心是培育供应链思维。这是一种正在进行中的趋势，其核心在于深化对供应链的认知，深入了解其具备的各种属性，以及这些属性对供应链的构建和运行的规律性影响和作用。这种趋势正与企业数字化转型的步伐相同步，同时也在企业构建数字供应链的过程中发挥着引领作用。本书的核心内容就是通过对供应链七大链性的深入分析，解读其与企业战略制定与落地执行之间的相辅相成之效。

供应链思维的培育离不开人们对供应链认知的不断深化，而这样的认知更多的源于实践。自改革开放以来，我们的经历中充满了供应链实践的案例。接下来，我们对这些经历进行简单的回顾。

2.1 "被"供应链的中国企业

诚如前文所述，当今中国人所理解和感知的经济全球化始于我们的改革开放。一个国家的经济要持续发展，就必须融入全球经济体系。在闭关锁国的计划经济年代，中国与世界经济的兴盛与衰退似乎"井水不犯河水"，没有太多的关联。中国施行对外开放政策的目的，就是要主动融入全球化的经济体系。然而，在具体的实操层面，关键在于企业参与到国际化供应链的运作之中。

谈及国际事务，人们都说"弱国无外交"。所谓"无外交"实质上是指在外交事务中没有话语权甚至连国家主权都得不到应有的尊重这一现象。其实，在国与国之间的经济交往与合作事务中，经济不发达的弱国也没有供应链的主导权。改革开放之初，我们就曾经历了那样的难堪，中国的企业基本上是"被"供应链的，换言之，我们的企业多半是被动地接受跨国公司的选择才能获得参与全球供应链的机会。当时的中国企业主要通过低成本优势参与国际分工，主要承担全球供应链中的生产和加工环节。这一点在纺织、服装、电子产品组装等劳动密集型产业中表现得尤为明显。在改革开放初期的沿海城市，尤其是身处改革开放前沿的广东地区，就曾经有过"三来一补"的合作和贸易模式非常活跃的一段岁月。

所谓"三来一补"是"来料加工、来件装配、来样加工"和"补偿贸易"的简称。来料加工和来样加工是指外商提供原材料和加工图纸或工艺要求或样品，外商委托我方企业加工成为成品。最终产品归属于委托方外商所有，而我方企业则依据合同收取相应的工缴费。在确定工缴费金额时，委托方外商和我方企业需综合考虑多个因素：包括我国国内相关行业的收费标准、受托方企业自身的成本、国际市场上的价格水平、委托银行收款时产生的手续费，以及是否需要支付关税、运费和保险费等。当然，来料加工的制成率如何规定、用料如何、以何种标准定额包干，都需要事先商定。当时还有另一种情况：由于国内机械设备水平较低，不能满足加工的工艺要求，还需要委托方外商提供生产设备，双方还需就此设备的价款达成协议，是选择从工缴费中分期抵扣，还是通过租赁方式由受托方企业购买。

来件装配是指外商提供零部件和元器件，并提供必需的机器设备、仪器、工具和有关技术，由我方工厂组装为成品。

补偿贸易是指国外厂商提供或利用国外进出口信贷进口生产技术和设备，由我方企业进行生产，以返销其产品的方式分期偿还对方技术、设备价款或信贷本息的贸易方式。

"三来一补"中涉及的所谓工缴费本质上相当于劳务费，是中方企业在整个合作过程中凭出卖劳动力所得。对于产品设计、生产所需的原材料和零配件采购、最终产品的目标客户和销售定价，中方企业无从参与，也毫无发言权。对于这类原材料采购和最终产品销售都在境外进行，而生产环节在境内的加工贸易模式，当时被称为"两头在外"。这种模式是由当时特定的经济环境和发展水平决定的。

当时为了扩大开放，我国政府对这些"两头在外"的企业施行"出口退税补贴"政策。"三来一补"经济也随之逐渐扩大，所谓的工缴费逐渐演变成用于计算退税补贴的最终产品出口价。境内企业对生产经营缺失话语权，尤其是因为产品的销售渠道被境外委托方牢牢把控，几乎没有产品的定价权，因此过度依赖政府的退税补贴勉强度日，无法从丰厚的外销利润中分得一杯羹。以著名运动品牌耐克和阿迪达斯的运动鞋为例，它们的出口价格只有 40~50 美元，然而外商将这些产品销售到国外市场后，售价可高达 90~120 美元，其中的巨额利润悉数由外商获得。

参与"三来一补"经济活动的并非只有境内企业。由于出口退税补贴和对外商投资的其他优惠政策，以及中国相对低廉的劳动力成本，跨国公司和境外资本也被吸引来直接参与，纷纷在中国设立"三资企业"，即中外合资经营企业、中外合作经营企业和外商独资企业。这些风靡一时的"三资企业"推动了经济的繁荣，扩大了就业，同时也造成了很多隐忧。例如，合资、合作企业中的中方股东和管理层缺少话语权，或是既有的经营管理权也因种种原因逐步让渡，放手交到外方股东手中，由此导致整体企业缺乏创建自主品牌和"本地化""国产化"的动力。尤其令国人心生怨气的是，一些企业在雇用员工时违反中国的劳动政策，以低价雇用员工，且许多企业甚至不能提供基本的劳动保护。这导致大量从内陆地区来到沿海开放城市打工的年轻人罹患"职业病"，甚至遭受了不可逆的终身伤害。此外，对生态环境的严重破坏也引发了民怨，迫使当地政府采取更为严格的环境保护措施。最后，"三来一补"企业将产品以超低价销售给外商引发外国政府征收巨额惩罚性关税的案例也时有发生。

由于"三来一补"经济和参与企业暴露问题日益增多，这种模式已逐渐不适应中国加入WTO（World Trade Organization，世界贸易组织）后的发展需求。特别是在开放发展的格局下，国内市场的作用发挥不够，"两头在外"的模式过度依赖国际市场，这不仅意味着在融入全球价值链的过程中，由于国内价值链相对较短，难以更有效地发挥开放引领发展的作用，而且在培育竞争优势方面，也无法充分利用本土市场的优势。因此，"三来一补"这样的传统开放模式逐渐失去了其优势，并慢慢退出了历史舞台。

回顾往事，"三来一补"经济确实发挥了其历史的作用，"两头在外"的加工贸易培养了一大批涉外经济的经营管理人才。随着时间的推移，这些人才在不同的行业推进中国企业不断提升自身的技术水平和经营管理能力，帮助中国企业逐渐从供应链的低端向中高端攀升。

"三来一补"的经济模式也是中国企业初次接触供应链的机会。供应链深刻改变了中国经济的面貌。改革开放的启动标志着中国从计划经济向市场经济转型。中国企业国际化的过程就是一个将自身嵌入到全球供应链网络的过程。这一过程与中国改革开放政策紧密相关，特别是加入世界贸易组织后，中国企业开始更广泛地参与到全球经济活动中。

回顾中国改革开放40多年的历史，其实就是中国企业不断参与国际分工，不断融入全球供应链和全球经济网络体系的过程。可以说，供应链曾经并继续影响中国经济的发展。今天的中国企业越来越多地走出国门，我们已经从"被"供应链的阶段，进入到主动构建供应链和主导供应链运行的新阶段。即使是在"被"供应链的情况下，我们的企业也有了"挑三拣四"的资本和更大的话语权，全然没有曾经的被动。换言之，中国企业在影响着全球供应链。20世纪80年代成立的那些中国企业，经过近40年的发展，如今已有相当一部分具备了一定的全球竞争力，成为世界经济格局中举足轻重的力量。

2.2 来自中国的"链主"企业

一个国家的经济发展到一定阶段，必然需要融入全球经济体系，方能有更广阔的发展空间，实现更可持续的发展。同理，企业发展到一定的阶段，也必然要逐渐参与全球分工，融入全球经济体系中去。只有到更大的舞台上经受全球竞争的洗礼，企业才有可能在全球竞争中赢得一席之地。

随着全球化的持续深化以及通信技术与运输技术的飞速发展，企业得以在全球范围内寻找合作伙伴，建立企业网络体系。虽然传统企业在形式上可能拥有四面围墙，但其业务早已跨越这些界限，与远在千里之外的伙伴进行即时的信息沟通和协同作业。这正是供应链全球化发展的体现，有专家称之为"国际市场体系"或"企业所处的国际化网络体系"，并认为这一体系将不断经历分化、重构和演进的过程，并进一步推动经济发展和全球化的深入。不管是为了寻求商业机会、获取资源，还是为了规避风险、应对威胁，任何一个想有所作为、做大做强和持续发展的企业，都不能无视国际化网络体系的存在，无论是主动拥抱还是被动适应，企业都不可避免地需要融入这些网络体系之中。

其实，供应链就相当于企业经营的生态环境，这是一个仍处于持续演化过程之中的、"物竞天择，适者生存"的生态系统。供应链之外无企业，企业置身其中，就不得不进行自我调整，找准自身的位置，这要求企业要有一种"自适应控制"的能力，以求在全球化的供应链生态中存续并获益，这已经成为大势所趋。

时至今日，中国的企业已经今非昔比：它们不再等待着"被"供应链，而是积极主动地展示自己的比较优势，自信满满地参与到供应链国际化的大潮之中。其中还有一批企业走出国门，以"链主"的身份主动在全球范围内寻找资源、物色合作伙伴，构建新型的跨国供应链。以华为等企业为例，它们在国人眼中已是誉满全球的世界知名企业。

华为

华为创始人任正非说："供应链只有一个，关系着公司的生命，一旦出问题，就是满盘皆输。"在这样的指导思想下，除了技术以外，供应链也被视为华为的核心竞争力之一。作为全球领先的通信设备供应商，华为在全球170多个国家和地区设有分支机构，包括销售中心、技术支持中心和研发中心等。华为的产品和服务已覆盖全球人口的40%，全球已经有700多个城市、228家世界500强企业（含58家世界100强企业）选择华为作为数字化转型的伙伴。

华为不仅在5G、云计算、人工智能等前沿技术领域取得了显著成就，还通过构建全球化的供应链体系和研发网络，为全球客户提供高质量的产品和服务。截至2023年，华为在全球范围内建立了21个研发机构，这些机构遍布欧洲的俄罗斯、德国、法国、英国、瑞典和意大利，以及北美的美国和加拿大，还有亚洲的日本和印度。同年的研发投入占其营业收入的比重约为25.1%，这充分显示了华为对于技术创新的高度重视。

华为的成功出海展示了中国高科技企业在全球竞争中的实力和潜力。华为通过持续的技术创新和全球资源整合，不断突破技术壁垒和市场障碍，为中国高科技企业的国际化发展树立了可资借鉴的榜样。华为的销售收入在2018年首次超过千亿美元，其终端业务（如手机）全球发货量稳居前三。

华为全球化的成功被视为中国崛起的象征,美国政府因此举全国之力并召集一众盟友,在全球范围内采取极端措施来打压华为,导致其在多个国家的业务发展都遭遇前所未有的困难。但是,众所周知,华为并未因此退缩,更未被击垮。华为一如既往地继续加速全球化市场布局,推出更多高端、时尚的科技产品和服务。2024 年 8 月 29 日,华为发布了其上半年的经营业绩,显示出公司整体经营的稳健性,业绩结果符合预期。在报告期内,华为实现了 4175 亿人民币的销售收入,较去年同期增长了 34.3%,净利润率达到了 13.2%。考虑到当前全球经济的低迷状态以及地缘政治冲突对供应链稳定性造成的重大影响,华为能取得这样的成绩显得尤为难能可贵。

海尔

提到海尔集团(以下简称"海尔"),许多人的印象可能还停留在家用电器厂家,然而,海尔现在的宣传语"以无界生态共创无限可能"揭示了其转型的足迹,我们可以看出端倪,海尔已经今非昔比了。"智慧住居""大健康"和"产业互联网"作为海尔布局实体经济领域的三大主赛道,标志着如今的海尔已不再是单一的纯家用电器厂家。海尔的创始人张瑞敏先生在一次演讲中曾强调:"自创业以来的 20 年里,我们始终秉承着创新精神,向世界级名牌冲击。如果没有世界品牌,成为一个世界强国就是一句空话。"

可能是因为品牌情结,海尔在全球投入巨资进行广告宣传。2005 年,海尔在全球一共有 810 块户外广告,包括在日本东京银座的黄金地段,海尔当年毅然决定在那投资设立一个广告牌,至今仍是中国企业在此地的唯一广告牌,其投资成本相当高昂。日本作为家电强国,其消费者对本土以外的家电产品抱有较高的怀疑态度,众多国际品牌,如美国的 GE、欧洲的飞利浦,以及韩国品牌等,要在日本市场取得一席之地并非易事。

张瑞敏先生认为,开拓海外市场并非仅靠树立广告牌就能成功,但这是一个必要的策略。除此之外，海尔还在海外设立生产基地并与当地的同行企业进行合作。例如，2011年，海尔通过收购日本三洋电机在日本和东南亚的白色家电业务板块，成功获得了三洋品牌及其销售网络，并借机进入日本市场。海尔的这个收购案不仅帮助自己的产品在日本市场站住了脚跟，同时也让海尔扩大了其在东南亚市场的影响力。

像其他进军国际市场的中国企业一样，海尔也在全球各大洲布局了生产基地。根据可以获得的资料，截至目前，海尔的生产基地除了中国，还有在亚洲的印度和泰国，在欧洲的意大利和俄罗斯，在美洲的美国、巴西，以及在非洲的南非。

海尔的空调在欧洲市场也销售得还不错，很重要的一点就是1997年以前欧洲人普遍不接受空调，无论是德国还是意大利，即便天气炎热，人们也不愿使用，原因是他们认为空调会影响室内空气质量。但随着海尔推出了具有双向换新风功能的空调，这一问题得到了有效解决，使得欧洲消费者既能享受空调带来的舒适，又可以保持室内外空气的新鲜。所以，要创造世界级名牌，企业的品牌必须成为一个本土化的世界品牌，同时要具有差异化的优势。

海尔的产品遍及全球160多个国家和地区，通过实施国际化战略，海尔在这些国家和地区建立了市场营销、销售和售后服务网络，以确保能够为全球消费者提供优质的产品和服务。这种广泛的市场布局助力海尔跻身全球领先的家电品牌之一。

小米

自创立伊始，小米集团（以下简称"小米"）一直以电子产品供应商的形象示人，其在家用电器的产品数字化转型领域独树一帜，不仅为自己赢得了一片蓝海市场，也加速了国内传统家电生产厂家在产品数字化方面的进程。通过不断创新和深耕制造业，小米迅速崛起为全球领先的智能手机和智能硬件品牌。如今，小米不仅在国内市场取得了巨大成功，其国际化战略也取得了显著的进展。自2011年发布首款智能手机以来，小米仅用了10年时间就超越了众多历史悠久的手机品牌，迅速攀升至全球智能手机市场第二名，同时在欧洲市场登顶第一。截至2021年，小米的境外市场收入达到人民币1636亿元，同比增长33.7%，占总收入的49.8%，显示了其国际化战略的稳健推进和强势增长。

小米国际化战略的核心要素首先是以国际供应链"链主"思维为主导，积极主动地在全球范围内配置资源，同时辅以相应的战略举措。其中产品的高性价比是其迅速打开国际市场的"一记绝杀"，其功能强大的智能手机和其他电子产品以合理的价格很快赢得了大量的境外消费者。看似"一记绝杀"的高性价比，其实只是"临门一脚"。在此之前，小米多措并举地组织了整体性的协同创新和配合。例如，在互联网营销方面，小米利用社交媒体和在线平台进行营销，直接与消费者互动，这种做法在小米已经近乎成为传统模式。然而，当将其应用于国外市场的拓展时，它仍然被视为一种寻求变化和创新的营销策略，帮助小米节省了传统广告营销的不菲成本。

又如，小米采取的本地化策略：小米在进入新市场时会注重整合当地资源，提供本地化的售后服务以免除消费者的后顾之忧；小米会与当地的零售商和电商平台合作，扩大销售渠道，快速渗透市场。小米以合作共赢的姿态拓展新市场，展示了中国人传统的"和气生财"的经商之道，缓和了当地可能的同行抵制，同时也在一定程度上消弭了可能出现的恶意竞争。不难想见，这样的本地化策略也让小米节约了不小的隐性成本。以上不难看出，营销创新和合作共赢让小米省下了不少真金白银，也为小米以高性价比的产品赢得市场，腾出了成本空间。

此外，注重研发和创新是小米一以贯之的企业精神，小米一直持续投资于研发和创新，以保持产品的竞争力和吸引力。在小米进入新市场的同时，这种精神也被具象化了，小米会注重产品和服务的本地化，愿意根据当地消费者的需求调整产品功能设计，这不仅包括硬件创新，还包括软件和生态系统的开发。此外，小米还与其他国际品牌和技术公司合作，以增强其技术实力和市场影响力。这个层面的战略合作关系帮助小米在全球市场上获得了更多的资源和支持。

2024年，小米推出了一款定位偏高端的电动汽车。值得关注的是，小米这款产品的目标用户很大程度上并非传统的"米粉"，而是支付意愿更高的消费者。尽管长期以来人们对小米的刻板印象是其在对"米粉"用户的经营上，小米此次在高端电动汽车制造领域的突破，向世界证明了其在供应链建设和整合方面所具备的超凡能力。

小米集团的全球化战略为中国企业融入全球供应链提供了新的思路和模式。通过构建全球化的供应链体系和市场网络，小米不仅提升了自身的国际竞争力，还提升了中国制造在全球范围内的品牌影响力和市场份额。

比亚迪

比亚迪自1995年成立以来已有近30年的历史，其在全球供应链布局方面展现出高度的战略眼光和灵活性，它通过本地化采购、多元化供应、技术合作、绿色供应链以及智能制造等手段，构建了一个高效、稳定且可持续的供应链体系。自2021年5月正式宣布"乘用车出海"计划以来，比亚迪新能源乘用车的销售市场已经遍布日本、德国、澳大利亚、巴西、阿联酋等55个国家及地区，基本实现了全球市场的覆盖。截至2023年8月，比亚迪新能源乘用车出口量已经超过17万辆。

在生产基地布局方面，比亚迪在中国境内30多个城市都有生产基地。与此同时，比亚迪在全球范围内设立了30多个工业园。在亚洲有建在印度南部泰米尔纳德邦东海岸金奈市的比亚迪电子工厂和建在特伦甘纳邦的电动客车工厂；在韩国济州岛设有比亚迪韩国有限公司，主营业务有电子产品及玻璃；比亚迪在 2010 年成功收购了日本大型模具企业荻原的馆林工厂，加强了其模具生产能力。此外，比亚迪正在与巴基斯坦有关部门协商计划在巴基斯坦设厂，旨在拓展其在南亚市场的影响力，并满足当地对电动汽车和相关技术的需求。比亚迪在欧洲匈牙利的生产基地主要生产电动大巴，在德国也有一个模具工厂；在北美的美国加利福尼亚州兰卡斯特市建有电动大巴生产基地；比亚迪在南美更是动作频频，2015 年在巴西圣保罗州坎皮纳斯市建立了一家电动大巴工厂，这是比亚迪在巴西的首个生产基地。2023 年 7 月，比亚迪与巴西伊亚州政府共同宣布，双方将在卡马萨里市设立由三座工厂组成的大型生产基地综合体，总投资 30 亿雷亚尔（约 38 亿元人民币）。

比亚迪的零部件供应商涵盖了中国、日本、韩国等全球多个国家和地区。这些国家和地区在汽车制造领域具有各自的优势和特色，为比亚迪提供了丰富的零部件资源和技术支持。尽管比亚迪主要专注于电动汽车领域，但同时它也与其他类型的汽车零部件供应商合作。比亚迪与欧洲供应商的合作不仅限于电动汽车特有的部件，如电池、电机和电控系统等，还包括一些传统汽车部件，如底盘系统、车身结构件等。这些关键部件由欧洲的领先供应商提供，能够更好地保障电动汽车的行驶性能和安全性。

通过与欧洲供应商的合作，比亚迪能够更好地了解欧洲市场的需求和趋势，制定符合当地市场特点的产品和营销策略。同时，这些合作也有助于比亚迪在欧洲市场树立品牌形象和扩大市场份额。比亚迪与欧洲的技术公司和研究机构开展合作，共同研发新材料、新技术和新产品。这种合作可能涉及电动汽车的各个方面，包括但不限于动力系统、智能驾驶、车身轻量化等。

然而，比亚迪也面临一些挑战，如国际市场竞争加剧、贸易政策的变化和供应链管理的复杂性等。因此，比亚迪正在持续优化其全球战略，以应对不断变化的市场环境和竞争态势。总体而言，比亚迪的全球战略是积极且具有前瞻性的，为其在国际市场的成功奠定了坚实的基础。

中国商飞（COMAC）

国产大飞机C919于2017年5月首飞，C919大型客机是中国首款按照国际通行适航标准自行研制的、具有自主知识产权的喷气式干线客机。座级158~192座，航程4075~5555公里。截至2024年末，共有16架C919飞机交付客户。其中，中国东方航空公司10架，国航3架，南航3架。C919飞机自商业首航以来，执飞航班量逐月快速增长，2024年12月单月执飞超1200班次，同比增长882.1%，累计商业运行近8000班次。

C919大型客机的国产化率已经提升到了60%，其性能也在不断刷新国产客机的纪录。很显然，未来世界航空领域的格局有望形成欧洲空客（Airbus）、美国波音（Boeing）以及中国商飞（COMAC）三足鼎立的局面。不过，在形成这个局面之前，C919必须要拿到国际航行的"驾照"，也就是美国联邦航空管理局（FAA）以及欧洲航空安全局（EASA）的适航证。

原来与俄罗斯联合开发的C929大型客机，在俄罗斯决定退出之后，已经成为中国自己的正式项目，机型命名也由原来的CR929改为C929。据有关资料显示，这是一款双通道宽体远程大型民航客机，可以提供标准三舱280座位，最大航程达12000公里，相比同类机型碳排放降低60%。有专业报道指出，以这样的性能，可以对标目前国际上主力宽体民航客机美国波音767。C929计划在2030年进行首飞。

也有业内人士分析指出，考虑到波音787因其先进的设计和性能而有着"梦幻客机"的美誉，与其同量级，新一代双发宽体远程大飞机C929基本可以视作中国版的"梦幻客机"。作为中国第一款自主研发的洲际客机，C929将进一步完善国产商用飞机的谱系，对推进商用飞机产业的发展具有十分重要的意义。

中国商飞通过 C919 项目展示了另一种"链主"构建国际化供应链的途径。换言之，供应链的国际化形式是多样的，对于一般的产品而言，企业是"被"供应链，还是以"链主"的姿态主动构建供应链，都是凭借实力即自有的资源和比较优势，以"赢利且可持续"为终极目标来做出决策的。

但是，C919 和 C929 绝非一般产品，它是国家综合实力的体现，承载着国人的自豪感。因此，人们对于其国产率的关注异常高涨，不自觉地将国产率和民族自豪感两者之间定义为正比的关系，似乎国产率越高，自豪感就越是爆棚。

这样的心情完全可以理解，我们在意国产大飞机的国产率，但大可不必对此过于纠结。我们不必在乎一城一池的得失，而更应该在乎有没有胜人一筹的智慧和克敌制胜的实力。即使我们有能力实现百分百的国产化，国产大飞机也不一定要绝对百分百的国产化，我们可以从性价比的角度来考虑和决策哪些部件可以通过外包的方式交由国际化的供应链伙伴来加工生产或直接向他们采购。相比于那些国产率达到百分百的大型飞机，这样的国产大飞机在获得美国联邦航空管理局和欧洲航空安全局的适航认证方面，相对来说会更加容易一些。

在改革开放之前，我们曾自豪地宣称"既无外债又无内债"，实际上这是一种不健康的自我安慰式的"精神胜利法"，严重妨碍了经济社会的发展和民生福祉的提升。同样，追求百分之百的国产化几乎与此如出一辙。

在现代社会中，各国产业的竞争已经转变为产业链、价值链与供应链的竞争，先进制造业的发展也离不开供应链服务和模式创新。而价值链上的"链主"（核心企业）更是整条价值链的关键。推动中国经济下一阶段高质量的发展，有赖于一大批中国众多的龙头企业能够在新兴产业的跨境价值链上成为"链主"。这些中国的龙头企业在全球能否成为"链主"，其中一项重大考验就是如何与其他企业结链，如何通过结链引领价值链革新、培育软实力，从而更好地参与国际竞争。

2024年11月12日，在第十五届中国国际航空航天博览会上，中国商飞举行产品发布会，宣布ARJ21飞机增加商业名称C909，统一飞机产品名称为"商飞+型号"的形式。至此，中国商飞三款商用飞机产品名称分别为"商飞C909""商飞C919"和"商飞C929"。作为"大飞机的好伙伴"，C909飞机自2016年投入商业运营以来，已累计交付150架，安全载客超1700万人次。如今，C909飞机可以实现多种客舱布局，包括78座两舱、90座全经济舱、95或97座高密度经济舱等，并具备良好的短窄跑道、高寒、高温、高原等机场起降性能和抗侧风能力，这使得它对我国边疆地区以及东南亚、非洲等海外区域的运营环境具有较强的适应性。

2.3 产业链和供应链异同探析

近几年来，"产业链"和"供应链"总是联袂出现在有关稳定经济的官方文件中，同时在新闻媒体上也频繁出现"稳定产业链和供应链"等相关报道，地方政府领导的讲话中甚至还有将"产业链"和"供应链"简单合称为"产供链"这样的说法。类似的观点在业界各类活动和交流中屡见不鲜，但言者是否真的理解产业链和供应链的内涵，能否真正区分两者之间的异同，还是仅仅只是"人云亦云"、表现出与时俱进的模样？

之所以有这样的疑问，是因为作者研究供应链已有时日，在此过程中也常常思考，产业链和供应链之间究竟有何差异。然而，在寻找相关资料和论著的过程中，颇让作者感到惊讶的是，放眼国内外，竟然鲜有经济学家、供应链学者和专家同时把"产业链"和"供应链"作为研究对象进行比较，也没有找到能把它们之间的异同辨析清楚或把它们之间的相互作用讲明白的论著。

产业链和供应链之间显然有差异，但也有相似和重叠之处，更为重要的是，两链之间，各链之内的组成部分之间也都是相互作用的，有相互促进的，也有相互促退的。其中最基础的主体之间还存在跨链发展或者相互转化的可能性。也许正是因为两链以及相关的各个主体之间的交织缠绕难解难分，犹如一团乱麻，才使得人们难以辨析其区别。

尽管如此，我们还是有理由相信，搞清楚产业链和供应链之间的差异，尤其是两者之间是如何相互作用和影响的，是十分有必要的。要认识到，无论是产业链还是供应链，它们最为基础的主体都是企业，两链之外无企业。换言之，每一个企业，无论其规模大小或经营者意愿如何，它们都诞生于产业链和供应链并存续于其中。因此，对于每一个企业来说，充分了解产业链和供应链，有利于辨析自己在其中的定位，这样企业在制定发展战略时就会有清晰的方向感。

如要辨析两者之间何异何同，如何促进又如何促退等，作者给出的方法是先要构建一个由如下维度构成的对比体系：

第一个维度是**主体成分**，即产业链和供应链各自所连接的主体分别是什么；

第二个维度是**连接原因**，即产业链和供应链各自所连接的主体是因何而连接的；

第三个维度是**关联强度**，即这些主体之间连接之后的相互影响和相互作用的强度。

为方便起见，我们将关联强度简单分为弱关联和强关联。

弱关联：不同主体之间只是客观存在相互影响，而这些主体并不对这种影响所产生的客观后果承担责任。

强关联：不同主体之间的相互连接是人的主观行为所致，紧邻的连接主体以契约确定关系并依契约承担结果。

我们试用以上维度构成的对比体系对产业链和供应链做一番辨析。

产业链

产业链，顾名思义，一是产业，二是链。不同产业相连接才能称之为产业链，换言之，产业链连接的主体是各类不同的产业。

以大家比较熟悉的汽车产业（简称为 A 产业）作为基准产业简单举例，往上游走，它所关联的产业之一是钢铁产业（简称为 S 产业），与钢铁产业关联的上游产业有采矿产业（简称为 IO 产业）。这个基准点的其他上游产业还有玻璃产业（简称为 G 产业）和橡胶产业，玻璃产业的上游有石英砂矿，橡胶产业的上游还有橡胶种植，与之相关联的还有化工等。当下愈演愈烈的电动汽车和无人驾驶汽车产业，成了汽车产业异军突起的新枝，同时也促进了新的上游产业发展，如传感器产业、软件产业、通信产业（5G 技术）和人工智能产业，等等。

产业链，虽然被称为"链"，但在实际情况中，它并不是线性的"链"，不同主体之间呈现的是网状连接（如图 2-2 所示）。显而易见的是，汽车产业的发展促进了它的上游产业的发展。反过来，上游产业中如有发展滞后的，也会拖累汽车产业的发展。例如，自动驾驶汽车被分为 5 级，从 1 级驾驶员辅助，到 5 级完全自动化。但是，目前最为先进的自动驾驶汽车仍然还在 3 级（有条件自动化）和 4 级（高度自动化）之间徘徊，到不了 5 级（完全自动化）。其主要原因之一是感知技术还不能达到在恶劣气候条件和复杂城市环境中即时提供足够准确和可靠的数据这一要求。其次还有网络安全技术，即如何防范潜在的网络攻击以确保车辆和乘客的安全，等等。而这两者都是自动驾驶汽车的上游产业。

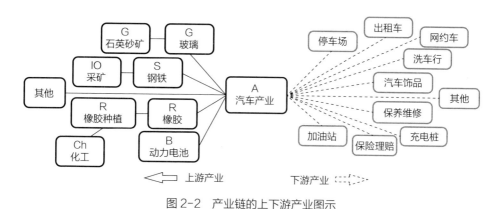

图 2-2 产业链的上下游产业图示

汽车产业带动的下游产业有汽车保养维修（M&R 产业），保险理赔（In 产业）、出租车（T 产业）、加油站、停车场、洗车行，汽车饰品以及专业物流运输行业等。

能源产业（E 产业），对于燃油汽车而言，似乎是汽车产业的下游；对于新能源汽车而言，动力电池装置也就是电池产业是它的上游产业，而充电设备产业则是它的下游产业。

如果仔细地观察这些产业之间的相互影响，我们会发现，图 2-2 中的这些下游产业对于汽车产业的产出品（如家用乘用车这一产品）从无到有、从外部形态到内部功能，发生作用的机会微乎其微。而像洗车行业，尤其是汽车饰品行业，更像是汽车产业不经意之中衍生出的副产业。换言之，这些下游产业的存在与否对于汽车这个产品的设计和生产没有太大的影响，汽车产业的发展基本上不会主动顾及这些产业的经营状况。

以上分析说明，上游产业的良好发展会给下游产业形成良好的支撑，而位居相对下游的产业的发展也会刺激上游产业的发展，这是一种相互促进的关系。类似上游产业促进下游产业发展的案例比比皆是，毋庸赘述。

颠覆性的创新技术会孵化新的产业，相关的产业之间很可能会因而此消彼长。例如，汽车的发明导致马车夫行业的消失以及与之相伴相生的马车制造产业的结束，数码相机的出现导致了胶片相机产业的历史性终结。其中，柯达公司由盛转衰的过程几乎成了全球各大商学院的经典案例。柯达公司当年曾是全球胶片产业的佼佼者，也是数码相机的首创者，但因其眷恋胶片市场带来的高额利润，没有利用数码相机的发展来实现自我迭代。"当断不断，反受其害"，最终反倒被自己发明的数码相机技术所成就的相关行业和产品逼得走投无路，只得申请破产保护。

上文以自动驾驶为例，简单阐述了上游产业中感知技术和数据安全的发展滞后，这些因素导致了自动驾驶未能达到 5 级（完全自动化）的目标。作者认为，这背后折射出的一个关键性问题是软件产业发展的滞后对数字经济发展所造成的制约。就制造业而言，我们是制造大国，是全球唯一工业门类最为齐全的国家，但在我们迈向制造强国的征途上，作者认为摆在我们面前的最大挑战是软件产业发展的严重滞后。我们曾经提倡"互联网+""区块链+"，人工智能领域近来备受关注，于是也有人提出了"AI+"的概念。根据作者的理解，这里的"+"指的是将这项技术普遍应用于一切可能的场景。作者认为，这些提法的初衷应予以尊重，但这些提法都未遵循第一性原理。

互联网、区块链和人工智能，包括曾经风靡一时的大数据技术、云技术等，它们最底层的核心基础都是软件系统。在这些技术中，唯独互联网技术最为成熟，它已经成为当今数字化发展中不可或缺的基础设施。但是，要利用互联网这样的基础设施，实现"互联网+"，还得软件先行，还是要根据"+"的目标场景开发一个软件系统。例如，一个小企业要做电商，首先要做的是开发一个应用（App），这个应用是由软件产品经理设计的，由软件工程师开发的。消费者要网购这家企业的产品，就得先下载这个应用。当然，这个小企业也可以直接加盟大型电商平台，如京东、天猫、拼多多等，但是这些大型电商平台同样依赖于一系列复杂的软件系统来支撑其业务运营和日常运作。

云计算、云存储的优势也曾被大肆宣扬，有人宣称"企业上云"是发展工业互联网的前提，更有甚者说"企业上云"是趋势、上云与否是企业生死攸关的选择。如此种种说法，虽然有其合理的成分，但也存在夸大其词的倾向，更为重要的是，它们忽视了"软件先行"的重要性。一个企业如果没有实施数字化转型，缺乏软件系统的支持，那么它又拿什么去实现上云呢？

互联网和云技术是数字化的基础设施，它们的使用是有前提条件的。正如高速公路的使用，如果我们想要享受高速公路带来的便捷，首先必须拥有符合高速公路行驶要求的机动车。

相比之下，对于区块链、人工智能大模型等高新技术来说，其基础研究发展水平还不足以形成普适性的基础设施，因此，以它们为依托的商业化应用研究和软件系统开发也举步维艰。

以上所述意在说明一个基本认知：数字经济、数字化转型，以及从制造到智造，都必须"软件先行"。互联网、区块链、云技术、人工智能等，本身也是软件产品。我国的工业软件长期依赖国外产品，软件产业发展的滞后不仅阻碍了我们从工业制造大国向智造强国的转变，同时也为我们的国家安全带来了巨大的潜在风险。

2024年9月，我国工业和信息化部印发《工业重点行业领域设备更新和技术改造指南》的通知，要求在2027年完成约200万套工业软件、80万套工业操作系统更新的换代任务。我们从中可以看出国家已经开始重视软件产业的发展，但绝不能凭此就可高枕无忧了。我们正处在发展数字经济、建设数字中国的关键时期，按照"软件先行"的观点，软件需求应该十分旺盛，然而，纵观国内软件企业的现状，几乎都是在惨淡经营，生存状况堪忧。其中的原因可能颇为复杂，并非单靠政府下达软件更新换代的任务就可以简单解决的（第 6 章会有进一步的讨论分析）。

供应链

供应链，简单来说是因需求和供应而成链。很多专家学者都曾指出，虽然称之为供应链，本质上是需求链，是由需求驱动的。

产业链的连接主体之间其实也是供需关系，上游产业的供给满足了下游产业的需求。但是这样的供需平衡是宏观层面的，不是具体微观的。我国这些年来一直推进"供给侧改革"，其实就是因为相当分量的上游基础产业发展过于强劲且难以刹车，而下游产业并没有足够的需求来消耗吸纳，导致供需关系不能平衡，于是就出现了"产能过剩"的问题，改革就是要纠正这个势头。

相对于产业链而言，促成供应链构建和运行的需求是明确的。首先，需求方是明确的，它一定是一个特定的企业；其次，需求的内容和边界、时间和地点也都是明确的。可见，这里所指的需求是很具体的。正因为需求是具体的，才会有具体的供应方，也就是企业。所以说，供应链连接的主体是企业，这些企业都是法人主体。

供应链构建的过程是企业之间的主动行为，或者说是企业经营管理者人为主观行为的结果。例如，某一汽车厂家对钢材和电子元器件等的需求是需要上游产业来满足的。作为需求方，这个汽车厂家会有一些上文所说的"主观行为"，例如，在上游产业中寻找并评估潜在的生产厂家，通过比价或招标投标的流程进行筛选，最终以双方签订合同的形式确定合作关系。

假设汽车产业的某一个生产厂家 A1 从上游的钢铁产业中选择某一个钢铁厂 S1 作为自己的钢材供应商，那么这两个企业就构成了供应链伙伴企业的关系，这种关系是通过双方订立采供合同，明确交易的标的物以及相关的交易条件和服务内容之后才得以确认的。

如果 S1 钢铁厂未能按合同约定满足 A1 汽车厂家的需求，无论是产品型号还是产品质量或交付时间，都会影响 A1 汽车厂家的最终产品，也会影响 A1 汽车厂家对下游客户的履约。

从以上分析可以看出，我们讨论产业链时主要聚焦于不同的产业，因为产业链是由不同的产业连接而成的。而当我们讨论供应链时，则以企业为关注点，因为企业是构成供应链的主体。

基于这样的辨识，企业经营团队在规划发展战略时就会更有方向感。首先这有助于每一个企业对上游产业形成一个整体性的认知，了解上游产业的发展水平、技术趋势、产能规模以及该产业中都有哪些头部领军企业。因为，企业的上游供应商就源自上游产业。举例来说，实施发展战略所需要的资源，企业是选择自己培育还是直接从外部进行选择配置；又比如某些零配件，企业是选择自产还是外包，都要以上游产业的整体水平为参照，经过投入产出比的分析之后做出决策。

有时，一家企业决定自行培育某种特定的资源或自行生产最终产品的某些零部件，这样的场景十分常见。然而，有供应链学者和专家未能认识到这是一种跨产业的战略决策，而只是简单地将其定义为供应链"垂直整合"。其中，福特汽车就是一个经典案例。美国福特汽车公司（下简称"福特"）曾经在 20 世纪初推出新产品"T 型车"，并为此专门实施了"垂直整合"的战略，该战略的核心思想是将本来属于上游产业的业务整合为自己主营业务的组成部分。福特汽车采取的举措主要有三类。

一是自建。福特在美国密歇根州建立庞大的工业综合体，因选址在鲁日河畔故被称为"鲁日河综合体"（Rouge Complex），其中包括自建的钢铁厂（Rouge Steel）和自建的福特玻璃公司（Ford Glass Company），基本上形成了从原材料（钢材和玻璃）到成品汽车完整的生产线。另外，福特还启动

"福特蓝"（Fordlândia）项目，在巴西购买了大面积的土地用于建设橡胶种植园。但这个项目并不成功，未能获得期待的结果。

二是联合研发。福特投资参与合成橡胶的研究开发以减少对天然橡胶的依赖，并参与材料科学领域的研究，包括开发更轻、更强的合金和复合材料。

三是长期合同。福特与其他原材料和零部件（包括电子元器件）供应商订立长期采购的合同，确保供应的稳定性并规避市场波动可能造成的风险。

从福特汽车垂直整合的案例可以看出几个问题。首先，这是一个跨产业发展的战略决策，在实际操作上其实是进入上游产业，是一种跨产业发展的战略布局。其次，从方向上看是往上游整合，下游产业则没有这样被垂直整合的机会。不过，为实现"自给自足"，将上游产业整合到自己主营业务的组成部分，将外部供应链整合成内部供应链的"垂直整合"的案例现在已经不多见了。福特在"垂直整合"中采用的联合研发和长期合同，在现如今的供应链构建和运行中仍然比较常见。

这样的整合有其一定的合理性，如供应链会更具韧性，价格波动也可能会减少。但是这样的垂直整合现在鲜有企业实施，究其原因，一是这样的整合成本巨大，一个轻资产的企业会因此变成重资产的企业；二是对于已经是重资产的企业来说，这样的决策必定会导致企业的资产更重，甚至会成为"压死骆驼的最后一根稻草"。因为这样的整合对资本要求较高，其管理也将更为复杂，经营决策链变得更加冗长，导致企业对市场反应更慢，其中蕴含的风险也会更多且更难规避和预防。

需要说明的是，有不少大型和超大型企业都是跨产业经营的，业务板块分属于不同的产业。但它们跨产业经营的目的是多元化经营，而不是为了构建"自给自足"的供应链。例如，由于信息化和数字化在经济发展中日益显现其重要性，许多企业集团纷纷投资设立自己的软件科技公司。但是它们的目标市场并非集团内部的兄弟公司，相应地，即便兄弟企业面临再严峻的数字化转型任务，他们也很少会选择集团内部的软件公司来开发所需的软件系统。

2.4 供应链赋能地方经济发展

世界是由供应链连接的，民生是由供应链支撑的。如果我们带着这样的认知重新审视中外城市发展繁荣的历史进程，应该会有更多的洞察和发现，同时也会对城市的发展和繁荣有新的启迪和更为广阔的想象空间。

我国的改革开放就是一个逐渐融入全球供应链，并与中国之外的世界相连接的过程。鉴于中国地域辽阔，这个过程呈现出梯度性推进的特点，从东南沿海地区开始，逐步向西北内陆地区延伸。这一战略决策显然是在综合考虑了历史背景、地理条件、文化差异等多重因素之后制定的。

首先，从历史角度来看，东南沿海地区自古以来就是我国对外贸易和文化交流的重要窗口，也是遍布全球的众多海外侨胞的故乡和祖籍地。其次，从地理角度来看，东南沿海地区地理位置优越，交通便利，拥有众多天然良港和广阔的海外市场。这些条件使得该地区在改革开放初期能够迅速吸引外资、发展出口导向型经济，进而带动整个地区的快速发展。从经济全球化和供应链国际化的演进趋势来看，东南沿海城市相较于内陆地区确实是先行了一步。

随着改革开放的深入，一系列国家区域发展战略也被提上日程，如西部大开发、中部崛起等，这些战略因而推动了内陆地区城市经济社会的全面发展，不仅促进了内陆地区的基础设施建设和产业升级，还加强了内陆地区与沿海地区城市之间的经济联系和合作，形成了优势互补、协同发展的良好格局。这样的发展态势在我们的脑海中呈现的画面更像是扇形的辐射图，以东南沿海为轴心向西北方向扩散延伸。如果我们从供应链的视角来看，这许许多多的辐射线就像供应链呈网状一样在延展。

改革开放的逐步深入促使人们对改革开放的理解也逐步深化。一个最为显著的现象是，地处中部和西北部的地方政府和企业，也逐渐以开放的姿态接受来自东南沿海城市的产业转移和供应链重构所带来的发展机会。这一段改革开放的发展历史在某种程度上也是各地竞相展示身手、招商引资的过程。各地采用的都是政策性的资源，例如提供低成本的土地和税收优惠等措施。但是这样的政策性资源优势正逐渐显现疲态，其效用也在逐步降低。如今，中外企业在国民待遇上享有一视同仁的权利，优惠政策基本上已经终止。

其实，这些优惠政策对于有意投资入驻中国的境外企业大多是锦上添花，这些企业总体上都是根据自己的发展战略和供应链在全球布局的需要来做投资决策的。这些年来，国内企业的供应链思维也日渐成熟，投资办厂之类的发展举措也开始依照供应链的运行规律谨慎决策。面对这样的发展变化，地方政府也要与时俱进，更多地从产业链和供应链的角度规划本地的经济发展和招商引资战略。

供应链可以成就一个城市的繁荣，但若是维系不当或供应链过于单一，也很容易导致一个城市的衰败。美国底特律的兴衰就是一个比较经典的案例。底特律曾经因汽车工业的蓬勃发展而闻名于世，汽车供应链的集中性和联动性成就了这个城市的繁荣。这样的繁荣并非虚假，但是这样的繁荣麻痹了人们对汽车供应链单一性可能蕴含风险的警惕，加之城市管理者对产业链和供应链与城市发展繁荣的关系认知甚少，完全没有意识到这样的单一性中潜伏着城市经济的脆弱性。

随着时间的推移，当外部冲击袭来，例如当能源危机出现，当汽车制造业的国际竞争加剧，底特律作为汽车之城的脆弱性就暴露无遗了。它的汽车产业由此遭受重创并直接触发了一系列的负面连锁反应，与它相关的其他下游产业也因此遭受池鱼之殃。企业倒闭和外迁导致失业率飙升，进而引发了人口流失和税收基础的大幅萎缩，城市经济也因此受到诸多结构性因素并发的副作用，进而加剧了底特律的衰退。

底特律的衰败说明汽车供应链的单一性实质上成了底特律唯一的资源，于是就有了"成也供应链，败也供应链"的一大遗憾。这一案例对于地方政府应该是颇具启示意义的。首先，城市经济过度依赖单一资源，无论是产业资源还是自然资源，对于经济的可持续发展都是极具风险的。其次，地方政府决策者提升对产业链和供应链的基本认知对于规划城市经济、规避发展风险和保障可持续繁荣至关重要。

产业链和供应链虽然相互作用，甚至"你中有我、我中有你"，但它们的发展规律和运行规律是不尽相同的。地方政府需要遵循产业链的发展规律和供应链的运行规律，在此前提下规划经济，布局供应链，所谓遵循，就是要知道进退，既要知道有所能为，也要了解有所不能为。例如，必须要认识到受限于本地经济的规模，自己在产业链的发展和建设方面是难以有直接的作为的，而能够有更多机会有所作为的是在供应链的布局和运作方面。

但是，如果我们还没有就"为"和"不为"设定具体的标准，所谓"有所为有所不为"的原则就成了一句正确的废话。因为这个所谓的原则并不具备落地执行的可行性。所以，这样的原则还得具体细化，并从实践中寻找可行的规律。例如，对于本地工业门类的调查要重点了解企业的供应链和具体层面的操作，需要就个案进行逐一分析。例如，一个企业的上游供应商数量有多少，地处何方，与本地企业的协同配合存在什么问题等。如此具体的调研是为了分析和判断：如果这些上游企业都不在本地，它们是否有潜力成为招商引资的目标对象；是否有可能引入技术和投资在本地建立生产基地；是否有可能促使本地某个行业相近但面临困境的企业转型生产。

调研本地制造业企业的另一个方向是，它们的下游企业有哪些、多大规模、地处何方，本地企业与下游企业之间的互补协同存在什么困难或者隐忧。不管是往上游分析还是往下游调研，同样重要且不可遗漏的是对本地企业在所处供应链中的价值创造能力的判断。

产业链和供应链都有资源整合和优化配置的规律，依规律办事就是顺势而为，才能有成功的可能。从产业链的高度去规划布局地方经济，依照产业链发展规律来规划经济发展，是有可能培育核心产业并裂变出新的产业集群的。产业链偏于宏观层面，事关社会经济整体的协调发展，以及依此目的进行的资源的有效配置，而这正是政府的分内之事。

常言道：做事要"大处着眼，小处着手"。不过"大处"和"小处"是相对而言的。对于地方经济而言，产业链就是大处，是擘画经济规划发展的大背景。而从实际操作的可行性来看，地方政府若想在产业布局上独具特色和有一番作为，还需要基于供应链进行考量。了解产业链的发展规律和整体发展水平，就是"大处着眼"。供应链则是可以着手的切入点，供应链理论揭示的就是企业之间资源互补和协同作业的规律。地方经济决策者更多的是要从供应链的视角出发，精心扶持本地企业，使它们在供应链中得以持续发展，招商引资要在稳链、固链、壮链上多下功夫。

因此，地方政府首先要"摸清资源家底"，要从资源的角度来评估本地的自然资源禀赋、各产业发展的现状，以及劳动力的构成。应首先对本地区供应链的现状进行深入分析，包括供应链条的完整性、上下游企业的分布和关键环节的短板等。深入了解供应链的实际情况，有助于明确招商引资的方向和重点，从而避免盲目招商。同时，也应避免仅依赖于提供廉价土地资源和优惠税收等简单粗暴的手段来吸引投资。

要评估自身的供应链资源禀赋，就要具体了解本地企业各自供应链的构成、在各个相关供应链中的价值贡献和影响力。在摸清家底的过程中，如果发现有"链主"潜质的企业，就应该重点扶持使其发挥"链主"的影响力，吸引非"链主"非本地的链上合作企业入驻本地投资建厂。对于这样的非本地企业，原来用于招商引资的廉价土地和税收优惠政策才会显现出更强的吸引力。

很多地方政府都承受着多重压力，一方面要设法帮助本地经营陷入困境而不能自拔的企业，另一方面又有当地的头部企业小有成就后谋划着出走他乡。面对这样的局面，更需要从供应链的思维来分析背后的原因。头部企业多半具有供应链"链主"的潜质，很多时候出走他乡是因为本地的供应商资源有限。因此，想方设法扶持本地经营不善的企业转型，让其具备条件加盟成为"链主"的供应商，可能就是两全其美的举措。

古训有言：栽下梧桐树，引得凤凰来。对于地方招商引资的措施来说，扶持"链主"企业就是培育梧桐树，既可以引得外面的凤凰来，还可以避免本地的凤凰飞出去。比起招商引资，如何扶持本地企业走出困境，尤其是如何留住那些小有成就的本地头部企业，对于发展本地经济并保持长期向好更为重要，也更具有成功的可行性。招商引资、扶持本地企业以及留住本地企业，这些行动实际上是可以并行不悖，甚至能够相得益彰的。关键在于地方政府的决策者对产业链和供应链的认知处于什么水平，以及他们能否积极主动地遵循产业链和供应链的内在规律来开展工作。具体来说，就是既要争取"链"的主体部分更多地在本地扎根，又要支持"链"上非本地的主体部分与本地部分更好地协同高效地合作。因此，无论是扶持本地企业转型，还是吸引外地企业入驻本地，地方政府决策者都要深入了解企业之间是如何形成互补协同的上下游伙伴关系的，以及它们之间是如何确保高效率协同和成本可控且最小化的，更要了解企业在供应链规律的作用之下是如何进行资源整合和配置的。

第 3 章
重新定义
供应链

导　读

近些年来,供应链引起业界和学界的广泛关注,许多专家学者一致强调研究供应链的必要性,也将理论与实践相结合深入探索供应链的运行规律。其中最为振聋发聩的一个断言是:真正的竞争是供应链和供应链之间的竞争,其实质含义是,当今的企业经营管理者如果不懂供应链就不可能在竞争中胜出。这个论断颠覆了人们对于竞争和竞争主体的传统认知,进而促使人们重新审视企业的本质,并进一步研究经济活动中的一个深层次现象:供应链在企业经营和整个经济社会中扮演着怎样的角色。

从法律意义上来看,企业是一个"独立实体",理应依法获得保护。同时,企业也应该自主经营、自负盈亏。但是从经营的实际操作来看,每一个企业都有上游供应商和下游客户,很多时候这些下游客户也是企业。从这一点来看,企业和企业之间是相互关联的"共同体",从保障企业实现"盈利且可持续"的终极目标来看,上下游企业相互之间需要的是成就彼此的共赢思维,缺之将很可能影响战略目标的圆满达成。经营管理团队在对企业运营模式的认知上,如果仅从法律角度片面理解"独立实体"的定义,而忽视了彼此相互依存的"共同体"需求，那么在经营实践中可能会采取以下做法：一方面，向上游供应商压价以降低产品的采购成本；另一方面，提高对下游企业或消费者的售价以提升利润空间。

这样的做法短期内也许能见成效，也曾经成为不少企业青睐的传统做法。但事实上，这是一种短视的行为。实际情况往往是，这样转嫁成本的方式并没有帮助企业真正走出困境，从长远来看，也没有增强企业的竞争力。然而，这两种策略最终导致的结果却是一致的："羊毛出在羊身上"，无论成本如何转嫁，最终都由消费者来买单。这样的做法还存在极大的风险，如果消费者拒绝买单，那么参与该产品生产的所有上下游企业包括相关的服务商，都将失去这项业务和市场。

这样的短视行为在中外企业中普遍存在。英国供应链专家马丁·克里斯托弗教授在他所著的《物流与供应链管理》（第 4 版）[*Logistics and Supply Chain Management（Fourth Edition）*] 一书中就曾指出：

> 时至今日仍然存在这样的情况，不少企业通过牺牲供应链伙伴的利益来降低成本或提高利润。采用这一做法的企业没有认识到，简单向上下游转嫁成本并不能使自己更具竞争力，原因是所有的成本总会映射在市场价格上，并且最终由用户买单。

具有远见的、有智慧的企业经营者意识到了传统经营方式的谬误，并着手探索新的解决之道。他们开始将上下游企业的供应关系视为一个整体，摒弃简单的相互转嫁成本和单方面拓展利润空间的做法。开明的企业家提出要"培育战略供应商"，与供应商建立长期的战略合作关系，共同寻找降低成本和提高效益的新路径。在改革开放的大环境中成长，善于学习的中国企业家和企业经营团队很快将视线从单一企业的生产经营过程延展到上下游企业的协同作业模式。与此同时，西方发达国家的供应链管理理论和实践也开始引起国内业界的关注。管理学界也开始关注和研究上下游企业协同即供应链运行管理的问题。

人类社会自从有了分工与合作，供应链的萌芽就开始出现。这里的"合作"从本质上讲就是"交换"，也就是我们当今经济活动中的"交易"。可以说，供应链是自人类有了经济活动以来就开始出现并逐渐成熟的一种客观存在。亚当·斯密说市场是"看不见的手"，供应链遵从的同样是一种市场力量，而不是一种"非市场力量"，它不同于行政干预或者管理这类"看得见的手"。沿用斯密的比喻，供应链是将市场这双"看不见的手"进行了"显影"——在供应链系统中，不同合作伙伴遵循市场规律和规则，并不会像一般管理甚至行政力量那样施加干预。即便有所谓的"干预"，也不会是强制或粗暴的，而是遵从市场交易的规则。

另一方面，市场机制也被引入企业内部，逐渐成为一种新趋势。一些企业内部的不同部门开始采取结算方式，以此来明确各自在价值创造中的贡献大小，并确保分配的公平性。从一定的意义来看，供应链管理理论实质上是对有关企业经营管理从理论到实践的"升级迭代"。经济全球化让人们认识到，企业不再是四面围墙之内的存在。传统的企业管理和实践目光向内，聚焦于企业自身，这样的理论和方法已经不再适用于当下的企业，当下的企业需要打破边界，从供应链视角看待企业自身和企业所处的供应链体系，以及整个商业生态系统。

在这样的大背景之下，供应链构建和运行有怎样的规律、供应链管理的目的又是什么等问题普遍受到业界和学界的高度关注，不少专家学者、供应链从业人员和咨询师，包括相关协会都不辞辛劳地发表自己的见解，试图给出相关的定义。

本章将介绍供应链概念的萌芽过程，对传统的供应链经典定义进行解读，并给出作者自己的供应链新定义。希望这个定义能够对读者，尤其是那些从事供应链管理的企业经营管理人员有所帮助。通过这个新定义,他们能够更清晰地辨析自己的企业涉及多少条供应链,以及这些供应链所处的生态位置。简而言之,这有助于他们更清晰地界定自己的职责范围,并为创造性地履行职责夯实供应链的知识基础。

3.1 供应链概念的发展

从库存管理到供应链管理

20世纪70年代末,英国物流学者和咨询师基斯·欧利弗(Keith Oliver)与他的同事在为客户企业提供咨询服务的过程中,共同提出了"供应链管理"一词。当时,欧利弗和他的团队在为瑞典斯凯孚轴承公司、荷兰喜力啤酒公司、荷兰飞利浦公司等企业提供业务咨询,力图解决企业内部普遍存在的"职能筒仓"现象所造成的库存积压和浪费,以期在降低库存的同时,提升企业对客户的服务水平。他们称之为"库存整合管理"(Integrated Inventosry Management),并将其简称为"I2M"。

但是"I2M"这个名称并未受到飞利浦公司经营管理团队的认可,面临质疑,欧利弗只得解释道:"我们说的是将链式的供应看成一个单一整体的管理工作。"飞利浦公司的一位高管听后直言道:"那为什么不干脆叫作'全面供应链管理'(Total supply chain management)?""供应链管理"一词就此产生。

创造"供应链管理"一词并非是欧利弗一个人的功劳。事实上,毕业于维也纳大学的物理学博士沃尔冈夫·帕奇(Wolfgang Partsch)曾于1979年在德国出版的《经理人杂志》(*Manager Magazine*)月刊上发表文章,提出了供应链的概念,以此说明企业可以将内部不同领域视为相互依存的部门,以提升作业效率。其后不久,帕奇就因这篇文章而加入欧利弗的团队,此时帕奇正带领一个团队在瑞士的 Landis+Gyr 公司帮助实施一个供应链项目。该项目的结果成功发布在《德国经济周刊》(*Wirtschaftswoche*)上,这是第一个见诸发行刊物被列为"供应链管理"的实际案例,同时也受到美国供应链管理专业协会(Council of Supply Chain Management Professionals, CSCMP)的认可。

"供应链管理"这个概念出现在公众视野并被广泛接受,很大原因是 1982 年 7 月 2 日,英国《金融时报》(*Financial Times*)刊载了该报记者阿诺尔德·克兰斯道夫(Arnold Kransdorff)对基斯·欧利弗的采访报道。在这次采访中,欧利弗介绍了自己的新商业概念,并首次面对媒体使用了"供应链管理"一词。当时他给出的定义是:

供应链管理是一个涵盖计划、执行和运营管控的流程,目的是尽可能有效地满足顾客需求。供应链管理横跨原材料的移动和仓储、半成品的库存,以及成品从产地到消费之间点对点的交付。

可以说这是最早见诸文献的供应链的定义,自此以后,几乎所有的供应链论著都是以这个定义为理论基础的。尽管后来有了一些发展和变化,也有的论著更偏于具体细节,但总体上还是没有太大的变化。

经典模型 SCOR

美国波士顿的 PRTM 合伙人咨询公司(该公司于 2011 年被普华永道收购)从 1985 年开始正式使用"供应链管理"这一专业术语,并将其用于分析、描述跨职能部门整合之后所形成的体系完整的业务流程。20 世纪 90 年代,该咨询公司与施乐公司(Xerox)的一个联合项目团队共同给出了供应链运行中的"计划"(Plan)、"寻源"(Source)、"制造"(Make)、"交付"

第 3 章　重新定义供应链

（Deliver）等词的定义。这些定义在 PRTM 合伙人咨询公司其后与 AMR 集团公司以及其他客户企业合作的过程中进一步得到完善，最终形成了供应链理事会（Supply Chain Council，SCC）推出的供应链运营参考模型（Supply Chain Operation Reference Model，SCOR）的最初基础。

SCOR 是很多供应链论著都乐于引用的一个经典模型。这个模型整合了上述最初基础的供应链管理各个环节的定义，还增加了"退货"（Return），意指交付后发现次品、错送地址和退货等所需要的服务环节。这个补充使得整个模型更为完整（如图 3-1 所示）。

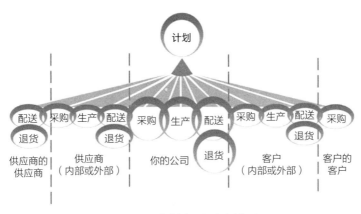

图 3-1　供应链运行参考模型

以色列教授艾利·M. 高德拉特（Eliyahu M. Goldratt）在 1986 年提出了"同步制造"（Synchronous Manufacturing）的概念，并最终发展成颇具影响力的"约束理论"（Theory of Constraints），其核心思想聚焦于发现或预测生产过程中的瓶颈并予以有效解决或事先防范，从另一个角度来分析、改进制造业的运行，提高生产加工环节的效率，从而提升供应链整体的响应速度。

1989 年，美国学者格雷厄姆·斯蒂文斯（Graham Stevens）在《国际物流与材料管理杂志》（*International Journal of Physical Distribution and*

Materials Management）发表《整合供应链》（Integrating the Supply Chains）一文。文章的核心思想是：制造业就是通过增值和销售产品来创造财富。文章认为：制造业企业的共同点是，它们需要管控源自供应商的原材料供给，使其经过增值加工流程，以及分销渠道，直至将产品交付给顾客。供应链就是一系列相互关联的作业活动，这些活动事关从原材料和零配件到成品、从供应商到顾客整个过程的计划、协调和管控。

源自实践的真知灼见

供应链概念和理论的发展依赖于相关的供应链实践以及对这些实践经验的总结、分析和升华。美国福特汽车在供应链实践中堪称先行者，除了在20世纪上半叶发明自动装配线以支持规模化生产外，其另一个特点是对上下游伙伴企业进行了垂直整合，将外部的合作伙伴企业改造成福特公司内部的上下游伙伴部门，从而实现协同作业。例如，福特公司在投入巨资建设汽车自动生产线、装配线的同时，还通过各种商业运作投资活动，拥有并经营汽车产业链供应链最为上游的铁矿、橡胶种植园等。这样的垂直整合从表面看是将外部的供给职能改造为内部职能，其根本目的还是保证供应链的稳定有序和韧性可靠。这样的做法也许就解释了为什么众多专家认为有必要将企业内部各个职能部门视同为供应链上的协同伙伴。

但是，并不是所有的汽车生产厂家都选择采取福特汽车的垂直整合方式来构建供应链。第二次世界大战之后的日本丰田汽车没有福特汽车或通用汽车那样的财力、产能规模和市场占有率。当时，美国一条汽车生产线每月的产能高达9000辆汽车，而日本的产能只有其1/10。美国两大汽车巨头专注于规模经济、生产设备的高利用率、大批量等大规模生产方式。虽然这种方式造成了高库存量和冗长的生产周期，但也确实降低了产品的单位生产成本。

与美国同行不同，丰田汽车因为缺少流动资金，不得不采取小批量的生产排期,在同一条生产线上生产不同车型的汽车,以提高资金周转率,并由此逐渐自主形成一种灵活的生产制造模式,这种模式使得丰田公司有能力向客户快速交付正确的产品且质量正确、数量正确、地点正确、时间正确、成本正确,而这几项"正确"既是供应链的驱动力,也是当今供应链管理所追求的目标。

汽车行业的供应链实践颇为经典,人们总结分析其供应链实践的过程,本质上也是一种"知其然,也知其所以然"的探索过程,希望寻找供应链的成因和运行规律,以期更好地利用规律。既然是规律,那就必须具备一定的"普适性"。因此,人们阅读有关供应链的论著,常见的有诸如美国苹果公司、戴尔电脑、沃尔玛超市、Zara 服装家居等不同行业和业态的案例,却鲜见有源自中国的供应链案例。从这些案例的相关企业来看,都是制造业企业。中国的工业门类最为齐全,制造业十分发达,堪称"世界工厂",因此,其供应链实践无疑是极为丰富的,我们急需从这些实践中提炼和总结出供应链的理论和案例,进而构建出具有中国特色的供应链知识体系。

中国已经成为当今世界经济发展的主要驱动力。我国的工业门类最为齐全,相应的供应链实践也是最为丰富的。源于中国、惠及全球的"一带一路"倡议,是构建人类命运共同体的经济全球化新模式,秉承"共商、共建和共享"的原则,既照顾共建国家的所需,也兼顾其资源禀赋和优势,优化资源配置,追求的是共同富裕。"一带一路"所推动的每一个具体项目,从规划、实施到建成后的运行必定需要众多企业家和经营管理人员的辛勤劳作。工商界是具体项目的参与者、贡献者和生力军,企业是共建"一带一路"最活跃的细胞。"一带一路"倡议覆盖了诸多国家,面对着迥异的文化背景、民情风俗、法律制度和发展水平。在共建"一带一路"的过程中,我们不仅要遵循供应链的运行规律,更要在供应链实践中进行创新。

3.2 传统供应链的定义

经典定义和解读

正如前文所述，20世纪80年代英国咨询师基斯·欧利弗与他的同事帕奇首次提出了"供应链管理"这一概念，这标志着人们开始对这一客观存在有了初步的认识和感知。自此以后，有关供应链的分析和研究不断深化，促进了人们对供应链的认知，相关的理论也随之更具有完整性和科学性。所有研究和探索都是一个具有"知其然，也知其所以然"意义的追求过程，目的是寻找供应链运行的客观规律，以提高对供应链进行管理的能力，争取利用其运行的客观规律，求得更高的作业效率和更好的经营效益。

供应链概念的形成与跨国企业的经营和作业模式密不可分。尽管初始的供应链认知还局限于单一企业之内的协同作业，但由于这一概念诞生于跨国企业的实践之中，它自然而然地携带了"跨国基因"。因此，供应链概念后续"搭乘"经济全球化列车快速发展，也就成了顺理成章的结果。在供应链理论发展的过程中，已经有过不少的学者给出供应链的定义，也有学者根据自己持续深入的研究，进而推陈出新，对以往的定义进行了修正或升级迭代。在众多的定义之中，本书特意选取几位国内外比较有影响力的供应链学者给出的定义，在此进行介绍和解读。

英国克兰菲尔德大学的马丁·克里斯托弗教授在他所著的《物流与供应链管理》（第4版）一书中给出的供应链的定义是：

供应链是诸多组织形成的网络，这些组织因参与不同阶段的生产活动，以上下游的方式连接，向最终消费者交付以产品或服务为形态的价值。

"组织"一词在西方管理学论著的语境里通常用于代指企业，此处"诸多组织形成的网络"中的"组织"指的就是企业。

第 3 章　重新定义供应链

我们在此语境中细细解读这个定义，可以发现其中至少有四层意思：

第一，企业，不管其从事某个特定产品哪个阶段的生产活动，都是从事价值创造的；

第二，这个价值是以产品或服务的形态来交付给最终消费者的；

第三，这个承载着价值的产品或服务，不是一家企业能完成的，而是诸多企业通过协同作业才能完成的；

第四，"供应链是诸多组织形成的网络"这一句话可以理解为供应链的实际结构或运行方式是呈"网"状的。

以上定义和解读其实还没有涉及读者可能会心存的疑问。例如，这个既是链又是网的东西是谁牵头构建的？企业是不是可以不参与供应链？等等。这些都是关系到供应链运行方式和企业经营模式的根本性问题。

美国西北大学（Northwestern University）供应链专业教授苏尼尔·乔普拉（Sunil Chopra）所著的《供应链管理》（第7版）一书对供应链给出如下定义：

> 供应链由直接或间接地满足顾客需求的各方组成，不仅包括制造商和供应商，还包括运输商、仓储商、零售商，甚至包括顾客本身。在每一个组织中，例如制造企业中，供应链涵盖接受并满足顾客需求的所有职能，包括但不限于以下职能：新产品开发、营销、运作、分销、财务和顾客服务。

显然，相对克里斯托弗教授的定义来说，乔普拉教授的定义更为具体。如果说前者的定义说明了供应链是由企业构成的，那么后者则在此基础上进一步指出，参与供应链运行的企业，虽然都是为了满足顾客的需求，但其贡献有"直接"和"间接"之分，且可能分属于不同的行业。同时，这些企业内部的职能部门也都属于供应链的范畴。作者认为这是对供应链初始概念和认知边界的重申，同时也是一个提醒，对于了解供应链管理的诉求和管理要素，以及构建数字供应链的规划，都很重要。

国内很多学者和业界人士将供应链的概念引入国内，为构建本土供应链理论体系付出了很多的努力。华中科技大学的马士华教授主持编著的《供应链管理》（第5版）一书给出如下定义：

供应链是围绕核心企业，通过对信息流、物流、资金流的控制，从采购原材料开始，制成中间产品以及最终产品，最后由销售网络把产品送到消费者手中的供应商、制造商、分销商、零售商，以及最终用户连成的一个整体的功能网链结构。它是一个范围更广的企业结构模式，包含了所有加盟的节点企业，从原材料的供应开始，经过链中不同企业的制造加工、组装、分销等过程直到最终用户。它不仅是一条连接供应商到用户的物流链、信息链，还是一条增值链，物料在供应链上因加工、包装、运输等过程而增加其价值，给相关企业都带来收益。

相比之下，马士华教授给出的这个定义更具象，相对而言也更贴近实际操作层面。对照前面两个定义，马士华教授定义中的"最终用户"和乔普拉教授定义中的"顾客"可谓是"异曲同工"，甚至可以画等号。另外，定义中多了"信息"这个要素。需要说明的是，虽然前面两位教授给出的定义中没有提及"信息"，但是，阅读他们的论著还是可以发现，他们都同样十分强调信息和数据在供应链运行和管理中的重要作用。

中国政府十分重视供应链的发展。2017年，国务院办公厅曾发文《关于积极推进供应链创新与应用的指导意见》，开篇一段文字即可视为对供应链的一种定义：

供应链是以客户需求为导向，以提高质量和效率为目标，以整合资源为手段，实现产品设计、采购、生产、销售、服务等全过程高效协同的组织形态。

国务院文件强调指出供应链是"全过程高效协同的组织形态"。作者认为这句话的另一种表达就是"供应链是参与其中的伙伴企业高效协同作业的模式",其中的核心思想是"高效协同作业",业界人士尤其是供应链从业人员一定要谨记。供应链管理的终极诉求,就是追求全链伙伴企业的高效协同作业。

在最为常见、最为经典的对供应链的定义中,还包括中国物流和采购联合会(简称"中物联")提出的定义:

生产及流通过程中,围绕核心企业的核心产品或服务,由所涉及的原材料供应商、制造商、分销商、零售商直到最终客户等形成的网链结构。

中物联长期致力于推广和普及供应链理论,并在指导供应链实践的基础上进行供应链知识体系的构建。由中物联主编的"供应链管理与运营系列丛书"给出的供应链定义,基本承续了以上国务院文件中定义的精神,并予以具体化。

供应链的长度和宽度

"一个企业究竟有几条供应链"这个问题鲜有人问及。前文提到的专家学者在他们的论著中也鲜有涉及这个问题。作者也是在从事供应链研究多年以后才注意到,并认为这是十分有必要讨论的一个问题。在作者曾涉猎的有关供应链的论著中,也不曾遇到有哪个专家学者从这样的角度来分析供应链。

要回答这个问题,首先要定义什么是一条供应链的长度和宽度。"供应链的长度和宽度"可能是很多人都未曾考虑过的问题。这个问题有必要进行探究，理由也是很浅显的：企业要进行供应链管理，首先必须明确的是管理的对象和范畴，换言之，对一个管理团队而言，首先要明确的是工作职责的范围。前面提到的供应链的定义，都讲到了供应链的终点是"消费者"（克里斯托弗教授的定义），或是"顾客"（乔普拉教授），或是"最终用户"（马士华教授）。无论是"事"还是"物"，有终点则必定有起点。马士华教授的定义开篇就指明了供应链的起点："供应链是围绕核心企业，通过对信息流、物流、资金流的控制，从采购原材料开始……"

克里斯托弗教授在上述定义中没有涉及供应链的起点，但在他的《物流与供应链管理》一书中认为"供应链始于设计师的画图板"。显然，这是一个比喻的说法，意思是说设计师在构思产品时决定了产品要选用的材质、产品的内在结构、加工工艺以及外在的形状。产品制造所需的材质，也就是马士华教授笔下的原材料。

而企业运营的实际情况是，采购团队并不能随心所欲地采购原材料，而是要按照设计师的要求，根据物料清单和生产计划履行采购职责。而物料清单的制定，依据的是产品设计。所以，相对于马士华教授的"从采购原材料开始"一说，克里斯托弗教授将供应链的起点又往前推进了一步。但是，设计师真的可以随心所欲地决定采用什么原材料吗？答案依然是否定的。

关于供应链的起点，乔普拉教授也用了一个比喻，他说："以一个顾客走进沃尔玛超市去买清洁剂为例。供应链始于顾客及其对清洁剂的需求，下一个环节是顾客访问沃尔玛超市。"乔普拉教授这一段关于供应链起点的论述，很像是他给出的供应链定义的延伸，即供应链是包括最终顾客的。同时，这一段话其实还强调了一个重要观点，即供应链是由需求驱动的。这是供应链的一个重要属性。如果将上述关于供应链起点的论述视为针对不同受众群体的，那么每种观点都自有其合理性，并无绝对的对错之分。然而，它们在实际应用中的作用或效果却各有差异。

第3章　重新定义供应链

乔普拉教授像是在给消费者或顾客介绍供应链的起点，适合于向普通消费者普及供应链常识，这样的说法比较形象，因此效果也会不错，但对于企业经营管理团队却没有什么实质的指导性作用。因为企业不能等待至顾客在商场寻找商品时才确定供应链的起点，而供应链管理的核心诉求之一就是要对市场需求进行尽可能早和尽可能准确的预测。同时，这样的说法不具有普适性，也就是说，这个定义不能在不同的场景中自洽。如前所述，很多产品并不是以消费者为目标市场的，也就是说，很多产品进入市场但是并没有进入实体商场，例如，生产挖掘机零配件的厂家、生产空调压缩机所需铜管的厂家、生产包装材料的厂家等，因此，不可能依此判断供应链的起点。

克里斯托弗教授和马士华教授关于供应链起点的观点，更像是针对企业家和企业经营人员而言的。马士华教授认为供应链的起点是"从采购原材料开始"，而克里斯托弗教授则认为"供应链始于设计师的画图板"。由此可见，这两位教授关于供应链起点的说法，无意中形成了互补递进的关系，但似乎还是没有把供应链起点的本质问题说透。在制造业企业的经营活动中，原材料采购的具体内容或采购工作的作业标准，如采购的数量和质量以及采购的时间节点，都不是采购团队可以自说自话、擅自做主的。采购部门的采购计划是由生产排期决定的，生产排期的制定基于生产计划，而生产计划是由销售团队提供的订单或需求预测决定的，这本身就是一个企业内部协同作业的过程。至于选用什么材质作为产品的原材料，这是在产品设计环节决定的，也就是克里斯托弗教授所说的"始于设计师的画图板"。

那么，设计师可以自说自话地决定产品的原材料吗？答案是否定的。设计师对于产品的选材有很大的建议权，但不可能独断专行、擅自做主。例如，财务团队的成本会计必定会参与其中以决定产品投入成本，运营团队要从营销的角度对产品设计提出建议，诸如此类，最终群策群力所形成的设计方案还得报企业最高层决策。其实，聘用什么样的设计师本身就是由企业经营团队决定的，这个决定与企业生产什么产品密切相关。一个企业的主营业务，如生产什么产品或提供何种服务，事关企业发展战略的规划，但凡涉及发展战略，必定都是由企业的最高领导层来定夺的，因此，作者认为：供应链始于企业的最高决策层，即董事会的决策。其实，这也是一种比喻，实质上，供应链始于企业的战略决策。

确定了起点和终点，这两点之间的直线就构成了供应链的长度。换言之，我们以上讨论的都与供应链的长度有关。既然供应链有长度一说，这条链也应该有一个宽度。

"真正的竞争是供应链和供应链之间的竞争"，对于企业家和企业经营管理团队而言，这句话看似携带着一股强烈的紧迫感，可能使他们感到压力陡增。因为这句简单的断言不仅没有解决任何问题，反而激增了更多的问题。例如，供应链之间如何竞争？什么样的供应链之间存在竞争？家用家具供应链和家用电器供应链之间是否存在竞争？抑或是与办公家具供应链之间存在竞争？一个多元化经营、多业务板块的大型集团型企业是在哪条供应链或在哪几条供应链？又会和哪条或哪几条供应链有竞争？不难发现，所有类似的问题最终都与一个根本性的问题有关，也就是上文提出的那个问题：一个企业究竟有几条供应链？

从认识论的角度来看，供应链从业人员是认识的主体，供应链则是认识的客体。供应链从业人员只有对供应链客体有深入的了解和认知——包括客体的范畴和特性，才能有效地进行管理和优化。不难想象，客体范畴或边界不清，对供应链管理团队而言无异于职责范围不清。没有范围和边界，就没有了制定供应链战略的重要依据，实施供应链管理也就没有了清晰的客体对象。有鉴于此，企业经营管理团队势必要弄清楚，一个企业究竟有几条供应链？如果不仅仅有一条，那么不同供应链之间的边界是如何确定的？换言之，供应链既然有宽度，那它的宽度如何界定？

对于供应链管理工作，如果我们不能明确定义其任务边界和内容，那么我们就无法对它进行绩效考核，如果无法考核，很显然我们就不可能对供应链管理工作进行完善或升级迭代。

3.3 重新定义供应链

定义的三要素

就根本属性而言，供应链是链上伙伴企业协同作业的组织方式。我们审视协同并找寻其运行机制就可以发现，协同的启动、执行乃至最终完成，都依赖于信息的流通和共享。可以说，供应链伙伴企业之间的所有协同，都始于信息的准确传递，并在对信息进行有效处理和反馈处理结果后得以实现。因此，"信息"这个要素在供应链的定义中是必不可少的。从另一个角度来说，恰恰是因为"信息"对于"协同"的重要作用，说明信息技术在供应链的运行和管理中不只是"可能"，而是一种"必须"。这些年来的实践和发展也充分证明了供应链所蕴含的信息和数据，这为构建数字供应链系统的核心价值提供了一个可以依循的思路。

在讨论供应链的定义时，我们需要首先强调一个观点：供应链外无企业。换言之，但凡企业，无论其意愿如何、从事何种业务、规模大小或者地处何方，它们都存续于供应链之中。这与其说是一个观点，不如说是对供应链论著研读并结合实践思考所得出的一个重要结论。例如，所有的供应链定义都认为最终用户、顾客或消费者是供应链的终点，所有企业的产品或服务都是面向他们的。仅此一条，就可以证明供应链外无企业。"竞争在供应链和供应链之间"更是把这个结论推向了极致。但是这样的结论又过于粗放，对于供应链从业人员的履职不具有指导性的作用。

供应链定义的核心目标受众是企业家和企业经营管理人员，所谓的指导性作用就是要帮助他们"对号入座"式地找到自己的企业在供应链中的定位，为他们履行供应链运行管理职责提供指导性的思路。因此，一个供应链的定义至少要有以下三个层面或称"三要素"的考量：

一是企业经营管理团队首先可以借助定义梳理清楚自己的企业处在什么供应链或是处在哪几条供应链上；

二是自己的企业在这些供应链中应该发挥什么样的价值创造作用；

三是为发挥这样的作用，企业应该需要什么资源，又该如何配置资源。

基于上述认知，作者给出的供应链定义是：

供应链是以某一产品或服务为载体的价值创造和交付的过程，这个产品或服务从无到有直至交付给顾客的全过程是由诸多企业参与不同阶段和不同形态的作业协同完成的。

这个新定义与上述传统的经典定义有明显的不同，但并不是对经典定义的颠覆，而只是将传统定义化繁为简并做了必要的补充，目的是想给出一个更接地气且更具指导性和可行性的供应链定义。

首先，这个定义说明，供应链是一个价值创造和交付的过程，而这个价值是以产品或服务为载体的。其次，新定义也指出这个价值创造和交付的过程是由诸多企业参与其中协同完成的。这两点在经典定义以及其他有关供应链的论著中，都可以找到意思相似或相同的表达。

与经典定义的比照和解读

新定义中有关协同的观点与经典定义以及其他供应链论著中所强调的基本一致。在克里斯托弗教授的定义中，"这些组织因参与不同阶段的生产活动，以上下游的方式连接"，这句话强调的是生产企业之间的协同。乔普拉教授认为"供应链是由直接或间接地履行顾客需求的各方组成的,不仅包括制造商和供应商,还包括运输商、仓储商、零售商,甚至包括顾客本身"。在上一节对经典定义的解读中,也曾介绍说乔普拉教授这个定义对供应链的描述更为完整。它说明了供应链的成员不仅仅有生产制造业企业,还包括非制造业的企业。协同发生在这些分属于不同行业的企业之间。

借用乔普拉教授的这个观点,我们可以理解克里斯托弗教授只是强调了"直接履行顾客需求"的、以上下游方式连接的生产活动,而乔普拉教授则主张供应链"还包括运输商、仓储商、零售商"等,它们从事的是"间接履行顾客需求"的生产活动,这一点在某些定义中并未被明确提及。

一个产品或一项服务就构成了一条供应链。这一点是供应链经典定义和其他供应链论著未曾有过的表述,但这是一个十分必要的补充。传统供应链的定义虽然提及了供应链的长度,但语焉不详,没有很明确地说明供应链的起点。此外,它也没有说明供应链的宽度。于是,一个企业究竟有几条供应链就成了一个被忽略的问题。我们讨论了供应链的起点,是为了进而能够清楚地确定供应链的长度。我们在此定义中明确了一个产品或一项服务就构成了一条供应链,也就回答了供应链的宽度问题。因此,企业家、企业经营管理人员和供应链从业者借此定义可以辨析自己的企业究竟有几条供应链,进一步对自己的职责范围形成一个清晰的认知。

根据一个产品或一项服务就是一条供应链的观点,就可以进而定位供应链的起点就在企业最高决策层决定研发生产某一个产品,或提供某一项特定服务的那个时刻。这样的新定义提示决策者应该审慎评估所需资源。

新定义,新思维

对于新启的创业企业而言,创业团队可以借助这个新的供应链的定义来辨析和确认自己将要进入的供应链类型,以及在该供应链中如何发挥自身的价值。基于此，它们可以进一步思考需要何种资源，并谋划如何获取或配置这些资源，由此可以顺理成章地评估资源的可及性并据此决定进退。据作者观察，很多创业团队的"商业计划书"洋洋洒洒，多是在向投资人描述美丽的前景，即人们所说的"讲故事"。创业者和投资人都没有从供应链和资源链的角度去分析达成这些美丽前景的可行性，因此失败也就成了大概率的事。

对于存续中的企业，这个供应链的新定义可以帮助企业重新审视其既定的供应链战略，对照梳理并诊断供应链的运行现状，发现偏差并及时予以修正调整。与新启的创业企业同理，如果存续中的企业欲扩大经营范围或开发新产品，也能够借助这个定义对新业务所涉及的资源可及性、供应链将如何构建和管理，做出清晰且具有可行性的规划。与新启的创业企业不同的是，存续中的企业已经有了一定的资源积累，所以对于它们而言，无论是业务转型、开拓新市场，还是提高资源的边际效用，它们都可以对既有资源进行充分利用，同时寻找新的资源进行整合配置。

无论新启创业还是存续拓展，都不是一个简单轻松的决策，有太多的问题需要调研、需要分析、需要判断，常规的做法是制定一份可行性报告或商业计划书。作者认为，无论可行性报告或商业计划书如何写，决策团队都必须回答三个根本性的问题：做什么？为谁做？怎么做？而以上定义为决策团队提供了寻找答案可以依循的思考路径，也就是要用供应链思维来谋划发展战略。

定义中"这个产品或服务从无到有直至交付给顾客的全过程是由诸多企业参与不同阶段和不同形态的作业协同完成的"一句，"作业"一词等同于克里斯托弗教授定义中的"生产活动"。"不同阶段的作业"是指供应链的成员企业是按供应链运行所需的上下游流程排序来参与其中的，与克里斯托弗教授定义的"以上下游的方式连接"表达的是同一个意思，也是供应链运行的实际情况。

从某种意义上讲，乔普拉教授则是在此基础上将这些"以上下游的方式连接"的供应链成员企业细分为制造业企业和服务业企业，如运输商、仓储商、零售商等。作者的新定义中的"不同形态的作业"则是以"作业形态"为维度，将参与供应链协同的企业划分为生产型作业和服务型作业。生产型作业是直接履行顾客需求的价值创造的作业活动，服务型作业是指运输商、仓储商等非制造业企业的作业活动。生产型作业和服务型作业的根本区别是：前者是在产品上做增值加工，每一次的生产型作业都可能对产品的物理形态或性质做出改变，这种改变是为了满足最终顾客的需求，因此是"直接履行顾客需求"的作业；而后者并没有对产品本身或其物理形态或结构做出改变，它们的作用是以其服务支持了生产型作业，所以是"间接履行顾客需求"的作业。

定义中提出的"作业形态"的维度，将参与供应链协同的企业做了一个区分，目的也是方便企业"对号入座"，判断自己的企业在供应链运行中的定位和作用。作者在此提出"作业形态"的维度，其实还有另一层考虑，因为它关系到供应链成因和存续的根本性问题。

供应链和供应链管理是一个硬币的两个面，不可分而论之。对任何企业来说，清晰认知到自己的企业存续在多少条供应链之中，以及每一条供应链的起点十分重要。因为它不仅关系到供应链管理的边界，也关系到不同供应链之间的相互互动和协调，更关系到企业供应链战略的制定。试想一下，当企业的决策者对自己的企业有多少条供应链、每一条供应链的起点和终点都无所认知的话，那么他是否有可能制定一个具有可行性的发展战略呢？答案是显而易见的。

供应链是以某一产品或服务为载体的价值创造和交付的过程，供应链管理的目的就是保障这个过程效率最高、成本最低且可持续。供应链的效率出自协同，有价值的协同必定源自依规和有序。为创造价值，众多的团队以不同作业形态进行协同作业，不难想象，协同过程的任何差池都会对效率和成本造成重大的影响。因此，供应链的管理要研究"规"和"序"。"规"指的是作业规范，其中包括作业方式、作业标准和相关的考核机制；"序"则是指既要合理设定流程节点，又要保证节点的灵活可变，满足敏捷性的要求。

供应链管理还要保障供应链的可持续性，即必须考虑供应链的风险管理、绿色发展理念的落地。但凡有碍供应链可持续的行为或企图，都是应该被摒弃的，这些行为或企图包括但绝不限于，违法和有违社会公序良俗的、有违商业道德和人文情怀的。

与时俱进、创新发展也是供应链可持续的重要保障。有不少供应链专家和学者十分认同"真正的竞争是供应链和供应链之间的竞争"。虽然供应链是一个无形的协同作业的组织方式，并不是市场竞争的主体，但是企业的供应链管理是否与时俱进，必定会影响企业的竞争能力。创新，首先应该是理念和价值观的创新。供应链合作伙伴应该共同秉持"创造价值成就彼此"的理念和价值观，要摒弃零和博弈的思维惯式，探索共赢之道。当今世界正处于百年未有之大变局的动荡之中，全球发展面临从传统经济向数字经济转型的关键时期。供应链管理的与时俱进和创新发展，既要致力于供应链创新，更要紧跟数字技术包括人工智能的新发展，并将其应用于供应链的运行和管理。

需要注意的是，当前我们所能接触到的供应链理论基本上都源自发达国家。关于理论，我们常说"理论源于实践"，照此来说，这些供应链理论也是从西方发达国家的供应链实践中升华而来的。关于理论的另一句话是"理论指导实践"。半个世纪以来，西方发达国家的供应链理论指导了西方的供应链实践，曾几何时，西方的经济快速发展，几乎是一骑绝尘，全球欠发达国家和地区难以望其项背。而现如今，西方发达国家的经济发展正面临着滞胀压力。既有的供应链理论似乎并不能解决全球供应链的协同问题，更有甚者，还出现了"脱钩断链"的思潮。西方的供应链理论是否完全适用于当今的中国？这是一个具有现实意义的、非常有必要思考的问题。

此一时彼一时，中国现如今的发展阶段绝非欧美当年的时段，时间长河也不会倒流；此一地彼一地，中国亦非西方国家，自然禀赋不一样，价值观念更是不同。时过境迁，整个世界都已经发生了很大的变化。传统的西方供应链理论解决不了当今西方国家供应链所面临的新问题，我们应该给自己提个醒，参考西方供应链理论，取其精华而用之，照搬照抄、"言必称希腊"的盲从是万万不可取的。

更为重要的是，中国作为世界上工业门类最为齐全的制造大国，供应链的实践必定也是最为丰富的。这丰富的实践值得我们下大力气进行总结并升华为具有中国特色的供应链理论。在我们努力从制造大国迈向制造强国的进程中，我们需要有自己的供应链理论相伴而行，因为这样的理论也是我们国家软实力的重要组成部分。

第 4 章
供应链的七大"链性"

导 读

在经济全球化、供应链国际化、专业分工精细化，企业之间相互依存益发紧密的大背景之下，若没有全链伙伴企业的协同配合，没有供应链资源配置的持续优化，企业将很难达成自己的愿景和使命，也难以达成"盈利且可持续"的终极目标。这样的现实情况很可能是供应链学者和专家们提出"真正的竞争存在于供应链与供应链之间"这一观点的客观背景和重要基础。不过，如果企业经营团队对这个观点的理解仅停留在表层或字面意义上，他们可能会从中得到一些启发甚至感到警醒。然而，如果企业经营团队认真考虑甚至有意将这一观点付诸实践，他们很可能会因为缺乏可操作性而感到无从下手。

为了说明问题，我们有必要将供应链和企业的基本属性做一个对比分析。供应链是由利益攸关的诸多企业连接而成的，它不是一个具有法律意义的主体。组成一个特定供应链的企业也处于不断洗牌重组的过程。供应链没有决策中心，它拥有执行团队，但这些团队各自隶属于不同的主体。供应链成员企业之间的相互约束和关系调整主要依赖于一纸合同，而且这些合同往往仅存在于直接的上下游供需企业之间，但是全链伙伴存在"一损俱损"的蝴蝶效应般的风险，如果真有损失发生，而受损成员中除了凭"一纸合同"或许有所补偿，其余成员几乎都是被殃及的"池鱼"，处于"冤无头，债无主"般无处可申诉的困境。

反观企业，它是一个依法设立的营利组织，它有决策中心，有执行团队，有管理制度和激励机制并依此约束和调整组织内所有成员的行为和相互关系。组织的成员，从高管到普通员工，如果认为自己在组织内部受到不公正的待遇，既可以找到"事主"进行沟通协调，也可以诉诸法律以维护自己的权益。

常言道：商场如战场。军队在战场上若要所向披靡、无往不胜，必定有赖于一个坚强且睿智的决策和指挥中心。同理，商场上的竞争主体，如欲胜人一筹占得先机，也必须有一个果敢且明智的决策和指挥中心。供应链和企业的这番简单对比分析告诉我们，供应链很显然不是这样的竞争主体。正因如此，"真正的竞争在供应链和供应链之间"这个观点对于企业经营团队而言，不具备付诸实践的可操作性。

那么，这个观点给企业经营团队的"警醒"作用又是什么呢？这就需要对这一观点做一番正向的解读，即这个观点强调的是，企业应该从供应链的运行规律出发，认真考虑供应链从构建到运行管理对企业制定发展战略和战略落地执行的影响。

供应链管理和企业经营都属于商业领域，在进行相关的思考、决策和行动时，要做到系列化且逻辑自洽，它需要从最基本的原理和常识出发展开推理、形成判断并付诸行动，需要秉持"知其然，也知其所以然"的求真务实原则，也需要遵循切实可行的底层逻辑，如此才符合第一性原理。

如果认可"真正的竞争在供应链和供应链之间"的观点，企业首先要以供应链为背景进行自我定位，要反躬自问：我在哪条供应链？我参与了几条供应链？我和哪些供应链有竞争？在第3章"重新定义供应链"中，作者给出了有关供应链的新定义，也是基于第一性原理的初衷，为企业自我定位，为回答以上几个问题提供了一个方法。

结合供应链和企业的不同属性，从第一性原理出发来分析市场竞争的主体，我们可以做出这样的基本判断：在市场经济的竞争中，竞争的主体仍然是企业，**竞争仍然在企业和企业之间，但是竞争的焦点已经转变为企业构建、运行和管理供应链的能力，用数字技术赋能供应链的能力，以及防范和应对供应链风险的能力。**这三大能力就是在当今的市场经济和经济全球化大背景之下企业必须具备的核心竞争力。

于是，如何构建企业的核心竞争力即以上三大能力就成了企业的当务之急。培育这样的核心竞争力的关键取决于企业经营团队对供应链规律的认知水平，其检验标准在于能够有效利用供应链规律整合资源和实施资源利用战略，而培育核心竞争力的指导思想则基于供应链的思维方式。

企业要培育核心竞争力还是要遵从第一性原理，首先要从了解供应链的基本属性着手，提升对供应链规律的认知。供应链外无企业，企业诞生于供应链，并且存续于供应链之中。换言之，供应链就是企业生存和经营的生态环境。因此，企业必须要了解自己生存和经营的生态环境的特点和属性，及其构建和运行的规律，然后才能依规律办事、顺势而为，进而培育企业的供应链核心竞争力。

本章将分析供应链的七个不同属性，并称之为供应链的"七大链性"，它们分别是：需求链、资源链、价值链、协同链、知识链、数据链和风险链。在分析这七大链性的同时，我们也将讨论它们分别与企业战略制定和战略执行之间的联系，以期为企业的战略制定和实施提供帮助。

4.1 需求链

"供应链外无企业"意味着所有企业都在供应链中生存和发展,没有任何一个企业能够脱离供应链而独立存在。如果细究企业在供应链中是如何生存和发展的,我们首先需要分析的是企业在供应链中所扮演的角色。企业在供应链中都是"身兼双职"的,它既是供应商也是采购商。图4-1所示的核心企业可以这样解读:作为供应商,它必须努力满足客户(下游企业或消费者)的需求;作为采购商,它也有需求,且它的需求是由它的供应商(上游企业)满足的。需要重点关注的是:核心企业的需求都源于它作为供应商要满足的下游客户的需求,因设法满足客户的需求而产生自己的需求,同时,也受制于这些客户的需求。这里的逻辑关系是,核心企业为满足自己客户的需求会产生新的需求,这样的需求需要自己的上游企业予以满足。所谓需求链,就是由此而来的,供应链是由需求驱动的,这一定论的基础也在于此。

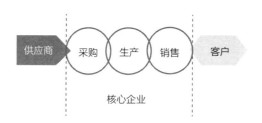

图4-1 核心企业与下游客户和上游供应商的关系

供应链是由需求驱动的,这是业界和供应链专家学者们的共识。但是,很多供应链的从业人员(包括企业家和企业经营管理团队)对此却没有给予充分的关注。这个判断的依据是,企业在制定发展战略或经营战略时,很少是以需求这个供应链的驱动力作为切入点的。

企业经营管理理论经过这么多年的发展,有关论著可谓汗牛充栋,其中有关企业战略的理论也十分丰富。2005年,韩国学者W.钱.金和法国学者勒妮·莫博涅（Renee Mauborgne）合著的《蓝海战略》（*Blue Ocean Strategy*）出版，受到不少人的推崇，并引发了对蓝海战略的热议。他们的基本观点是，绝大部分企业经营模式都属于同质化竞争，这是一种红海战略（Red Ocean Strategy），使得企业身陷完全竞争的市场而不能自拔。相对于此，他们提出蓝海战略，意在鼓励企业开拓不完全竞争的新市场，并以苹果公司的 iPod、iTune 和 iPhone 等产品为例，说明蓝海战略就是要以创新为本，开拓未曾有人问津的新市场。

蓝海战略理论曾一度备受瞩目，很大的原因是企业在红海中的同质化竞争确实令经营者身心俱疲，而蓝海战略理论给他们带来了新的视角，让他们看到一线希望（如图 4-2 所示）。每一个企业都想进行差异化的竞争，都想遥遥领先，将竞争对手"甩出几十条街"。但是，真正将蓝海战略应用到企业经营实践之中的企业，却是寥寥无几。当年企业经营者和战略专家言必称"蓝海"的场景也已经风光不再，究其原因，除了创新本来就相当的不容易外，还有该理论没有提供一个可以将蓝海战略落地的抓手，也没有阐明企业应该如何寻找创新的切入点并形成差异化竞争。

维度	红海战略	蓝海战略
战略目标	做强做大、打败对手 争取更大的市场份额	创新、做专 做精、做强
战略本质	"卷"，同质化竞争	差异化竞争
战略执行	品牌造势 规模经济 价格战	产品创新、 服务创新、 商业模式创新

图 4-2 红海与蓝海战略比较

以苹果公司的 iPod 与 iPhone 为例来佐证蓝海战略并无不妥，但是乔布斯从未将自己的创新归纳为蓝海战略或其他什么战略理论，他是一个天马行空、不受任何理论束缚而又朴实执着的创新大师。《史蒂夫·乔布斯传》记录了他曾经说过的一段话。

有些人说："消费者想要什么就给他们什么。"但那不是我的方式。我们的责任是提前一步搞清楚他们将来想要什么。我记得亨利·福特曾说过："如果我最初问消费者他们要什么，他们应该会告诉我'要一匹更快的马'。"人们不知道自己想要什么，直到你把它摆在他们面前。

消费者"将来想要什么"，这是一种隐性需求。乔布斯引用亨利·福特的话，意在说明这样的隐性需求甚至连客户和消费者自己都不一定能够讲得清楚。我们把福特的这句话放在当时的历史背景中去看，应该会有如下所悟。以马为动力的交通工具已经有成百甚至上千年的历史了，而内燃机的发明则是在19世纪初。以当年的知识传播方式和技术普及的速度，习惯了以马车为交通工具的消费者，一时间缺乏对内燃机的认知，更不能将它与交通工具进行联想。因此，如果他们对出行有更高的速度要求，受限于认知水平，他们只能期待有更快的马。反过来看，福特则从第一性原理出发，抓住了消费者主张的需求——更快的马——的根本属性是"更快的交通工具"，同时将其与内燃机这一新技术进行关联。可以说，发现市场的隐性需求需要非凡的洞察力和远见，满足隐性需求多半还要利用新的技术发明才能成功。早年的福特利用的是第一次工业革命后的内燃机技术，而乔布斯则利用了第三次工业革命后的信息技术和互联网技术。

绝大部分企业都处于红海且身陷同质化竞争，此言不虚。所谓同质化竞争，就是同行企业都以相同或近似的产品服务于相同或重叠的目标市场客户。我们不难推断，这些企业对目标客户需求的认知水平大致相同。从另一个角度来看，这样的市场需求是十分显性的，同行企业满足需求所涉及的技术能力、经营模式也是相差无几的。需求的显性说明市场是成熟的。越是成熟的市场，越是一个完全竞争的市场，完全竞争必定是完全的"卷"，同行之间的"卷"便由此而来，且越"卷"越厉害。

所谓"红海战略"与"蓝海战略"，甚至还有人提出的"黑海战略"，其实都是在做"语不惊人死不休"的努力，都不具备实质性、可行性的指导意义。作者认为，对于将"蓝海"甚至"黑海"战略信以为真并予以施行的企业来说，即使有所成就，也只是逞一时之能，"兔子尾巴长不了"。回想汽车刚问世时，它相对于马车而言就是独闯蓝海的新创之举，而如今，所有传统的汽车厂商都在竞争激烈的红海中苦苦挣扎，在新能源汽车飞速发展的大背景之下，它们仿佛在重蹈当年被自己挤出市场的马车行业的覆辙。苹果首推智能手机，但很快被亚洲一众手机厂商围追堵截，俨然风光难再。而苹果公司之所以在当前市场中依旧位居头部并引领潮流，依靠的是持续不断的创新。

不管是"蓝海"还是"黑海"，其实质强调的都是创新。它可以是针对消费者潜在的需求的产品创新，如苹果公司的乔布斯所做的；也可以是供应链的创新，正如乔布斯的继任者库克所实践的。一个公司若能把这两项创新一并实现并且又做到极致，堪称"前无古人，难见来者"。乔布斯的创新吸引了全球一大批"果粉"，当年每一次苹果的新品发布都会让"果粉"感到惊艳。乔布斯之后的新品发布，则一而再再而三地让"果粉"失望甚至吐槽。但是，很多人都忽略了这样的事实：2011年，乔布斯因病交班给库克的时候，苹果公司的市值是0.34万亿美元左右，而库克当家的苹果公司在2024年的市值是3.4万亿美元左右。当年乔布斯找库克来，就是为了重新构建苹果的供应链，库克不辱使命做到了。因此，虽然"果粉"对苹果新品有所失望，但是苹果的股东对库克还是颇为满意的。

俄罗斯大文豪列夫·托尔斯泰在他的小说《安娜·卡列尼娜》中写道："幸福的家庭都是相似的，不幸的家庭则各有各的不幸。"套用该句式来反观企业经营则可以说：失败的企业都是相似的，成功的企业却各有各的秘诀。失败的企业皆因守同行之旧而没有自主创新，曾经辉煌一时的企业也会因为守成、不思进取而功败垂成，而成功企业的秘诀却不为人知也难能效仿。尽管如此，我们还是可以将其成功高度概括为"创新发明"，既有产品和服务的不断推陈出新，也有供应链管理方式的持续迭代升级，当然，技术创新更是题中应有之义。

分析供应链的"需求链"属性，目的是想了解它和企业的战略制定有什么关系，最终又会怎么影响到供应链的构建和供应链竞争优势的培育。以上分析意在说明，所有企业都是为满足市场需求而诞生的。因此，企业必须有自己的价值主张（Value Proposition），同时也要设计相应的商业模式，规划发展战略。

有关商业模式设计和战略制定的理论指导和实用指南之类的书籍可谓汗牛充栋，唾手可得。此前还有所谓专业的"战略咨询"公司"代笔"，现在则可以直接让人工智能代劳生成商业计划书或战略文案。作者认为，无论是运用某种理论框架或战略规划工具来制定战略，还是撰写商业计划书，对于初创企业或已存续的企业，在规划新业务板块和开拓新市场时，关键在于审慎回答以下三个"必答题"。

第一，做什么？第二，为谁做？第三，怎么做？

第一个问题的实质关系到企业准备打造什么产品或服务以满足何种市场需求。对于创业团队和存续中的企业来说，无论是为了反思经营表现、评估战略执行，还是为了开发新产品、开拓新市场，这些环节都至关重要。如上所述，市场需求有显性的，也有隐性的。"做什么"本质上需要企业高层对市场需求进行判断并做出相应的选择，而这个选择基本上就决定了企业将进入什么行业。如果创业团队或存续企业的创新团队根据自身条件和既有资源选择做软件开发、服装成衣或是开餐馆，那么他们的选择将直接决定他们进入的行业领域。选择软件开发意味着进入软件行业，旨在满足客户对软件的需求；选择服装成衣则意味着进入服装行业，旨在满足客户对服装的需求；而选择开餐馆则意味着进入餐饮行业，旨在满足客户对餐饮服务的需求。

如果说第一个问题"做什么"事关企业的行业定位，那么第二个问题"为谁做"则关系到目标用户定位，也就是所谓的"市场细分"（Market Segmentation）。例如，在当今数字化的时代，企业面对数字化转型的压力，软件需求暴增，市场规模十分庞大，因此细分市场的出现是一个顺理成章的事。一个创业团队选择做软件开发，势必还要主动进行市场细分。更直白地说，你需要明确软件开发的目标客户是谁，是为餐饮行业开发点菜、下单和结账系统，还是为企业量身定制 ERP（Enterprise Resource Planning，企业资源规划）系统，还是开发工业用途的软件。

同样，在当今个性张扬的时代，启动服装成衣这门生意也要精准定位目标客户。是做男装还是女装？是哪个年龄层次的男装或女装？是正装还是休闲服饰或是运动服装，还是父母长辈最舍得花钱的童装？同理，进入餐饮行业，是做外卖快餐还是做堂食快餐，或是高档的商务宴请？无论什么行业，都要设定目标客户群。

总而言之，精准定位目标客户无论如何强调都不为过，定位之后，我们仍需不忘初心，专注于将产品做好、做精、做出特色。最不可取的是，仅仅因为拥有软件开发工程师就想承接所有项目，生怕错失眼前的任何商业机会。实际上，只有技术而不懂服务对象的业务逻辑，大概率都会以失败告终。同理，不要以为团队中有裁缝高手就什么服装都做，也不要因为有位聪明的大厨就试图涵盖各种菜系。

第三个问题"怎么做"与前面两个问题有紧密的逻辑关系，只有对前两个问题给出答案之后，才能思考第三个问题的答案。"怎么做"包含了产品的形态问题，如软件，关系到技术架构、数据架构和交互界面的问题；又如服装，涉及面料辅料的选择、颜色的搭配等。但是本书要强调的是，"怎么做"是一个承前启后、以终为始的关键节点，因为需求链的属性就从这里开始发挥作用了。其逻辑关系在于，无论创业团队想满足何种需求、何人的需求，或者以何种方式去满足这些需求，都会衍生出新的需求，并涉及供应链的构建和管理。三个问题浑然一体不能"分而治之"，但更重要的是，创业团队必须想清楚是满足客户的显性需求还是预测他们"将来想要什么"，这正是企业在供应链竞争中取得优势地位的基础。

关于需求，供应链理论中有一个术语叫"牛鞭效应"（Bullwhip Effect，亦称"长鞭效应"），主要是指需求会在供应链中从下游往上游被逐级扭曲放大，这种现象在图形上很像一根被甩起来的长鞭。这里被放大而产生的变化是需求的量，引起变化的是源头的需求。其实，源头的需求所导致的变化除了"量"，还包括满足需求的方式，也就是"怎么做"的问题。满足需求的不同方式会从根本上决定供应链成员的构成以及运行管理的模式，而这恰恰是供应链竞争的核心所在。

以软件开发团队的需求为例，你采用什么开发平台，是开源的还是外购的？选择的标准是什么？如果选择外购，买谁的？同样也需要一个选择标准。当然，这还与你的目标客户群有关，用来开发餐饮点菜软件和制造业的ERP，也有不同的开发平台。另外，产品形态是"怎么做"的首要问题，是量身定制，还是基于SaaS平台的标准产品？产品形态不仅决定了后续生产和经营所需要的资源，同时还会影响营销模式的构建。好的产品形态必须要兼顾客户的需求和企业自身的盈利需求，通俗而言，产品既要对用户有价值也要对企业自身有价值。因此，好的产品必须和营销模式协调一致，成就彼此。

进入服装成衣行业同样存在产品形态和商业模式的选择，批量生产或是量身定制的战略选择，还有介乎两者之间的批量定制，如校服制服之类。可以想见，如果是三者并存的商业模式，企业的供应链会十分复杂，同样也会对供应链的构建、运行和管理产生影响，这些影响首先都会出现在成本上，最终决定企业的盈利水平。

因此，需求链是企业战略考量的出发点和落脚点。战略制定本身就是在取舍之间做出决策，而取舍的选项都与需求有关。这里既有目标市场的需求，也有满足需求的方式，而满足需求的方式"怎么做"则是一系列相互关联并具有因果关系（Causality）的行动，它们构成了供应链构建和运行管理的基础。

4.2 资源链

供应链是由需求驱动的。这句话的另一种表达就是，供应链是为满足市场需求而构建的。几乎所有供应链领域的专家学者都认同供应链的本质是需求链这一观点。如上文分析的那样，无论是存续企业开发新产品，还是创业团队在市场上谋求一席之地，都基于发现某一特定市场需求并尝试去满足它，而这种尝试满足需求的努力，自然会衍生出新的自身的需求。当以上"三个必答题"都有了明确的答案，尤其是"怎么做"已经清晰明确时，经营战略就要开始付诸实施。此时，首先要满足的是战略执行的前提条件，而所谓的前提条件本质上就是各种需求。这时，我们会发现，所有需求的满足都离不开资源的支持。这些资源包括资金、原材料、零配件、产能、人力资源、技术资源及影响力资源等。所以说，供应链是由需求驱动的，需求成链型结构，满足需求的资源也会顺理成章地成链式结构。

关于市场经济，人们的基本认知是市场机制在发挥资源配置的主导作用。其实，市场机制和供应链一样，既看不见也摸不着。所谓市场机制发挥配置资源的作用，在实际操作层面，在具体环节上其实就是市场交易。这些交易就发生在上游企业和下游企业或最终用户之间。从供应链的视角去看，这些交易的驱动力是下游企业或最终用户有需求，而上游企业有能力、有意愿去满足该需求。从表现来看，上下游企业之间因交易而确定供需关系，但实质上每一次的交易既确定了双方供应链的伙伴关系，也完成了一次次的资源重组和资源配置。

毋庸赘言，所有的资源都是各有所属的，或是个人所有，或是企业所有。下游企业或最终用户的需求，是由其直接的上游企业即资源的拥有者来满足的。上游和下游其实是一个相对的概念。如图4-3所示，以核心企业为基准，我们有了下游客户和上游供应商，而这里直接的上游供应商只是核心企业的第一层供应商，这个第一层供应商也有自己的供应商，这个供应商对于核心企业，则是其第二层供应商。以此类推，每一层供应商都有自己的供应商。换一个方向去看这个链条，处在下一层的供应商企业，都是上一层供应商的下游客户。

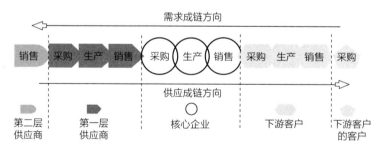

图4-3 以核心企业为基准的多层供应商结构

在关于需求链的分析中我们已经讨论过，当一个企业去满足下游企业或最终用户的需求时，就是在动用或配置资源。这里所涉及的资源，既包括可以直接调配的资源，也包括该企业有能力进行组织和整合的资源。所谓可以直接调配的资源，指的是企业自身已经拥有的资源。除此之外的资源都属于企业外部资源，需要企业通过一定的能力和过程来组织和整合。

从本质上来看，供应链的构建和运行管理，其实就是资源的动态配置和管理。更换供应商在企业采购中经常发生，而每一次的更换其实就是资源的重新配置。所以在此使用"动态"一词，是为了强调供应链的构建既不是一蹴而就的，也不是一成不变的，供应链管理需要根据供应链的运行效率、技术进步以及社会经济发展的变化，不断地调整甚至重新配置资源。"竞争是在供应链和供应链之间"，这个论点的出现与其说标志着企业已经进入供应链时代，不如说它反映了企业经营团队对供应链思维的觉醒。企业开始意识到，其竞争能力的强弱关键在于能否依照供应链的规律组织、配置和整合资源。

"外包"（Outsourcing）是企业利用外部资源的一种常见方式，也是供应链构建、运行和管理中一个备受关注的课题。为了方便掌控和及时沟通协调，早期的外包活动多半还是以本地企业为主。新技术的发展，尤其是通信技术的突飞猛进为企业打破地理障碍，在更为广阔的地域空间配置资源，构建并有效管理供应链提供了可行性，于是就有了"离岸外包"（Offshoring），即利用境外资源的作业方式。

毋庸置疑，主动在全球范围配置资源的发起方即"发包人"，相当一段时间来，"发包人"基本上都是发达国家或相对发达的国家和地区的企业，而"承包人"则是相对落后或者具有后发优势（或可称为具有比较优势）的国家和地区的企业。曾几何时，这种方式蓬勃发展，形成了供应链国际化生生不息的现状，以至于我们可以推断，经济全球化和供应链国际化的具象化本质就是企业在全球范围配置资源。近些年来，"承包人"比较集中于东南亚各国以及中国和印度两个亚洲人口大国。客观地说，这样的合作模式为这些国家融入全球供应链，分享经济全球化的红利带来了机会，同时也促进了相关国家和地区的经济发展和民生改善。

外包服务客观上是对企业外部人力资源的配置，也可以看成对社会产能资源的一种配置。我国在改革开放之初吸引了众多外商投资办厂，凭借的是低廉的劳动力。而如今，廉价劳动力成了南亚和东南亚国家吸引外部投资，包括中国企业投资的重要资源。与此同时，中国则依靠高素质的劳动力资源和完备的基础设施来吸引外部投资。

然而，企业在满足特定市场需求时所需的资源远不止人力资源，还包括对原材料、辅料的需求，对零配件的需求，对包装材料的需求，以及对生产设备的需求等。但在实际运营中，企业面临着资源链管理的各种挑战，例如资源短缺、供给不稳定以及配置不合理等问题。这些挑战，加之近些年来的国际贸易争端、中美贸易摩擦以及地缘政治冲突甚至战乱，都在持续改变供应链的构建和运行管理方式。例如，曾经颇受欢迎的"离岸外包"日渐收缩，取而代之的是"近岸外包"（Near-Shoring），个中原因除了国际航运受战乱影响之外，还有世界主要经济体之间的贸易摩擦衍生而来的关税高企。例如，美国大型零售商沃尔玛为了规避中国产品进入美国的高额关税，就采取近岸外包方式在墨西哥寻找承包商，因为墨西哥与美国之间有《美墨加贸易协定》，以墨西哥为原产地的大部分商品进入美国享受零关税或低关税。当然，这几重因素叠加到一起，也让墨西哥吸引了不少中国企业在墨西哥投资建厂。

以上各种外包经营活动虽然形式不同，但资源链的属性依然贯穿其中。外包形式的变化其实蕴含着对资源认知的不断深化。如果早期"离岸外包"的驱动力侧重于劳动力资源，那么沃尔玛的"近岸外包"侧重的则是税收政策资源。

根据世界银行 2021 年数据显示，以购买力平价计算，中国、美国和欧盟是当今世界最大的三大经济体，分别占全球 GDP 的 18.9%、15.5% 和

15.2%。㊀但是，贸易摩擦毕竟是两败俱伤的行为。世界三大经济体之间的贸易纠纷甚至发展为关税大战，势必对现行的供应链资源配置方式形成巨大冲击，企业将迫不得已对供应链进行重组整合。在这种背景下，企业面临着资源链管理的各种挑战，如资源短缺、供给不稳定以及配置不合理等问题。对于有意走出国门的中国企业来说，这些国际大事和全球地缘政治冲突以及由此而来的各种潜在的后果，都需要予以及时的关注和充分的重视。一个具体的建议是参照国外跨国公司的经验，在管理团队中设立地缘政治首席观察官一职，专门负责收集地缘政治情报并联系国际政治学者和外事机构获取资讯和建议，并定期或不定期向高层管理团队做资讯报告。

讨论供应链的"资源链"属性，旨在强调并提醒读者，企业在满足特定市场需求的时候需要特定的资源，而这些资源的可及性，供给的稳定性和可持续性，都要在制定经营战略时进行详尽的调研，并据此制定相应的解决方案。

在资源获取方面，企业需要选择合适的供应商；在资源配置方面，企业需要根据市场需求和企业战略，合理分配资源，确保资源的利用效率最大化；在资源整合方面，企业需要将不同的资源有机地结合起来，形成协同效应，提高企业的竞争力；在资源优化方面，企业需要不断评估资源链的运行效果，及时发现问题并进行调整和优化。

供应链管理团队的一项重要任务是稳定供应链，实质上是稳定资源供给，即确保资源供应的稳定。在数字化时代，企业的运营模式和管理方式发生了深刻的变化。企业对资源链进行有效的管理，涉及资源的获取、配置、整合和优化等多个环节。这包括通过各种交易方式，对提供资源的供应商进行精细化管理：留优、汰劣、纳新、扶弱（有战略价值但尚处于发展初期的

㊀ 该数据来源为世界银行。

供应商），以确保资源的质量和供应稳定性。

资源链也需要借助数字化技术来实现更加精准和高效的管理。例如，通过大数据分析，企业可以更好地了解市场需求和资源的分布情况，从而更加合理地配置资源。同时，数字化技术还可以帮助企业实现对资源的数据化，以便实时监控和管理，提高资源的利用效率。此外，数字化技术还可以促进资源链的协同和整合，通过建立需求和数据双驱动的数字供应链，企业可以与供应商、合作伙伴实现更加紧密的协同合作，实现资源的共享和优化配置。因此，供应链的数字化转型也已经成为当务之急。

当下，人类社会正在进入数字化的发展时代，除了传统意义上的资源之外，我们还面对着一种既是新型又是无形的资源，这就是数据资源。2017年5月刊的英国《经济学人》杂志在封面赫然刊登了一个惊悚的标题"世界上最具价值的资源"，副标题是"数据和新的竞争规则"。在大标题的背景下，耸立着形似海上石油钻井平台的高楼大厦，其上悬挂着谷歌、微软、亚马逊、优步、脸书和特斯拉等一众美国高科技企业的醒目标识（如图4-4所示）。这个封面传递的信息清晰、明确，且具有极强的穿透力：数据将成为最具价值的资源，已经动手抢占数据资源的都是美国这些头部高技术企业。英国杂志言下之意很可能是一种自我提醒，在抢占数据资源领域，欧洲各国政府和企业出手已经晚了。当然，欧盟各国也不是无动于衷。欧盟委员会随后祭出"数字税"的大旗，对大型数字企业的收入征收3%的税。但是，这种分"地主"家的粮的做法，并没有使自己富起来，反而招致美国的强烈反对，美国认为这对美国科技公司不公平，并威胁要对欧盟输美商品征收报复性

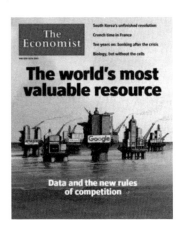

图4-4 英国《经济学人》杂志2017年5月刊封面

关税。

　　这个封面对我们同样有警示作用：在当今的数字化时代，资源的形态也发生了新的变化。人类的生产与生活对传统的自然资源的需求依然存在，但与此同时，对于无形数据资源的需求也将会与日俱增。有人甚至扬言：谁拥有数据，谁就拥有将来。但是，我们首先要解决的问题是：数据在哪里？如何汇聚？欧盟祭出"数字税"其实并没有解决自己的数据资源问题，这是我们需要引以为戒的。

　　自2022年底美国OpenAI推出ChatGPT以来，生成式人工智能火遍全球。国内头部的互联网大厂和大型软件企业争先恐后般地投入巨资开发大语言模型，也有很多创业团队跃跃欲试。其实，真正能够从事大模型开发并能够取得成就绝非易事，不少企业在启动大模型研发项目时，并没有对所需用于训练AI和机器深度学习的数据资源的可及性以及数据质量做到心中有数。对于AI的应用场景只存乎想象之中，如果没有在企业经营的具体作业流程中选择特定的应用场景，就不可能想明白相应的商业模式，有不少大厂的大语言模型开发项目现在处于进退两难的境地，原因盖出于此。

　　大语言模型的开发其实偏于基础研究，对于想要利用AI技术进行创业的团队，更多的机会是在企业级人工智能的应用开发。不过，创业团队也要对"三个必答题"进行深入的思考并给出清晰的答案。例如，"做什么"——即要开发的企业级AI要解决什么问题？"为谁做"——即以哪些用户为目标市场？至于最后一个问题"怎么做"，在此处会更为复杂，首先需要解决的问题是需要什么样的数据资源，以及相关数据资源的可及性。

　　我们需要清晰认知的是，所有在公共平台和网站上可以获得的公域数据，并不能训练出企业级的AI应用。我们现在所见所闻的所谓的企业级AI，使用起来总是给人似曾相识却又隔靴搔痒的感觉。似曾相识是因为这样的AI生成的文档多半是人们熟悉的套话，当然还有一些正确却又于事无补的废话；隔靴搔痒是因为它不能给出符合实际情况的真实描述和准确数值。究其原因，多半是这些 AI 应用的算法训练所用的数据源于公域，而非源于特定企业的私域数据或这些私域数据的集群。

如前文所述，资源都是有主的。但是，数据资源所有权的归属则比有形的自然资源更复杂，数据确权还需要社会达成共识，制定相应的规则。与制造业企业对资源的需求以及需求由上游企业满足这样的供应链构建不同，在当前数据交易市场尚不成熟、数据确权和定价机制仍未建立的环境之下，AI 创业团队所需的数据资源很难通过寻源比价的交易方式来获得，并建立稳定的供求关系。由此可见，供应链所具有的"资源链"属性对于制造业的上下游企业来说，是比较浅显易见的，也是可操作的。但对于非制造业企业如软件开发服务商，尤其是 AI 应用开发商来说，事情并非如此简单。

供应链的运行过程中自然会生成大量的数据（我们将在下文专题中讨论供应链的数据链属性），同时，这一过程也存在丰富的 AI 应用场景。简而言之，我们首先要将数据资源化，然后才能找对场景、配对数据，设定期待目标进而开发相应的企业级 AI 智能体。

4.3 价值链

企业的诞生和存续发展都是为了满足一个特定的市场需求，企业的战略以及为战略落地执行所采取的所有举措，也都是为了这一目标的实现。回顾本书上一章给出的供应链定义：

"供应链是以某一产品或服务为载体的价值创造和交付的过程，这个产品或服务从无到有直至交付给顾客的全过程是由诸多企业参与不同阶段和不同形态的作业协同完成的。"

这个定义和其他专家学者给出的定义一样,都强调了供应链是一个价值创造的过程。供应链上每一个成员在向下游客户交付产品之前,都进行了一系列的增值加工作业活动。以一个餐馆厨师为例,一份菜肴的价格远高于其所需的各式食材和配料调料的进货价格总和,然而食客不仅欣然接受,甚至还乐享其中。何以如此,就是因为厨师一系列的清洗、烹饪和摆盘活动是一个增值加工的过程。而食客能够欣然接受这个价格,是因为食客认可厨师的增值加工过程。这个例子虽然看似简单,但其实质与制造业企业乃至所有商业活动的本质如出一辙,换言之,所有企业的经营活动都致力于通过增值加工或提供增值服务来实现价值提升。这样的增值努力是否被认可,取决于是否有人为此买单。

虽然供应链的学者和专家都乐此不疲、各抒己见地给出供应链的定义,但这些定义中无一不体现出供应链所蕴含的价值链的属性。而价值链的概念则是美国哈佛大学商学院教授迈克尔·波特(Michael Porter)在20世纪80年代中期出版的《竞争战略》(Competitive Strategy)一书中提出来的。波特教授在这本书中将企业的经营活动分为主要活动(Primary Activities)和支持性活动(Support Activities),主要活动是指与企业的投入产出直接相关的核心经营活动,而支持性活动,顾名思义,是辅助主要活动顺利进行的辅助性经营活动。波特教授在书中强调,无论何种活动都要有序成链,都要为企业的价值主张做出积极有效的贡献。波特教授关于企业内部价值链的构建及其对企业竞争力形成和增强的影响的论述,被广泛认为具有深远的意义。

在迈克尔·波特提出价值链的概念后,后续有许多学者和管理顾问对这一理论进行了进一步的探讨和发展。价值链的概念也顺理成章地从基于一个企业内的经营活动,被放大拓展到关联的企业之间。这一点与供应链的概念从起初解决企业内部各团队之间的协同,进而拓展到关联企业之间的协同作业极为相似。

第4章 供应链的七大"链性"

我们讨论供应链所具有的价值链属性，目的是强化企业对价值创造的认识和意识。我们从需求链开始就强调企业在创业之初或是存续发展创新时，一定要审慎回答"三个必答题"，因为答案一旦给出，就将企业的产品或服务的价值做了基本定位，这个定位实质上就是企业的战略定位，必将对后续的战略执行和经营活动产生持续性的、难以改变的影响。

价值链的构建也始于企业对三个必答题的回答。企业一旦决定了以何种产品满足何种市场需求，并确定了以何种方式去满足需求，价值链就开始建设了，首先当然是企业内部。就像波特教授所强调的，企业内部的所有团队和部门，都要为确保企业的价值主张得以实现而做出努力。

企业为了满足市场需求，会开展一系列经营活动，包括采购、生产、加工、销售等。这些活动的每一个环节都涉及价值的创造和增加。例如，企业在采购原材料时，会选择质量上乘、价格合理的供应商，以确保原材料的价值。在生产过程中，企业会通过优化生产流程、提高生产效率等方式，增加产品的价值。在销售环节，企业会通过提供优质的服务、满足客户需求等方式，提高产品的附加值。供应链中的各个成员，如供应商、制造商、分销商、零售商等，都在各自的环节中为价值的创造做出了贡献。他们通过协同合作，将各自的价值整合起来，共同构建了整个供应链的价值体系。

供应链中的价值链是指参与供应链的各个成员通过协同合作共同为最终用户提供有价值的产品或服务的过程。在这个过程中，每个成员都为价值的创造做出了贡献，价值在供应链中不断传递和增值。价值链所强调的是，供应链不仅仅是物资和信息流动的渠道，它更是价值创造和传递的核心过程。

价值在供应链中是依次传递的，上游企业的价值创造会为下游企业的价值创造提供基础。例如，原材料供应商为制造商提供原材料，制造商将原材料加工成产品，然后销售给分销商或零售商，最终到达消费者手中。在这个过程中，每个环节的价值都会传递到下一个环节，并且在传递过程中可能会发生增值。同时，价值的传递也不仅仅是单向的，下游企业的需求和反馈也会影响上游企业的价值创造。例如，零售商根据市场需求向制造商反馈信息，制造商根据这些信息调整生产计划和产品设计，从而更好地满足市场需求，实现价值的最大化。

供应链中的每个成员都在价值链中扮演着重要的角色，他们的行为和决策都会影响到整个供应链的价值创造。例如，供应商提供的原材料质量和价格会直接影响到制造商的生产成本和产品质量，从而影响到整个供应链的竞争力。制造商的生产效率和产品质量会影响到分销商和零售商的销售业绩，最终影响到消费者的满意度。因此，供应链中的成员需要密切合作，共同致力于价值的创造和提升。他们需要通过信息共享、协同决策等方式，优化供应链的运作，提高供应链的效率和效益。

企业要对供应链的价值链属性有充分的认知，以便遵循价值链的规律，对供应链的运行进行有效的价值管理，以实现价值的最大化。这涉及对供应链各个环节的成本控制、质量控制、效率提升等关键领域的管理。例如，企业可以通过优化采购流程和降低采购成本来提高供应链的效益。通过强化生产管理、提升产品质量来增加产品的附加值。通过改进物流配送和提高客户服务水平来提升客户满意度。同时，企业还需密切关注供应链中的风险，如市场风险、供应风险、质量风险等，采取相应的措施来降低风险对价值链的影响。

企业在市场中扮演着双重角色，既是采购商又是供应商。在以采购商的角色进行供应链的价值管理时，企业尤其要关注供应商的价值贡献。因此，国外有人总结并提出了供应商关系管理（Suppler Relations Management，SRM）的概念。国内有不少企业的采购管理人员误以为此处的"关系"是一种世俗关系，或是诸如"多一个朋友多一条路"的人情关系。有一个例子是作者在走访企业询问采购部如何管理与供应商的关系时得到的：关系还不错，前天还和某某供应商聚餐呢。这样的回答说明，这家企业的采购部并没有理解供应商关系管理概念中的"关系"一词。其实，这里的"关系"指的是采购企业与供应商处于何种合作层级关系，如战略合作关系、一般合作关系或深度合作关系之类。

因此，此处评估"关系"需要依赖一套完整且多维度的标准体系。这套体系的构建主要以特定供应商在采购方企业供应链中的价值贡献为核心衡量指标。此处的"管理"就是利用这个评估体系对特定供应商的价值贡献进行全方位的评估，进而做出相应的处置办法。例如，如果对某个特定供应商的评估结果显示其具有战略价值但目前尚处于起步阶段，那么企业必须采取相应的扶持措施以保证该供应商后续能够充分发挥其战略价值贡献作用，而对于战略价值一般即随时可替换的合作供应商，则只需保持日常性的关系维护即可。可以说，供应商关系管理的核心是供应商的价值管理，因此企业首先要有一套评估体系，定期或不定期地对供应商进行价值评估，然后根据评估结果按需精准施策，分别进行留优（留住价值高的优秀供应商）、扶弱（扶持有战略价值但尚处起步阶段的供应商）、汰劣（淘汰无价值或低价值的供应商）、纳新（寻源吸纳新的有价值贡献潜质的供应商）。

构建一个供应商价值评估体系已非易事，更甚的是，这个评估体系的使用不仅极其烦琐、费时且费力，而且也常常因为相关数据不易获取或者存在缺失而导致评估结果出现失真。但是，数字技术为这项工作提供了极大的方便。虽然 SRM 系统既没有普遍认同的精准度定义，也没有一致认可的行业标准，但作者坚持认为供应商价值评估体系必须是其中不可或缺的组件，否则就可能是"挂羊头卖狗肉"的偷奸耍滑。试想，没有对供应商的价值评估，何以进行供应商关系管理？

除了供应商关系管理，在供应商管理中还有另一项同样重要的工作，即供应商风险管理（Supplier Risks Management，SRM）。

4.4 协同链

协同链可以说是供应链最具显性的第一属性。在实操层面,协同链是指供应链中的各个环节、各个企业之间为了实现共同的价值创造目标,通过及时有效的沟通、高效的协同作业,实现资源共享、优势互补,从而提高整个供应链的效率和竞争力。协同链强调的是供应链中各成员之间的协同关系,这不仅仅是简单的合作,更是一种深度的融合和互动。

如前文所述,人们对供应链的认知经历了从单一企业内部不同团队之间的协同,逐渐扩展到关联企业之间协同的过程。在这个过程中,认知的焦点都是协同。对供应链认知的加深,本质上加深的是对协同的认知,可以说,"无协同,不成链"。

由于市场需求的飘忽易变、市场竞争的新招频出,企业越来越意识到,仅凭一己之力既难以快速响应特定的市场需求变化,也不可能形成可持续的竞争优势。因此,构建供应链并与链上的伙伴企业进行协同合作就成了当今企业经营的必由之路。

协同合作的目的是构建可持续的竞争优势,实现企业盈利且可持续的根本性发展目标。在实际操作的层面,供应链上的各个企业应该通过资源的优化配置,避免重复劳动和浪费,提高生产效率和物流效率,从而降低成本,提高供应链的效率和整体竞争力。其次,协同链能够使供应链更加敏捷地响应市场需求的变化。当市场需求发生变化时,供应链上的各个企业能够迅速调整自己的生产和供应计划,以确保及时满足客户的需求。同时,供应链中的各个企业面临着各种各样的风险,如市场风险、供应风险、质量风险等。通过协同合作,企业可以共同分担风险,降低单个企业的风险压力。另外,协同链为企业之间的创新提供了平台。企业可以通过共享知识、技术和经验，共同开展研发和创新活动，推动供应链的创新发展。

协同在供应链中的重要性不言而喻，我们讨论研究供应链的协同链属性，旨在帮助读者对协同有更为清晰的认知，进而帮助供应链从业人员更好地推进和完善供应链伙伴企业之间，以及伙伴企业内部的不同团队之间的协同工作。因此，我们需要分析的是协同发生的始点、协同的过程，以及协同完成的终点，同时探究决定协同效率的各种因素。

我们日常的工作之中无时无处不存在协同。我们重视并强调协同，但是在实际工作中，除了提倡团队精神之外，也没有什么招数。其实，我们非常有必要深入思考以下问题：协同是如何启动的？它遵循哪些规律？需要满足哪些条件？在何种情况下会结束？

细细观察我们即可发现，但凡协同，必定始于信息指令的发出并传递到位，然后是获得信息指令的一方按信息指令执行或进行处理，并将结果反馈给相关方面。这是普遍意义上的协同作业规律。例如物流协同，需求方向负责物流的团队发出送货清单并同时告知己方仓储团队准备收货，物流团队确认收到需求方清单并向仓库发送出库货单，运输团队按货单从仓库装载货物并送至指定地点，需求方仓储团队根据事先获得的送货清单对比运输团队的送货单，并对货物进行清点验收，在确认"账账相符、账实相符"（即己方的送货清单和对方的送货清单相符、货单和实物相符）之后，再办理入库手续（即将送货结果反馈给相关各方），以示此项物流协同作业的圆满完成。

业界有一种较为普遍的认知是，实现协同的基础首先是信息共享。这样的说法虽然有其道理，但失之于宽泛且不具备实际操作落地的可行性。拔高了说，这样的说法也是不符合第一性原理的。供应链在一定意义上是一整套作业流程，其中的所有节点都紧密关联。节点之间的协同合作应该遵循具有普适意义的协同作业规律。例如，首先是信息指令的发出并传递到位。这就不是一般意义上广而告之、各取所需的信息共享，而是具有明确指向性的信息指令传递且精准到位至执行者。广而告之的信息共享与明确指向的信息传递，对于启动协同和协同效率的高低的影响程度是不可同日而语的。探究决定协同效率的各种因素，可以从此开始逐一讨论如下。

发出信息指令

发出信息指令标志着协同的启动，而实质意义上的协同是在信息指令传递到位之后才开始的。这其中的信息指令传递的载体和传送手段，都会对协同效率产生影响。鸿雁传书、电话电报、邮件微信，以及基于互联网的各种专用 App 等，都是信息传递的载体和传送手段。除此之外，信息指令的标准性、准确性、完整性和充分性也会对协同作业的效率高低，乃至能否启动协同，产生至关重要的影响。

作者在为企业进行供应链诊断咨询时遇到过这样的案例。某一大型企业实行集中采购，自查发现从采购需求提出到供应商送货上门，最长耗时 48 天。需求部门对采购团队的工作效率极为不满，而采购团队压力很大，整日加班加点，还要受此委屈。其实问题并不复杂，首先是各部门提报的采购需求没有统一的标准格式，以至于采购团队负责需求汇总的工作人员在接收需求之后，还得与提出需求的各个团队逐一确认需求，然后再将同类物料的需求进行合并，制订相应的采购计划。大型企业不会有一单需求就实施集中采购，而是有点类似个人消费的网购"拼单"。由于需求表述没有统一的标准格式，导致采购部门负责需求汇总的业务人员要花费大量的时间去逐一澄清、确认需求，然后才能"拼单"。或者是采购邀请发出了，供应商方面认为采购标的物描述不清，要求采购团队澄清解释，这样循环反复，无形之中大幅增加了工作量。

为什么不在第一时间就把需求说清楚？为什么不能在第一时间将收到的需求进行分类汇总？其实就是缺少一个需求填报的统一标准格式。找到问题的症结所在，解决问题就不会是一件难事，该企业采购部后续制定了标准统一的需求填报格式。统一标准之后的"拼单"就会变得十分轻松省时，效率也随即有了明显的提升。与此同时，这个标准格式对需求信息的准确性、完整性和充分性制定了统一的规范要求。例如，提报的采购需求必须援引主数据或物料库的正式名称以确保准确性；同时还要附带规格型号以确保信息的完整性，如对物料的使用时间、数量、场景、甚至运输条件有特殊专业要求，也要一并填报以确保信息的充分性。

毋庸置疑，信息指令发布的及时性对于协同的效率十分重要，但是，信息指令的标准性、准确性、完整性和充分性，四位一体、缺一不可地构建了信息指令的"可执行性"，这才是协同效率最具基础性的作用，有了基础，才有后续协同作业的高效展开。

执行信息指令

传递到位的信息指令是否在第一时间予以执行，同样对协同效率的高低有着直接的影响。若要高效率，除了传递到位的信息指令本身具有可执行性，执行包括处理信息指令的流程节点还需要具备相应的作业条件。简单来说，执行者如果是一位实际操作经验丰富的资深员工，其效率显然要高于甫入职场的年轻新手。其中大家都比较认同的原因，可能就是年轻新手的知识储备和经验积累不够。这里的知识和经验，既包括基本的专业知识，也包括对企业战略的深刻理解、对相关规章制度的了然于胸、对作业规范的熟练把握，以及对特定相关人士和人事的深入了解。

这样的归因并无大错，但我们应该从中看到解决问题、提升协同效率的思路。其实，在执行指令和处理信息的过程中，当事人需要做出一系列决策。资深员工的知识储备和经验积累都会在作业过程中像数据一样被随时调用并形成决策支持。如果企业能够将这样的知识和经验整理汇编成《操作指南》之类的工作手册，以方便新员工信手查阅并形成决策支持，估计效率也可以提升不少。这就是解决问题的思路，也有不少企业有过这样的实践，但最终都是不了了之。详查之下可以发现，工作手册在初始阶段投入使用时尚可发挥作用，但这样的作用很快就成了强弩之末，然后就被弃之不用。究其原因，就是《操作指南》赶不上操作变化，而整理汇编这样的《操作指南》并保证其与时俱进，与操作变化保持同步演进成了不可能完成的任务。

以上分析说明，执行信息指令的当事人的基本条件会影响协同效率，同时会影响协同作业效率的还包括执行和处理信息指令的流程节点场景的客观条件，除了知识经验之外，还包括当事人直接上级的指点和审批。因此，作业流程的合理设置也会对作业效率产生重大的影响。

需要补充的一点是，信息和指令的执行或处理结果，同样也是重要的信息，能否及时反馈到相应的工作流程节点或传递到下一个作业节点，采用与接受信息指令同样的载体和手段还是另起一套予以传递，也会对协同效率产生影响。

作业流程设置

我们知道，所有的协同作业都是依序而行的，供应链的运行本质上也是由各种流程组成的，而供应链管理的主要追求在于降低成本和提升协同效率。因此，持续不断地优化供应链的作业流程就成了提升协同效率的重要抓手。

前文提到某大型企业从采购需求的提出到供应商送货上门最长耗时48天。导致这种结果的原因，除了前文所分析的，还有一个重要的原因是作业流程的所有节点呈线性串联。任何一个节点因故未能及时完成作业任务，后续的所有节点都将延误。经过统计分析，我们发现在这些未能及时完成工作的节点中，多半卡在领导审批环节。这是因为领导忙于会议、出差，有时一离开就是十天半个月。

作者带领咨询团队为该企业进行了采购流程的诊断，发现整体流程的各个节点，无论是否在业务逻辑上存在前后依赖关系，都被单一线性地串联起来，这种做法可谓简单粗暴。例如，原来成线性串联的节点 A、B、C、D、E，实际工作中节点 D 的操作仅需要以节点 A 的完成为基础，并不以 B 和 C 为依赖，B、C 这两个节点在此出现的目的仅仅是获得节点 A 的作业结果信息，是出于信息同步和告知的需求。但是，由于流程设计时没有对每个节点的业务功效以及节点之间的业务逻辑进行定义和分类，只是简单粗暴地以节点的作业时间先后以及领导审批的职级高低为依据进行了线性排序，形成了图 4-5 所示的流程。

图 4-5　线性串联流程示意图

事实上，这种简单粗暴的流程设计在很多企业中都存在，且悄无声息，以至于常被忽略而没有引起充分的重视和及时的整改。这种现象在涉及领导作业的流程中更为普遍地存在。究其原因，是人们没有分辨这些涉及领导作业的节点的设置，究竟是为了当事领导行使审批权还是享有知情权？很显然，行使审批权的领导必须对所审批事项的结果负直接责任，而享有知情权的领导对该事项的结果不负直接责任。

其实，领导行使权利还是享有权利并非问题的关键。从第一性原理出发审视作业流程，我们就能明白，流程上每一个节点的设置都是为了实现协同作业，每一个节点的作业当事人都是在履行自己的工作职责。所谓审批权和知情权，本质上是同一种工作职责。在作业流程中，脱离了工作职责去关注或讨论权利，是一种本末倒置的行为。因此，流程上每一个作业节点的设置都是为了协同作业的目标，都必须遵循必要性和高效协同的原则。根据这样的原则，图4-5所示的流程就可以优化成图4-6的状态。

重塑之后，节点A直接与节点D进行串联，而节点B、C则作为次流程与主流程节点A进行并联。如此一来，节点E之前的四个节点减少为两个节点，减少了50%，但是效率的提升绝非只有50%，而且工作的质量并没有因此受到任何影响。

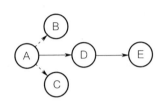

图4-6 主流程线性串联加次流程并联

协同作业平台

以上我们分析了协同的发起和影响协同效率的各种因素，逐一讨论了信息传递的载体和手段，信息或指令的及时性、可执行性，以及信息指令的执行和处理所需要的基本条件对协同效率高低的影响。上文还简单提及了信息指令的处理和执行结果也要及时反馈或向后一节点传送，且采用的载体和手段要尽可能与接收的信息指令相一致。其实，不仅信息指令和作业结果的反馈传递需要同样的手段，处理信息和执行指令的手段也要达成一致。换言之，协同作业需要一个功能强大的共用平台，且该平台能够覆盖全流程的各个作业节点。

如果我们用"知"来指代信息指令，用"行"来指代对信息指令的处理和执行，那么效率最高的协同作业方式是"即知即行、即行即知"。**即知即行**，表示作业流程的任何节点在获得信息指令后可以即时执行和处理；**即行即知**，表示一个流程节点的即时执行和处理结果可以即时同步告知所有相关的节点。

那么前文所提到的功能强大的协同作业平台应当是一个"知行合一"的数字化作业平台。因为只有数字技术为打造这样的协同作业平台提供了完全的可行性。它不仅是各方协同作业的共用平台，同时也是支持数据资源优化配置、实现数据共享的平台。这样的平台必须具备三大核心价值：赋能协同、支持决策和匹配资源。

赋能协同，指的是这个数字化系统必须保证信息指令的即时准确传递到位，同时保证能够即时予以执行和处理。支持决策，也就是通常所说的数据支持决策，重点在知识和经验的即时适时分享。例如，在作业过程中需要查询相关的规章制度，或是某个物料采购的历史数据，都需要在弹指之间唾手可得。匹配资源，这里的资源首先是数据资源，或者是已经经过数据化处理的有形资源。但很显然，匹配资源首先要有资源。供应链在运行过程中源源不断地产生数据。在没有数字化系统的年代，这些数据几乎自生自灭，很少能够被汇聚、整合、加工并匹配利用。作为数字化系统的三大核心价值之一，匹配资源的完整含义是指数字系统必须全方位汇聚数据，并将其资源化和资产化。

4.5 知识链

我们在这里讨论的知识，是指能够为一个企业的经营发展发挥要素资源作用、促进企业增长的知识。知识是经济增长的原动力。论及知识，人们最熟悉的经典名言是"知识就是力量"和"知识改变命运"。对于个人如此，对于企业也是一样。因此，对于企业而言，厘清这个力量从何而来、如何汇聚，如何发挥知识的力量，以及如何改变企业的"命运"或加快企业的发展，是一件十分必要且紧迫的任务。

企业的经营与发展离不开要素资源。传统经济学和管理学所指称的要素资源都是有形的物理资源，相关内容我们在有关资源链的讨论中已涉及。

这里所讲的是同样作为要素资源的知识，它是非具象化的存在，这是与传统要素资源的第一个不同。其次，有形的物理资源通常存在于企业之外，企业对物理资源或实物资源的需求，是通过特定的方式（如交易）从企业外部获得的。而非具象化的、能够发挥要素资源作用的、促进企业增长的知识，则是在企业的经营活动中产生的。企业员工，从最高管理层到一线操作团队，在完成日常经营工作尤其是在解决"疑难杂症"时的发明创造，如管理新点子和工艺新诀窍，都属于企业自有自创的知识。这是与传统要素资源的第二个不同。

供应链运行形式的另一大特点是流程化作业，它通过各个流程上的作业节点实现专业分工，并遵循一定的规则协同作业，以确保整体的运行效率。这些协同节点既有在企业内部的，也有延展至外部上下游伙伴企业的。非具象化的知识是在企业的具体经营活动（如作业流程）中生成的，它们由不同的相邻流程节点协同创造，也遵循流程进行链性的传递。这样的传递既有可能是有意为之，也可能是不经意所为。我们关注并讨论供应链中的知识链属性，意在了解这些特定知识是如何在企业内部及供应链协同过程中生成的，通过何种手段将其作为要素资源发挥作用，以及这些知识是如何在不同的个人和企业主体之间呈链性传递的。

企业管理大师德鲁克在20世纪80年代提出了"知识管理"（Knowledge Management）的概念，并对其做出如下定义："知识管理是指整理知识并使之在需要时能够即时可取。"他同时强调，知识是一种关键资源，但有别于传统资源，如土地、劳动力和资本等。德鲁克对于知识管理的定义着重强调知识的资源属性，可以看出他的相关理论都是以企业经营管理为出发点和落脚点的。

知识管理的概念一经提出就受到业界的普遍认同和重视，尽管后续不断有学者专家尝试着对这一概念进行重新定义，但基本上都是众口一词地认为，企业自创自产的知识对提升生产效率和个人技能都能够发挥价值，企业必须重视知识创造和管理，以便为企业的可持续发展提供用之不竭的资源。

美国学者托马斯·H. 达文波特（Thomas H. Davenport）是知识管理领域的重要贡献者之一，他的研究和著作对知识管理理论和实践的发展产生了深远影响。他的核心观点和论著主要围绕知识管理的本质、实施方法以及知识管理对组织的价值贡献展开。达文波特对知识管理的定义是："知识管理是对知识的创造、捕获、共享和有效利用的系统化管理。"他强调知识管理不仅仅是技术问题，更是文化、流程和人力资源的综合管理，是一个系统化的过程，其目的是提高组织的效率和竞争力。

结合达文波特有关知识管理的定义和论述，我们大体可以将企业自创自产的知识分为两大类。一类是显性知识（Explicit Knowledge），其主要特点是相对比较容易描述、交流并以文字的方式进行记录和分享。这类知识的创造过程往往有赖于集体智慧，是具有高价值的知识结晶。因为它是不同团队协同创造的知识，经历过博采众长的过程，使特定的企业具有较为普遍的认知和共识，因而后续的推广普及和应用也相对容易，对于提升团队的作业效率和企业的生产力有比较明显的成效。这类知识在企业自创知识的总量中大约占比 20%。

另一类是隐性知识（Tacit Knowledge）。之所以称之为"隐性"，主要原因不是它深藏不露，而是它难以言表，就像是一种"只可意会，不可言传"的独门绝技。常言道"高手在民间"，此类知识的创造过程更多地依赖于某些"天赋异禀"的奇才，或是企业的资深员工经过长年累月的经验积累，在某些特定场景之下的"顿悟"或"开窍"。民间高手的知识往往是一种"原生态"的发生和增长，这类知识实质上是员工技能水平的体现，它的传授可以整体性提升员工的技能。当然，这类知识极有可能是企业的专有技术（Know-how），对于打造和维系竞争优势具有重要意义。这类知识在企业知识总量中的占比约为80%。

知识管理工作的重点在于，鼓励知识创新固然是首要任务，但对知识的记录、整理、传播和应用也同等重要，不可偏废。这需要企业营造出知识创新的文化氛围，同时要建立一整套行之有效的知识管理制度体系，既要对参与知识创新并做出显著贡献的员工及时予以相应的认可和奖励，又要确保既有的知识能够传播并复用。其中，知识库的建设必不可少，以便存储既有的知识并使之方便可及、可用，同时还要确保知识可以进行持续且有序的更新迭代。

显性知识的本质是经验积累之后的理论性总结和升华，由于它相对容易言表，无论是口头表达还是文字描述都是如此，因此可以在参与知识创造的团队和员工之间进行交流、讨论、质疑和辨析等。隐性知识则更多的是个人技能、经验和直觉，与人的肢体动作（如手势）密切相关。国外也有专家将这类知识称为"动态知识"（Knowledge in action）。这类技能的载体是人，虽然可以用形体动作进行示范，但却难以言表。长期以来，鲜有企业将此类技能视为知识，并对其进行系统性的记录和整理。究其原因，很大程度上源于企业管理层对此类知识的创造过程尤其是其中的成本没有清晰的认知，甚至可以说浑然不觉。诚然，此类知识的创造在很大程度上依赖于某些"天赋异禀"或经验丰富的资深员工，但毕竟不是一蹴而就的轻易之举。屡战屡败、屡败屡战是不可避免的，其中肯定需要人、财、物的持续投入。换言之，学费是必须要缴的，而这些学费就是企业为创造知识所支付的成本。从这一点来看，此类知识如果不予记录、传播和应用，实质上是极大的浪费。

对于隐性知识的传承，传统的做法是通过"拜师学艺"，在师徒之间进行传承，这可以理解为企业内的专有知识在不同个人之间的传递。"师傅引入门，修行在个人"，以师徒之间传帮带的方式进行知识的传承，其效果很大程度上既取决于师傅亲力亲为的示范和全程"手把手地教"，同时也取决于学徒的观察力、模仿能力和"悟性"。学徒需要有足够的耐心进行持续练习,方能习得真谛。很多传统技艺的失传除了可以归因于应用场景日渐稀少外,也与后辈学徒能力有限或学艺不精有关。

由于没有切实可行的技术手段进行记录,这类企业专有知识的整理和传承一直相对困难。然而,在数字时代,这一切都变成了可能。近些年来,国外企业已经相继设立了专项制度,安排临近退休的资深员工回顾、叙述和示范自己的经验所得和独门绝技,并由专门的团队利用数字化技术进行记录和后期剪辑加工。这样的做法可以防止企业专有知识丢失,是有利于传承的最有效的举措。

无独有偶,国内也有不少企业为身怀绝技的资深员工建立个人工作室,并选派优秀的年轻员工拜师学艺,同时也帮助资深员工梳理、记录相关的"秘籍"。由企业出面为个人建立工作室,本身就是对当事员工的高度认可,这样的做法比物质奖励更加有效,更能够激励更多的员工参与知识创造和创新。

以上我们以"显性"和"隐性"为维度,归纳了企业的两类知识(即显性知识和隐性知识)的不同生成路径和传播方式,并从要素资源的角度出发,重点分析这些知识对于企业的竞争优势,尤其是价值创造所能发挥的重要作用,因此被称为"专有技术"。因为事关企业竞争力,因此,这两类知识基本上是秘不示人的,仅在企业内部进行有序且有管理的传播。

但是,被传统知识管理(Knowledge Management,KM)忽略的是企业内部的另一种知识,它往往存在于创业团队和部门之内,故可以称之为"部门知识"(Departmental Knowledge)。

部门或团队是企业为了追求效率和专业化分工而设立的,团队为履行职责也会形成自己的作业方式、作业规范和考核标准。这些都成了部门知识的重要构件,掌握这些知识的人通常被称为"懂业务",而那些没有掌握的人则被认为"不懂业务"。

企业若要进行积极有效的知识管理，首先必须强化一个认知：知识是惰性的，知识的载体以人为主，没有人的主动作为，知识是不会自动传播的。在企业内的知识传播就是为了发挥知识的价值作用，但是没有积极的制度安排，知识本身不会自动以符合企业利益的方式进行传播，但却有可能因为人的乱作为对企业造成伤害。

上文介绍的显性知识和隐性知识基本上属于企业的"专有技术"，当这些知识在企业内部进行有序传播时，有助于提升企业的价值创造能力。部门知识不是专有技术，让其在企业内进行有序的跨部门分享，可以促进不同作业团队之间的相互了解，这对于提升企业整体的协同效率和生产力，同样也会发挥积极的关键性作用。需要特别强调的是，数字化技术为部门知识的记录、整理和跨团队分享提供了极大的方便，这对于企业的数字化转型至关重要。

关于数字化转型，最基本的认知是，将数字技术应用于企业运营和管理的方方面面。对这句话的另一番解读就是：数字技术是工具，是拿来用的，是服务于企业经营管理的。与此相关联的还有一个同样简单的道理，即要将一种新技术应用于一个专业领域，势必要先对这个专业领域有深入的理解。

据有关资料，全球企业数字化转型的失败率为70%~80%，其中最为主要的原因是IT团队与业务团队之间存在知识鸿沟。这里的"知识鸿沟"，其实更多的是指IT团队不懂业务。由此可见，若要实现数字化转型，企业需要重视部门知识的整理和跨部门的传播，培养跨界、跨专业的多能人才。而建立知识管理、传授和分享制度就是在架设跨越知识鸿沟的桥梁。

传统的知识管理并未涉及企业知识与人工智能的关系，而人工智能技术的应用也是企业数字化转型的题中应有之义。因此，有必要在此提醒读者，企业知识是开发企业级AI的重要前提条件。例如，部门知识的核心是业务逻辑，以及依此逻辑而来的业务流程的节点次序、作业方式、作业规范及相关的考核标准。企业知识管理必须密切结合业务逻辑，以此为核心抓手来记录、梳理和储备相关的业务知识，为 AI 应用开发过程中的机器学习做好知识储备。

以上三种企业知识都有一个共同的特点，即它们都通过知识管理实现在企业内部的有序传递。除此之外，还有另一种知识是企业乐于向外部传递和宣介的，那就是企业的产品知识。所谓乐于向外部传递，意味着企业希望这些知识成为"显性"的，并广而告之，使之众所周知。从保护企业竞争力和知识产权的角度出发，产品知识也应该纳入企业知识管理的范畴，要做到该传递的讲透彻，不该传递的坚决不讲。

企业的知识管理必须遵循供应链的知识链属性，对企业自创自产的各类知识进行高效管理和有序传递，确保其发挥应有的价值和作用。"链"字在此表达的是知识的传递，不管哪类知识，都需要在企业内部的不同团队和个人之间传递，同时也有可能向外部企业或个人传递，当然，还可能从外部企业向本企业传递。

例如，采购方企业利用买方市场的优势地位，在招标文件或采购邀约中明确要求卖方说明交易标的物的工艺秘诀或产品配方，甚至愿意有偿购买这些"Know-how"。在定制软件系统项目说明书中，这种情况屡见不鲜，甲方常常要求软件服务商在交付系统的同时也一并交付源代码。类似的知识传递现象也发生在企业委托服务和外包加工环节。再比如，很多时候委托设计中的创意是委托方的，而受托方进行设计只是用专业的语言（如二维图纸或三维动画之类的技术）予以表达。很显然，创意就是知识结晶。

每一个企业在这样的交易中都有可能是买方，也有可能是卖方。买方企业想借助采购的机会获得供应链伙伴企业的专有知识，而卖方企业显然需要考虑要不要满足买方企业的要求，但如果卖方企业内部缺乏完善的知识管理制度，恐怕即使有意满足买方企业，也可能"心有余而力不足"了。不管结果如何，这些情况已经足以证明，供应链不仅仅是简单的上下游企业之间的买卖关系，其运行过程经常会有形式复杂的知识传递甚至交易。这种知识传递和交易恰恰彰显了供应链的知识链属性，因此也会涉及知识产权的交易和保护。

4.6 数据链

在讨论资源链时，本书引用了英国《经济学人》杂志的封面文章，以此说明当今世界最具有价值的资源乃是数据。但凡是资源，必定与人类的发展和生存福祉密切相关，因此可以说，《经济学人》的这期封面文章意在强调数据的重要性。对于企业来说，了解这一点固然十分必要，但除此之外，还需要找到数据资源的所在位置和利用路径。其实，仔细观察《经济学人》杂志的封面图片，我们也能找到一些蛛丝马迹。例如，图片中出现的都是全球信息技术研发和应用产业的头部企业，它们有一个共同之处是都建立了功能强大的软件系统和信息网络。这些系统和网络表面上看似是为客户提供价值服务的载体，但实际上它们更像是油田钻井，无时无刻不在采集数据。这正是它们与全球其他行业领先企业最大的不同之处。

以特斯拉为例，作为汽车产业的成员，它是一个后来者；但是后来者居上，并不是因为特斯拉的生产工艺比汽车产业的其他头部企业更先进，而是因为特斯拉凭借软件系统和信息网络，不仅能让驾驶体验更佳、出行更便捷经济，还因此获得了海量且源源不断的数据资源。这些数据资源与马斯克手下其他公司的数据相融合，无疑将构建起一个强大的数据帝国。至于这将对人类的生产生活产生何种影响，虽然不至于令人忧心忡忡，但至少也让人喜忧参半。

谷歌和亚马逊也出现在这张图片上，这些信息技术的巨头对数据的痴迷和对数据资源的虹吸手段，比起特斯拉有过之而无不及。国外有资料显示，谷歌收集的个人数据远超过脸书（Facebook，2021年10月改名为元宇宙Meta Platforms），但后者由于数据泄露的丑闻而饱受批评。亚马逊的成功同样是因为其深谙数据链的规律性作用，通过即时的数据收集和分析，跟踪客户的购买行为并预判其对商品的偏好，进而提供个性化的推荐服务。同时，亚马逊还通过数据分析优化库存管理，确保库存水平既能满足客户需求，又能降低库存成本。此外，亚马逊还利用数据链实现了与供应商的高效协同，提高了供应链的整体运行效率。

全球最大的零售商之一沃尔玛虽然没有出现在《经济学人》杂志的封面图片上，但是它的数字化供应链在业界也是倍受仰慕的。沃尔玛通过数据链实现了对供应链的精细化管理，它借助数据分析来优化采购决策、降低采购成本。同时，沃尔玛还通过实时监控库存数据，确保店铺的库存水平能够满足客户需求。此外，沃尔玛还利用数据链与供应商进行协同，以提升供应链的敏捷性和韧性。

封面图片中的这些信息产业巨头，以及未进入图片的沃尔玛，都凭借软件系统和信息网络的创新和应用，服务客户并为自己积聚了极大的物质财富，同时汇聚了海量的数据资源，为它们的可持续发展占得了更为广阔的空间。这其中给予我们的启示其实十分清晰：要想发展数字经济，首先要建设软件系统和信息网络。这一点和中国人常说的"要想富，先修路"几乎如出一辙，都强调在基础设施的建设上不惜投入。

正如前文所述，供应链在运行过程中产生了海量的数据。在信息技术尚未高度发展和未被充分应用的年代，这些数据未能被完整地记录、分析加工和运用。然而，进入数字化时代以来，人们有了相对丰富多样的技术手段来汇聚企业经营和供应链运行过程中的数据。更为重要的是，人们对数据的加工利用，有了新的视角和高度，我们开始将数据视为重要的资源。这一点我们在讨论供应链的资源链属性时已经涉及。我们在此讨论供应链所具有的数据链属性，旨在分析这些数据的来源以及它们是如何串联成链的，探讨如何汇集数据并将其转化为资源，使其真正发挥新生产要素的作用。

我们探讨供应链的数据链属性，是为了更有效地利用数据资源以使其服务于企业的生产经营，提高供应链管理的水平和运行效率，从而创造价值，实现企业的盈利且可持续发展。因此，我们有必要分辨一下数据资源与传统自然资源的不同之处。自然资源最为明显的特征是天造地设，是自然所赐的。其总量是"先天注定"的，具有用之则少、不可再生的稀缺性；其质量也是"先天注定"的，如一个金矿或铁矿的品位是天然的，人类对此是无能为力的。但数据资源则不然。数据的源头是作业流程，作业是人的行为。由此可以推理，数据是人为作用的结果，包括通过数据化（Digitization）将一些物理属性和活动，或化学属性与反应，转化为可读取、可衡量和可计算的数据。与自然资源不可再生的特征不同，数据资源在被利用的过程中会繁衍出新的数据。

其次，自然资源的不可再生性导致了其稀缺性，因此，即便不使用自然资源，其价值依然保持不变甚至还有升值的空间。而数据资源恰恰与之相反，在企业运营过程中生成的数据资源，如果囤而不用，则会发生渐进式或断崖式的贬值，甚至过期作废。

另外，自然资源的稀缺性具有普遍性和全球性。尽管各国各地区的自然禀赋不同，给人一种"稀缺性是相对的"印象，然而，这种感觉并没有改变"全人类所拥有的自然资源的总量和质量是先天注定、不可改变的"这一事实。

数据资源同样存在稀缺性，但是在供应链的范畴内，这种稀缺性更具相对性而非普遍性。由于数据是人为的结果，这样的稀缺性还有一定的时效性，也就是说，某一特定数据具有的稀缺性只是存乎一时的，人们通过一定的数据化努力可以改变或结束这一时的稀缺性。由此可见，数据资源的总量并非"天注定"的，而是"上不封顶"的，随着企业数字化转型的持续推进，数据资源也会呈几何式增长。

前些年人们曾热议"信息大爆炸"，这一方面说明信息在传播和共享的过程中，会快速繁殖增长，另一方面也表明大家对垃圾信息和数据充斥网络系统所造成的危害和潜在风险的担忧。其实，这就关系到数据资源的质量问题。人们之所以将某些数据称为"垃圾数据"，就是因为它们的应用价值极低。

供应链海量数据产生的源头是作业流程中的各个节点，节点之间的业务逻辑赋予了这些数据一定的逻辑性，流程节点之间是链状连接的，这些数据也呈现出链型的特点。这句话虽然没有什么"高大上"的惊人辞藻，却实实在在地道出了数据链的成因，以及数据链底层基础之所在与所载。**"所在"指的是数据源自业务，这是数据链的基础；"所载"指的是数据必须有逻辑性**。不具备逻辑性的数据，以及无法形成逻辑关联的数据，都不是高质量的数据，也就不具备应用价值。

如果数据源自作业流程中的各个节点，那么数据的质量也应该可以在数据生产的源头进行管理，这是一个合理的推断。但是，要有效管理数据的质量，首要任务是确定数据的质量标准，这些标准必须与数据的使用目的相匹配。例如，消费品生产企业在进行销售预测时，都基于既有的销售数据进行推演。如果这些数据不是源自一线的 POS 机的数据，而是各个门店的店长"跟着感觉走"上报的数据，那么这些数据不仅应用价值有限，还很可能误导生产排程和原材料采购，造成极大的危害。究其原因，就是"跟着感觉走"的数据既不真实，又缺乏逻辑性。我们必须认识到，企业级人工智能应用的开发需要海量数据，而缺乏逻辑的数据将不能用于训练机器学习（Machine Learning）。

如何留存业务流程中的数据？如何保障数据的逻辑性，并在此基础上使之具有高质量和高价值？很多人认为，既然事关信息和数据，就应该由企业IT团队或数据团队解决问题。这样的认知十分不妥，而且很可能将企业的数字化转型带入歧途。

上文提出了数据链底层基础中的两个关键概念：一是数据的"所在"，即数据源于业务；二是数据的"所载"，强调数据必须具有逻辑性。企业的作业流程、作业方式和规范以及相应的KPI考核，都蕴含着一定的管理理念和业务逻辑，同时也会随着业务的发展变化而变化。但是，作业流程不是IT团队所能决定的，流程中的作业标准也不是IT团队制定的，流程中哪些数据需要采撷汇聚，又需要将哪些数据用在何处以支持作业决策等，都基于一定的业务逻辑。如果没有业务团队的指点迷津，IT团队是无从知晓的，更不能自作主张地下定义。

数据是通过软件系统和信息网络进行收集的。软件系统，无论是早期的单机版还是现在复杂的大型数字化系统，都含有特定的管理理念和业务规范，这些理念和规范必定遵循一定的业务逻辑。以上述特斯拉、亚马逊和沃尔玛等企业为例，它们的软件系统和信息网络不仅能够汇聚数据，更重要的是，它们对企业战略的落地执行提供了强有力的支撑，从业务流程到作业规范，从数据采撷到即时分析，包括数据质量的评估标准，都是依据公司的经营战略和商业模式要求来制定的。

我们在讨论供应链的七大链性时，首先确认了供应链的构建是由需求驱动的，这一观点已成为业界的普遍共识。但是，当我们再深究一步时，可以发现驱动供应链运行的需求首先需要被数据化。换言之，供应链的运行是由数据驱动的。无论是新创企业还是存续中的企业，当它发现一个特定的市场需求并试图去满足时，首先还是要确认需求的规模，根据需求规模来判断企业所需求的资源种类和总量。前文重点讨论的"三个必答题"，也需要有数据才能回答，而给出的回答也必然是由数据组成的。这些数据支撑了企业的战略决策，并为实现战略目标所制定的作业流程，以及供应链的协同作业和管理提供了依据。

供应链在运行过程中产生了大量的数据，包括采购订单、库存水平、生产计划、物流配送、销售业绩等业务数据。这些数据都是客观存在的，无论企业是否主动收集和分析，它们都在那里。对这些数据进行汇聚、加工、分析，可以了解供应链的运行状态和绩效。因此，这些数据是供应链管理的重要依据，它可以帮助企业更好地了解市场需求及其变化和趋势、防范"牛鞭效应"、优化生产计划、提高库存管理效率、降低物流成本、提升客户满意度等。通过对数据的分析和挖掘，企业可以发现潜在的问题和机会，以便做出更精准、更明智的应对决策。

第3章曾介绍美国供应链理事会推出的供应链运行参考模型SCOR，这个模型最引人瞩目的是以计划为最高指挥中心，由计划统领供应链运行的所有环节，相当于将供应链的运行交由计划驱动和引领。这正是最值得商榷的问题。对于任何一个企业来说，为其供应链的运行制订计划本身就是一项重大决策，这样的决策必须要有数据支持。从第一性原理出发，计划是数据的衍生物，数据才是根本性和基础性的要素。显而易见，相关数据的真实性、完整性、充分性、可及性和即时性对于计划的制订至关重要。制订的计划是否有数据支撑对于其后续的落地执行同样十分重要。但对于计划的实施更具影响的是变化，常言道"计划赶不上变化"。根据变化来修订计划甚至重新制订计划，同样需要数据的支持。

计划部门看似位高权重，但其要履行制订计划的职责还是要依赖于身处业务一线的团队给出的数据，制订好的计划是否切实可行，还需一线业务团队在实践中予以验证。当供应链在运行过程中的变化真正发生时，通常需要一线业务团队将这些变化报告给计划部门。而且，在很多情况下，这些变化必须经过量化处理，以数据的形式报告。

这样的作业方式实际上已经说明，计划从生成到落地执行，甚至包括计划的变更，是企业内各个业务团队之间协同的过程，而计划部门既像一个中间商奔走在各个一线业务团队之间，又像一个指挥中心引领整个供应链的运行。看似是计划在统领供应链的各个环节，实则是数据在其中发挥第一性的作用，数据链的规律已经清晰可见。据此，我们可以得出一个结论：**是数据而不是计划，在驱动供应链的运行**。如果将这个结论模型化，就是图 4-7 所示的"数据驱动的供应链运行参考模型"（Data-driven Supply Chain Operation Reference，DSCOR）。

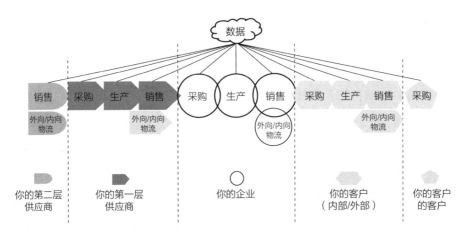

图 4-7　数据驱动的供应链运行参考模型

传统的供应链运行参考模型 SCOR 诞生于 20 世纪，因其当时的先进性，在业界产生了颇大的影响。然而，其存在历史性的局限也是情理之中的事，由计划驱动和引领供应链运行很可能是一种无奈之举，毕竟当年的数据采集手段和信息传递技术远不如现在，而且那时人们对数据链的认知尚未形成。

第4章 供应链的七大"链性"

DSCOR 模型是从第一性原理出发的,直接发挥数据链的规律性作用,更为重要的是,企业通过数字化转型,还可以在数字化系统的支撑下,优化作业流程、减少中间层和去中心化,不仅让数据驱动供应链的运行,同时也驱动企业对运行中各种不期而来的变化做出即时的应对。因此,数字化系统要支持实现供应链数据的全链透明和即时分享,赋能供应链运行的各个节点,确保各个作业团队之间实现"即知即行、即行即知"的高效协同。

由数字化系统支撑的 DSCOR 运行方式,让数据驱动供应链运行和各部门高效协同,既可以相对极致地发挥数据资源的价值,又可以采集更多的即时业务数据。由此一来,对数据进行即时的加工分析,包括数据挖掘(Data Mining)就变得十分重要。早些年,大数据技术风靡一时,数据分析师便成了香饽饽。现如今,美欧一些企业纷纷设立数据科学家(Data Scientist)这一新岗位,足见人们已经意识到,若要充分挖掘数据所蕴藏的价值,还需要有更多更专业的人才投入。

人们常说,企业数字化转型需要顶层设计,是"一把手项目",似乎领导重视了就可以马到成功。全球企业数字化转型的失败率很高,很多时候,企业的失败并不是因为企业一把手不重视,而是因为领导对供应链和数字化的认知不充分,不知道"顶层"在哪里。数字化转型是"一把手项目",这话应有的含义是领导引领和全员参与,重点是"一把手"要发挥"引领"作用和决策担当,不能当甩手掌柜,只是出席剪彩仪式以示重视。原因很简单,数字化转型不是简单地将某些数字技术应用于企业经营活动的某些环节,而是在数字经济发展的大背景之下考虑如何顺应时代布局企业商业模式的改革创新。

就数据链而言,如前文所述,"所在"指的是数据源于业务,这是数据链的基础,"所载"指的是数据必须有逻辑性。这些是就共性而言的。在一个特定的企业,它的"一把手"必须从供应链运行和数据生成的底层逻辑出发，结合本企业的发展战略和经营模式，就本企业数据之"所在"与之"所载"，做出具体且清晰的规划和定位。

供应链中的数据来源于各个环节的业务活动。例如，销售部门通过销售渠道收集有关市场需求的数据，采购部门与供应商交互获取供应数据，生产部门在生产过程中产生生产数据，物流部门负责运输和仓储，产生物流数据。这些数据通过信息技术系统进行采集、存储和传输，形成了一个数据链。数据链中的数据相互关联，形成了一个有机的整体。

数字经济的发展依赖于数据资源，每一个企业能否与数字经济的发展同步，很大程度上取决于它所拥有的数据资源。理论上来讲，数据分为公域数据（Public Domain Data）和私域数据（Proprietary Data）。公域数据指的是通过公共网络传播或以其他方式为传播载体的数据。公域数据通常源于政府部门、国际组织、研究机构、高等院校，以及那些愿意向公众开放数据的企业。公域数据对所有人，包括各类组织，都具有可及性和可用性。

私域数据是指每个企业自有的数据，这些数据源于企业的日常运营活动，也包括取自公域数据并经过加工以满足本企业运营所需的数据。企业最为关注的是如何使这些数据资源成为新的生产要素，为企业的创新发展和可持续经营发挥驱动作用。通常情况下，企业不会将自己的私域数据公之于众。

传统的财务制度并没有将企业所拥有的数据资源纳入其中，也就是说，原来的财务报表没有反映企业所拥有的数据资产。这种情况正在发生变化。中国财政部在 2023 年 8 月 1 日印发《企业数据资源相关会计处理暂行规定》（下简称《暂行规定》），并明确于 2024 年 1 月 1 日起施行。尽管这个《暂行规定》的落地实施存在一定难度，导致推进速度缓慢，但业界普遍认为这是数据资产入表的利好消息。

数据入表意味着我们向数据的资产化和可交易迈出了一大步。数据交易实质上是符合数据链的发展规律的，也可以说是数据链在其背后发挥了作用。数据要发挥资源价值必定要以某种特定的，也是当事各方所能接受的方式进行传递，这种传递有可能以不计价的互利方式、共享方式进行，类似于"以物易物"，也可能是确权并定价之后的交易。《暂行规定》在实施过程中所面临的主要难题，还是数据主体边界的模糊性以及相关的确权和定价问题，目前尚未形成一套切实可行的具体操作方法和统一的定价标准。其实，这其中更为深层的原因是，企业数字化转型普遍尚未到位，与之相关的是企业领导还没有形成"数据经营"的理念。

在数字经济发展的大背景之下，企业已经普遍开始重视数据的作用和价值。因此，积累数据就成了顺理成章的选择，企业不仅开始积累自己的数据，还试图获取他人的数据。然而，大多数企业目前仍停留在数据积累阶段，对于如何充分利用数据并挖掘其价值，尚在苦苦探索之中。这导致企业对于数据的实际效用和价值缺乏清晰的认识，其结果必然是，它们既不敢轻易出售自己的数据，也不敢轻易购买他人的数据。

企业在筹划私域数据的建设、积极探索数据资产化和资源化的可行路径和实际操作方式的同时，应持有开放的心态和创新的精神，积极主动地培育以数据为核心的经营理念。企业之间的数据交易或是数据共享，实质上是在不同企业的私域数据之间建立数据链路，我们称之为邻域数据关系。相比之下，建立以数据交易为目的的邻域数据关系步履维艰，而以互利共享为目的的邻域数据关系则相对容易且日渐频繁。究其原因，主要是为了实现供应链伙伴企业间的高效协同、减少"牛鞭效应"，以及进行风险防范，企业之间需要建立紧密的邻域数据关系，以确保数据能够实时共享。因为有了具体的协同作业目标，所涉的数据种类和边界也会相对清晰可定，数据的交付通常是通过当事企业数字化系统之间的技术对接来实现的。

人们对数据价值的认识还在不断地加深，同样，数据的潜在价值也在不断地被挖掘，因此，数据链还将发挥更大的作用，数据交易也会更加趋于频繁。例如，人工智能技术在企业运营和管理中的应用逐渐成为焦点。没有量大质优的私域数据，企业级的 AI 应用的开发就无从谈起。诚然，单一企业的私域数据也许难以支撑一个企业级 AI 的算法开发，在这种情况下就需要同行业的诸多企业通过建立邻域数据共享关系，汇聚足够的数据量，以供机器学习训练之用。然而，对于企业级 AI 应用的开发而言，海量的公域数据却常常显得过于庞大而不切实际，难以直接应用，造成了一种庞大却无用、与实际需求不符的窘境。

在数字化时代，供应链的数据链属性将会日益突出。私域数据的筹划建设，以及私域数据之间的邻域数据共享关系，包括有价交易和互利共享，也必定会更加频繁地发生。这其中，我们还需要注意的是数据系统的安全性和数据本身的安全问题，这构成了数据链面临的主要挑战。由于供应链的联动效应，如果这样的挑战处理不当，极有可能触发链型连锁反应，甚至对整个供应链造成影响。

4.7 风险链

本书开篇记述了几大突发事件，借以说明供应链的两大特点，一是无处不在，二是链式反应，即链上任何一个节点的风吹草动，都会呈链式快速传递甚至像病毒一样四处扩散。

供应链一词，其实词不达意。我们在前文中已经介绍过供应链一词的诞生场景，说明它未曾经过严谨的斟酌。只是经过这么多年的实践和发展，以及诸多专家学者的沿用，供应链一词已经有了约定俗成的含义，简单的望文生义很可能对它产生误读和误解。

在供应链约定俗成的含义中,首先确认了供应链是由需求驱动的,因需求而成链,这一点我们在"需求链"的部分有过讨论。供应链在实际的运行过程中,其实是呈网状的,这一点我们在第 1 章进行了介绍,还特别绘制了"图 1-1 供应链的运行呈网状",希望这能为读者理解供应链的网状特性提供便利。但是,那张图并未完整呈现供应链的全貌。例如,供应链运行过程中的物流服务并未在其中有所表示。以作者给出的供应链新定义来看,那张图集中表示了直接履行顾客需求、以上下游方式连接的生产制造活动;而间接履行顾客需求的运输商、仓储商、零售商等服务性生产活动,并未在图中有所表示。

供应链的运行是一个极其复杂的过程,抽象的二维图示显然只能取其一面不及其余,不可能在一张图中对全链的所有特性予以完整而又清晰的描述。不过,对于阐述相关内容而言,图示和文字描述相结合的方式确实能够发挥相得益彰的效果。供应链在运行过程中充满风险,这是业界颇具普遍性的认知。我们探讨供应链的风险链属性,聚焦于供应链运行中网状结构的实际情况,分析风险是如何在其中传递的。

这些年来,随着数字化转型的推进,一个被称为"供应商关系管理"(Suppler Relationship Management,SRM)的信息化系统受到关注和推崇。颇为遗憾的是,几乎和所有的信息化系统或数字化系统一样,它更像是一个理念而不是一个标准化的软件产品。企业在建设 SRM 系统时,往往基于自身对这一理念的理解,或是通过货比三家,依据多家 IT 服务商的介绍来形成或确定自己的需求,并通过招标投标的交易方式选择软件服务商进行开发。IT 团队实力比较强的大型企业,也有选择自主规划建设 SRM 系统的。无论是外包还是自建,这些都是量身定制的 SRM 系统。就其大同小异的具体功能而言,它更像是一个在线采购交易的实施平台。换言之,这是一个名实不副的软件系统。例如,很多 SRM 系统并没有供应商业绩考评功能,我们很难想象，没有对供应商的业绩进行即时的、完整的和准确的考评，何以去实施有效的供应商关系管理？

为何这些 SRM 系统会缺少供应商业绩考评功能呢？究其原因，很可能是缺乏对"供应商关系"这一概念的准确理解和全面把握。企业若要实施有效的供应商关系管理，相关的责任团队首先要明确两件事：一是企业的战略目标和当期的经营指标，二是为达成这样的战略目标和经营指标，需要什么样的供应商。换言之，我们选择供应商的依据何在？在实际的采购操作中，我们的采购合同是基于报价最低的供应商，还是综合评分最高的供应商来授予？除此以外，我们淘汰供应商的标准又是依据什么来制定的？

在中文里，"关系"一词是多义的，在不同的场景和上下文中会有不同的解读。但是，在供应链运行的场景中，"关系"一词指的不是采供双方具体的实施人员（如采购员和销售员）之间基于个人喜好的个人关系，而是指采供双方企业之间合作的深度，以及彼此对于双方的重要性。例如，我们将某个供应商分类为本企业的"战略性合作关系"，将另一个供应商分类为"一般性合作关系"，通常情况下，前者是重要且不可随意替换的，后者则是数量众多且可选择性相对较大的。由此可见，这里的"供应商关系管理"本质上是供应商的价值管理，这个价值的评判标准是，供应商对于本企业达成战略目标和当期的经营指标贡献的大小。

供应链的平稳和高效运行，对于企业达成自己的经营目标至关重要。既然供应链是由供应商组成的，供应商对于供应链的平稳和高效运行必定起到关键作用。"成也萧何，败也萧何"，这句话在供应链场景中的解读就是：经营目标的达成，依赖于供应商的协同和支持；任何影响供应链平稳高效运行的风险因素，也可能源于供应商。所以 SRM 其实还可以是 Suppler Risk Management，即"供应商风险管理"。

在实际的经营活动中，企业对于供应商的管理是十分重视的。例如，几乎所有的企业都会对供应商实施"准入管理",只有符合资质的供应商才有机会获得报价和供货的资格。所有供应商都将接受严格的合同管理,以及其他相关措施。这些举措都是为了达成一个共同的目标——防范风险。

但是,重视并不意味着供应商管理已经无懈可击,更何况风险几乎是"防不胜防"的。借用供应链理论关于供应商分层的分析,我们可以发现,绝大多数企业对供应商的"准入管理",以及合同管理,仅仅涉及第一层供应商。而对于第二层供应商的选择,既无"准入管理",更无合同约束,几乎全权交由第一层供应商去酌情处理。长期以来,我们对这种做法已经习以为常,以至于从未有过"从来如此,便对吗"的质疑。但是细想这其中隐含的不确定性以及可能由此产生的供应链风险,真是不寒而栗。

例如,企业精挑细选找好了第一层供应商中的某一家企业甲,何以保证这家企业带来的第二层供应商会比同在第一层的供应商企业乙所带来的第二层供应商的风险更小?这个问题的答案无从知晓。企业甲的供应商与企业乙的供应商在生产经营中又存在何种风险,各自又有何种风险防范措施?同样是一问三不知。

以上讨论的重点是想说明,供应商关系管理作为一个理念,核心有两条,一是供应商对于本企业的价值管理,二是供应商对于本企业供应链的风险管理。作为一个软件系统的 SRM,必须赋能这两条核心理念落地执行。因此,SRM 必须包括对供应商日常行为数据的采集记录功能,以及对上述数据进行汇总、分析并进行业绩评估的功能。通过业绩评估来确定每一个供应商的价值和风险。供应商管理的具体实际操作,就是根据评估结果对供应商进行留优、汰劣、纳新和扶弱。

常言道:路遥知马力,日久见人心。对于供应商管理,无论是价值管理还是风险管理,不能仅凭一时一事来决定,而需要将供应商置于全链的整体运行中进行考察和分析。这正是我们分析供应链的价值链属性和风险链属性的出发点和落脚点。

我们在讨论供应链时，通常会以一个核心企业为基准点，由多个层级的供应商构成上游企业链，同时下游则有客户链，直至产品到达最终用户或消费者手中。如图 4-8 所示，供应链在实际运行中呈网状结构，第一层供应商因为有上游第二层供应商的支持才能有序地进行生产制造活动，第二层供应商的生产制造活动同样依赖于上游第三层供应商的支持。同理，第三层供应商也会有自己的上游供应商。在图 4-8 中，从核心企业开始到不同层级的供应商，颜色由深逐渐变浅。意在表达相互之间的关系逐渐变弱。核心企业可以是 B2B 供应链中的最后一个环节，因为它直接面向最终的消费者展开 B2C 业务。同时，它也可能是网状供应链中的任何一个节点。

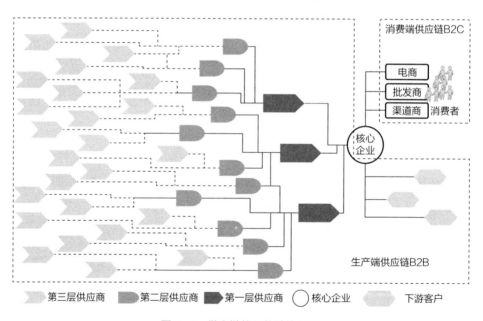

图 4-8 供应链的网状结构图示

由于供应链的链式反应规律，任何一个层级中的供应商在生产经营中出现的任何微小变化，包括最终用户需求的波动以及服务于最终用户的电商平台和渠道商遇到的任何突发事件，都会首先影响到紧邻的直接相关的供应商或客户企业，进而沿着这些企业的协同链逐渐蔓延，最终可能引发导致整个供应链伙伴企业一损俱损的"蝴蝶效应"。

供应链的风险链属性总体上是显而易见的，供应链的风险是已知的未知。我们知道，供应链在运行过程中充满着风险，但是，这些风险将在何时出现、以何种方式出现、造成何种影响以及有多大的影响等，却是未知的。这正是所有企业在进行供应链管理时所面临的复杂局面。

知名领导力学者，美国教授沃伦·本尼斯（Warren Bennis）和伯特·纳努斯（Burt Nanus）提出 VUCA 理论架构，试图以此来解读这样的复杂局面，希望可以帮助企业和组织领导人预测问题、理解系统性影响以提升企业在复杂环境中制定情境规划和决策的能力。

VUCA 是四个英文单词的首字母，分别是易变性（Volatility）、不确定性（Uncertainty）、复杂性（Complexity）和模糊性（Ambiguity）。1987 年，这个概念被美国陆军战争学院（U.S. Army War College）首次引用，借以描述分析"后冷战"时期更加复杂多变的多边世界。随后，这一理解架构逐渐被推广到商业战略与教育等领域。

VUCA 所代表的四个英文单词，可以说是供应链的风险链属性最具内核的概况性描述，因此国内外有不少供应链专家和学者借用 VUCA 理论来佐证供应链运行过程中的遍地风险，强调企业经营环境的不可控性和企业领导人所面临的挑战。可见，VUCA 作为一种理论架构，主要用于描述和分析复杂环境，帮助企业领导人识别风险和困难。然而，鲜有专家能够直接且坚定地提出应对供应链运行中 VUCA 现象的有效解决之道。

2017 年，哈佛大学商学院教授比尔·乔治（Bill George）采纳了 VUCA 理论框架，并在此基础上提出了自己的 VUCA，被学界称为 VUCA 2.0 理论框架。这两个版本的英文简称一样，但乔治教授赋予了每个字母所代表的与原版单词——对应的新含义。如果说原版 VUCA 给出了分析解读复杂局面的理论架构，那么 VUCA 2.0 则给出了复杂局面的具体应对思路，它鼓励我们以更积极的心态和举措去应对当今世界接连不断的颠覆性变化。

尽管 VUCA 2.0 并非专为解决供应链运行中的 VUCA 现象而设计，但是它的借鉴意义却十分重大，值得我们将其放在供应链所特有的风险链大背景之下，做一番适配性的解读。例如，VUCA 2.0 用远见（Vision）应对易变性（Volatility）。面对瞬息万变且难以捉摸的外部环境，企业领导人要有洞察秋毫的观察力，要对时代发展的主流趋势和乱花迷人眼的小细节有敏捷的辨识力，顺应时代发展的主流大势而为，以远见卓识为企业的发展指明清晰的方向。

以理解（Understanding）应对不确定性（Uncertainty）。企业领导人要善于学习，勤于调查研究，通过深入理解供应链运行的整体环境、同步知晓相关新技术（如数字技术和人工智能）的发展和应用，掌握尽可能全面的信息和数据，以减少未知所带来的不确定性。

以勇气（Courage）应对复杂性（Complexity）。企业经营团队尤其是最高决策人，要有坚如磐石的定力，以果敢决策和快刀斩乱麻的行动应对复杂的局面。

以适应力（Adaptability）应对模糊性（Ambiguity）。企业必须依靠灵活性、敏捷性和持续创新来应对模糊的现实。在供应链的运行中，适应力和敏捷性（Agility）虽近乎同义，但适应力更强调对外部变化的顺应和创新。

供应链的多层次链式结构增加了供应链的复杂性，对这些链式结构的认知深度决定了对复杂性的理解和掌控能力，进而塑造了对供应链的管理能力。例如，对复杂性的从容应对或疲于应付直接决定了供应链的运行效率和效益（Efficiency and Effectiveness）。

所有成功的伟大企业，都不是从其创业伊始就拥有一个宏伟的战略，并一以贯之地实施至今的。恰恰相反，那些被标榜为宏大的战略规划，往往是企业成功后对过往实践的理论提升和总结提炼。而成功往往源自大处着眼的战略前瞻和系统性思维，对复杂性的理性预判和精准防范，以及从小处着手的扎实操作、及时纠偏、适时调速和锲而不舍的坚持。

需要注意的是，本章探讨的供应链所具有的七大链性特征并非孤立存在，恰恰相反，它们相互交织、彼此渗透，并没有泾渭分明的边界。风险链所述的各种风险，其实在其余六大链性中都存在。七大链性实质上是从七个不同的视角来剖析供应链，以期寻找供应链构建和运行的规律，提升企业打造供应链竞争优势的能力。当然，我们还可以从更多的角度来分析和研究供应链的规律。

分析七大链性也是为了提升创业者和企业高层管理团队有关供应链不同链性的认知水平，让他们在规划发展战略或制订商业计划时，有一幅全景图作为参考。对于经营之中的企业来说，分析七大链性能够帮助它们在供应链发生问题时快速定位问题的所在，赢得解决问题的时机，寻找解决问题的有效方案。

有供应链专家和经济学家认为，企业现在真正的竞争是供应链和供应链之间的竞争。这话只能理解为一种隐喻，而非对真实现实的描述。供应链是一个无形的存在，不可能成为竞争的主体。但我们需要清醒地认识到，在当今这个数字化时代，竞争依然存在于企业和企业之间，只是核心竞争力聚焦在与供应链密切相关的企业三种能力的建设上：**构建、运行和管理供应链的能力，用数字技术赋能供应链的能力，以及防范和应对供应链风险的能力**。这三种能力合力为一体的具象化成就，就是建设以需求和数据双引擎驱动的数字供应链。

第5章
交易在供应链中的关键作用

导 读

在供应链的运行过程中,交易必定会在上下游企业之间发生,同时交易也在左右着供应链的构建,这就是交易在供应链中的关键作用。

交易是"一个巴掌拍不响"的事,若要实现交易,买方和卖方缺一不可。每一个企业在供应链中都扮演着双重角色,但在一个特定的交易活动中,企业只能扮演其中一个角色。例如,作为需方,企业扮演的是采购商角色;作为供方,企业则是供应商的角色。企业在不同的交易场景中扮演不同的角色,这是再平常不过的常识,因此在此郑重其事地专门讨论似乎有点小题大做。其实不然,从供应链的视角来看,没有交易就没有供应链。当一个企业制定经营战略之后,采购交易就是供应链开始的地方。对于采购方企业,交易结果意味着选谁结成供应链伙伴;对于销售方企业,交易成功与否意味着能否进入某个特定企业的供应链。由此可见,交易在供应链的构建中有着基础且关键的作用,然而,这样的作用却一直未得到应有的重视。

我们需要从供应链的视角出发,包括其七大链性和规律,深入剖析企业间的交易。我们要探讨交易的基础性和关键性作用是如何影响企业供应链的构建和运行的,以及企业应如何在不同交易场景中准确扮演角色,共同促进供应链竞争优势的培育。具体而言,本章将讨论需方采购团队的工作如何影响企业供应链的构建和管理,以及供方销售团队的表现如何帮助企业赢得在供应链中的地位。

上一章在讨论"资源链"时曾提及美国哈佛大学商学院教授迈克尔·波特所著的《竞争战略》,该书将企业的经营活动分为主要活动和次要活动,主要活动是指与企业的投入产出直接相关的经营活动,而次要活动,顾名思义,是辅助主要活动正常进行的经营活动。依据波特教授的理论,企业的主要经营活动有五项,分别是内向物流(Inbound Logistics)、运营(Operation)、外向物流(Outbound Logistics)、市场与销售(Marketing and Sales)以及服务(Service)。次要经营活动有四项,分别是企业基础设施(Firm Infrastructure)、人力资源和管理(Human Resources and Management)、技术研发(Technology Development)和采购(Porcurement)。波特教授这本书是在20世纪80年代出版的,将采购归类于企业的次要经营活动也许在当时可以接受,现在则不然。自那以后,对于采购在经营中的关键作用,企业有了新的认识。这一点从企业分管采购的领导职级不断提高中可见一斑,他们从过去身兼双职的供销科小科长,摇身一变成为如今的采购副总裁,与销售副总裁共同分管。

面对这样的新情况,本书在第2章中曾分析,制造业企业的主要经营活动大致可以称为"三部曲",分别是采购、生产加工和销售,这是企业的三大核心经营活动。当然,在当今业界"卷"态日盛、压力倍增的背景下,许多企业也将新品研发和技术创新纳入了核心经营活动之中。其他团队的工作都围绕这"三部曲"以及新品研发而展开,旨在保障核心经营活动的有序和顺利进行。这样的分类比较贴近中国企业的实际情况,因为大部分企业管理层的职责分工,包括企业的组织架构和部门设置,基本上也是根据"三部曲"加新品研发这四大核心经营活动来确定的。

仔细观察企业这样的组织架构和职责分工，可以发现企业在交易中的采购商角色具体是由采购部门来扮演的，而供应商的角色则是由销售团队来担当的。从图 5-1 可以看出上游企业的销售团队总是与下游企业的采购部门相连，这就是供应链交易环节中出现的两个执行团队。他们各自属于不同的企业，各为其主服务。然而，他们的工作直接影响着交易在供应链运行中的双重作用，一是完成交易，二是确定供应链伙伴。

图 5-1　交易的实施

5.1 交易的双重属性

交易方式与采购目的

交易因采购而发起，采购通常被理解为企业为了满足生产或经营需求，从外部获取原材料、零部件、设备、服务等资源的一项职能性工作。我们民间有一个经验：只有买错，没有卖错。因此，企业对采购职能团队的基本要求是：采购正确的产品，且质量正确、数量正确、地点正确、时间正确、成本正确。

这一所谓的基本要求在许多国外供应链论著中都有所提及，可见它具有一定的共识基础。但是，何为正确？我们可以想象，由于企业各自的生产经营所需采购的标的物不同，其采购目的也不同，因此，不同企业对于"正确"会有不同的衡量标准。由此可见，这六个"正确"还不是具体的要求，但它们起到一个很好的作用，即提醒企业要针对这六个方面制定"何为正

第 5 章 交易在供应链中的关键作用

确"的可量化、可衡量的具体指标。不同企业的具体要求要根据自己的衡量标准来确定,包括交易方式的选择、供应商准入的标准和授予合同的前置条件,等等。

社会经济的不断发展促成了与发展阶段相适应的各式各样的交易方式。在一些古装戏里有这样的场景,两个演员手拉手并将手缩在袖套内,实际上是在演绎两个生意人进行交易报价的过程。他们嘴上不出声,而是在袖套内通过手势相互比划,用现代的话来说,这就是一种封闭式的报价和还价方式。这种交易方式被称为"袖里乾坤",表面上是为了防止旁人知晓具体的讨价还价的细节,但实际上也体现了"买卖不成情义在"的原则。没有了围观的"吃瓜群众",漫天要价和坐地还价的过程就不至于损害双方的面子。这种方式适应当时的经济发展水平,在如今却已较为罕见,取而代之的是各种名目繁多、形式各样的现代交易方式。

可供企业采购实施选择的交易方式众多,包括询比价、公开招标、邀请招标、竞争性谈判、框架协议、竞价等。这些交易方式虽然在实践中被广泛采用,但实质上它们大多是约定俗成的作业方式,并没有统一严格的作业标准。在实际操作中,尽管不同企业采用的交易方式名称相同,但具体的实施标准却可能大相径庭。可以说,只要法律没有明确禁止,各种名称之下的交易方式,其作业流程和作业标准基本上是交易双方自愿的事。换言之,经济活动中实际发生的交易方式远比我们可以言表的多得多。为了灵活应对不断变化的市场,交易的双方也在不断地创新交易的作业流程和实施标准。

信息技术的发展极大地促进了交易方式的创新,在线交易是指利用信息技术和互联网技术在网络上完成交易。无论是个人消费中的网购,还是企业之间的电子化交易,如今都已经十分普及。企业的电子商务从最初的采购信息在线发布开始,逐步发展到采供双方在线上完成报价和最终授予合同。例如,商务部(当时称为外经贸部)在 2001 年就建设了"中国国际招标网"

（www.chinabidding.mofcom.gov.cn/），主要用于公布机电设备进口的国际招标项目信息。从招标公告到中标结果公示，以及招标过程中的答疑澄清和质疑解答等，都通过该平台进行。这促进了招标投标的公开、公平、公正，是国内将信息技术和互联网技术用于招标投标的首创，至今仍是业界有口皆碑的经典案例。这些年来，电子招投标取得了长足的进步，依法完成在线招标、投标、开标、评标和决标五大节点，即所谓的全流程在线招投标，已经成为常态化的操作。

相比之下，企业采购的数字化转型发展更为迅猛。数字化采购系统和平台能够支持的线上流程节点更多，功能也更为丰富，远远不只限于交易过程。例如，这些系统可以使很多流程能够在线上完成：在发布采购信息之前，企业内部采购需求的提出、汇总、分类，对潜在供应商的分析和选择，供应商历史业绩，包括既往报价查询、采购立项，以及与这些作业相关的审批，等等。决标成交之后的合同谈判、电子签章、合同管理、支付货款、开具发票、送货协同和验货入库等功能也是齐备不缺。这些功能还支持不同交易方式的在线实施，使得采购活动能够更加依规办事、责任到人、事中监督和事后审计。此外，相关的交易数据，包括采供双方的作业过程数据，都可以按需进行即时采集、分析加工和匹配应用。实践证明，信息技术的应用不仅赋能了交易过程，还推动了企业整体经营管理的数字化转型。

有的数字化采购系统还融入了生成式人工智能技术，可以对采购交易的实施进行即时的分析，这种分析可以是全维度的、全时段的，也可以针对一个特定时段进行多维度或单一维度的总结分析。例如，全年的或某一季度的采购工作总结、某一时段与某一家供应商的交易统计分析、某一时段某一类物料的采购开支、对某一家供应商进行业绩考评，等等，让曾经的手工操作的总结分析由AI（人工智能）来代劳，这极大地提高了工作效率。此外，利用AI进行相关法规和采购管理制度的查询，以及知识管理和传播、企业形象和产品宣传，都让企业体验到企业级 AI 产品带来的极大便利。

采购方企业在选择交易方式时，通常会根据交易标的物的使用目的来进行决策，同时也会兼顾市场供求关系的影响。在制造业企业中，采购大体上可以分为投资性采购和经营性采购。投资性采购通常包括生产设备购置，办公设备、厂房和办公楼的建设或购置。投资性采购的目的是建设产能或扩大再生产能力，属于企业的基本建设。相对而言，投资性采购更具有战略属性。此类采购发生的频次通常较低，也不会直接交由采购团队负责，而是组建一个跨部门的临时机构来专门负责这些事务。一般来说，如果所购置的标的物在财务处理上被记为固定资产，并按照财务制度进行折旧处理，那么这类采购就属于投资性采购。

经营性采购也被称为生产性采购，这类采购是企业采购团队的主要职责和日常工作，采购的目的是维持企业的生产经营，通常分为直接采购和间接采购。直接采购是指为生产制造获取所需的原材料、辅料、零配件以及包装材料等。一个简单的归类方法是：如果所购置的物料最终会与企业的最终产品一起交付给下游客户，那么这些物料的采购就属于直接采购。在财务上，直接采购构成了企业最终产品的直接成本。

由此可见，采购经营活动绝非企业的次要活动。此处的"直接"一词不仅表明经营性采购和企业经营效益紧密相关，还意味着此类采购与企业的生产流程和销售履约运营活动有着紧密的直接关系。毫无疑问，此类采购是企业采购部门从上到下都最为重视的工作。借用帕累托的二八定律来分析，采购部门的绩效考评，直接采购的占比可能高达 80%，其重要性由此可见一斑，而间接采购则占剩余的 20%。

间接采购是指用于维系日常运营的物资采购，如办公所需的文具用品、劳保用品、保洁用品等。对于大型企业，这类开销也不是小数目。此处的"间接"，不是采购方式上的间接，而是指此类物资的采购构成了最终产品的间接成本。一个普遍的现象是，这类采购的标的物种类繁多，单价通常不高，总支出在整体的采购成本中占比相对较小。在实际情况中，间接采购的实施如果不及时或有失误，批评吐槽更多的是来自需求部门的员工，而不是企业的高层管理人员，这也从一个侧面印证了间接采购所受到的重视远不如直接采购。

如上所述，间接采购在采购团队的绩效考评上只占20%，但采购团队为此所付出的精力和时间其实更多，可能要达到80%。直接采购的绩效考评可能占80%，而采购团队实际所花的精力和时间却仅占20%。之所以如此，是因为间接采购可选的交易方式比较尴尬，从供应商资源来看，供给充足且竞争充分，适合采用招标投标方式。然而，从采购金额、时间成本和交易成本来看，严格按照流程施行采购，会导致交易成本过高，得不偿失。如何做到既合规，又能控制成本，几乎是所有企业采购团队遇上的难题。

所以，要提升采购团队的绩效，尤其是想要实现减员增效，间接采购是一个具有巨大潜力的领域。近年来，利用数字技术建设企业网上商城成了一种非常受欢迎的解决方案。企业采购团队通过招标投标的方式选择合格的供应商，并与之签定框架协议，允许这些供应商进入企业专属的网上商城开店。框架协议确定每项物料的价格（也有阶梯价）、结算和支付方式、售后服务。企业内部的需求部门可以直接在商城下单，由供应商送货上门。这种采购方式犹如选择合格供应商进行定点采购，定期结算。作者曾在20世纪末去美国调研招标投标和政府采购，发现美国的州政府就有这样的采购方式，只是当时还没有搬到网上。而合格供应商的选择都是通过招标投标的交易方式进行的，定标之后，双方签定的是框架协议。

企业专属网上商城极大地减少了间接采购的工作量，提升了采购效率，同时也完善了管理。例如，可以为所有需求部门设定预算，需求部门在商城下单前会收到预算提醒，以避免超预算开支。各部门对供应商的服务表现及货物质量进行评分，并直接上报给采购部门，由采购团队据此进行供应商的筛选和更新。网上商城最新的发展是，除了用于间接采购，还可以将本企业的产品直接在网上商城销售。从企业的供销科发展出来的采购部和销售部，在数字技术的支持下，在网上商城里又聚首了，在这里，它们各司其职，各立新功。企业商城的另一大妙用是内部物资调剂和退役设备的拍卖处理。在一些大型或集团性企业，各子公司或部门可以将多余的物资展示在企业商城中，有需要的部门或兄弟公司可以商议领用。对于一些退役设备，也可以在商城拍卖，让外部买家参与竞拍。

长期以来，经济发展水平推动着交易方式的演进变化，进入信息化时代以来，信息技术赋能交易活动，引领了交易方式的创新。我们不难想象，在当今的数字化时代，交易方式的推陈出新将会是一件平常事，企业采购也将会有越来越多的交易方式可供选择。企业为实施采购而选择交易方式时，首先考虑的是采购目的或采购标的物的用途，同时还要考虑市场供求情况以及相关的采购管理制度。例如，投资性采购，如大型设备或厂房建设工程的采购，通常会遵循《中华人民共和国招标投标法》规定的招标、投标、开标、评标、定标流程。在央企和国有企业中，这通常是强制性的，也被称作"法定招标"。而经营性采购，尤其是直接采购，通常会更多地考虑物料的供应商资源，并灵活采用相应的交易方式。

当今中国社会物资极度丰富，供大于求，同时面临着重大的供给侧改革任务，这导致买方市场将继续存在。在这样的经济环境中，采购方企业在交易中占据主导地位，对于交易时间、地点和条件等，采购方都具有更大的话语权。因此，在采购的实操中，买方的采购团队还是会根据企业对特定标的物采购的目的以及标的物的市场供求情况，慎重选择交易方式。在必要时，他们会审时度势，精准施策，灵活制定交易流程和作业标准。例如，他们可能会参照法定的招投标流程，制定企业自主的招标流程，这在业界被称为

"自主招标"。究其实质可以发现，它是由招投标方式与其他交易方式"混搭"而成的，大多以招标开始，然后加入议价谈判或其他交易方式，即在开标之后，可能会进行第二轮、第三轮甚至第四轮次的报价。

由此可见，采购的实施不仅涉及对现有交易方式的选择，而且也在不断地推陈出新，对既有的交易方式进行优化和改革。多种多样的交易方式并无高低优劣之分，都是实践探索的结果，都是为了满足不同的采购需求而被发明出来并根据需求的变化不断推陈出新的。因此，在诸多可选的交易方式中，独尊其一而拒绝选择其他方式，在企业的采购实操中是不明智的，这种情况基本上也不会出现。另外，各类交易方式本质上都是约定俗成的作业方式，没有统一严格的作业标准。各个企业采用的交易方式虽然名称相同，但具体的实施标准却可能不同。换言之，只要法律没有禁止，各种名称之下的交易方式及其作业流程和作业标准基本上是采供双方自愿的结果。任何第三方试图对企业采购的作业流程和实施标准设定规范性制度，往往会导致"制度赶不上变化"，陷入"作茧自缚"的窘境。

例外的只有招标投标，因为有《中华人民共和国招标投标法》，这是唯一一部为采购交易制定的程序法，该法对招标投标交易方式的作业流程、作业方式和作业标准做了具体的规定。但凡是法定的招投标交易，都必须依此而行。当前，有关该法的修订呼声不绝，究其原因，便是这部法规虽然已经历过两次重要修订，但依然难以跟上快速变化的市场和采购实践。作者也曾有幸参与修法讨论，讨论过程中各种观点纷呈，难以形成共识。即使有人力排众议偶然达成共识，也会因为新变化的出现而被束之高阁，修法进度可谓举步维艰，难见成果。修法过程尚且如此，谁能保证修订之后的法规能够赶得上市场的快速变化呢？

改革开放以来逐渐发展起来的招标投标制度，其作业流程，包括招标文件的范式，很多都参照甚至直接借鉴了世界银行的招标文件和作业流程。招标投标作为一种舶来的交易方式,最初主要用于投资性采购。例如,当年企业进行技术改造、引进国外先进设备和生产线时,需要获得国家主管部门的批准方可进口。后来,逐渐实行了"以招代审"的政策,即鼓励通过国际招标投标的方式取代审批,从而形成了机电设备进口国际招标的流程。对世界银行招标投标流程的借鉴正是从那时开始的。实践证明,投资性采购采用招标投标的交易方式是一个明智的选择。当时,招标投标带来的经济效益受到了极大的关注,以至于人们几乎认为它具有"一招即灵"的魔力,希望将其应用于企业经营过程中的所有采购活动。

但是,世界银行采用招标投标的交易方式,主要是为了对其提供的贷款资金或投资资金的使用进行有效的制度性监管,而世界银行的这些资金基本上都用在投资项目中的固定资产采购。换言之,世界银行所有的招标投标制度和作业规范主要是为其投资性项目或贷款项目的采购而设计的,而不是为经营性采购而设计的。至于涉及经营性采购的部分,也只是世界银行为了满足自身运行所需的经营性采购。对于这一点,当时参与《中华人民共和国招标投标法》起草的人员是否有注意到,现在已经无从考证。不过,世界银行的官员和采购专家在介绍招标投标交易方式时,所用的案例都是投资或贷款项目下的采购,而且他们都不忘提及招标投标交易方式对于防止资金被挪用和防止采购过程滋生腐败的作用,这些倒是引起了国内专家和政府管理部门的重视。

作为招标投标曾经的从业人员,作者曾有幸参与《中华人民共和国招标投标法》的起草。记得在江苏无锡举行的一次国际研讨会上,来自美国和欧盟的政府采购专家意见不一,在现场发生争执。作者见状不由得一惊,心里自问:国外有很多"轨",若要"与国际接轨",到底接哪条轨?

《中华人民共和国招标投标法》自2000年1月1日施行以来,招投标的概念日益普及,影响深远,成了广为人知的交易方式,"招标"一词其至被视为"采购"的同义词。似乎有一种不可名状的力量在推动,使得"一招即灵"和"反腐防腐"的标签不断被放大凸显,以至于在某些情况下,人们甚至只能用"招标"来表达"采购"的意思,而不能提其他采购交易方式,且不问是投资性采购还是经营性采购。好像除了招标投标之外的其他采购交易方式都自带腐败基因。于是,独尊招标的现象逐渐形成,除了招标投标的交易方式,其余的交易方式一概被称为"非招标采购",有行业组织召集了一批国内招投标领域的顶级专家制定了非招标采购的操作范本。然而,文件形成并付诸施行之后,仍然有央国企抱怨其"与国有企业采购实践存在一定的不适用性"。其实,"非招标采购"实际上是招标投标的简化版,所以这里抱怨的"不适用性"实际上就是独尊招标,违背了供应链的规律。至于招标投标的反腐防腐作用,原本是为了防止采购方有决策权的人以权谋私,因此采购方在评标尤其是决标中基本上是没有太多话语权的,由哪家投标商中标,关键看依法或依规组建的评标委员会。看到官媒报道的招投标腐败案例,例如《中国经营报》的《"照母山下集合"的潜规则》一文,才意识到传说中的评标专家以权谋私的现象原来真的存在。

　　如上所述,多种多样的交易方式并无高低优劣之分,独尊其一有违实事求是的原则,涉嫌懒政和不作为。打个比方,一家医院有诸多科室,最强的专业之一是神经内科,院方说:本院治病救人的只有神经内科和非神经内科。同时,院方还组织一批神经内科的顶级专家为非神经内科制定一整套的作业规范。作为医学门外汉的普罗大众都知道,这只是一个带有黑色幽默的段子,绝对不会出现在现实生活中。个中道理很简单,神经内科再强,也不能独尊,而让神经内科大夫为非神经内科制定作业规范,本身就是独尊神经内科的具体表现。常识告诉我们,满足人们就医问诊、减轻病痛的需求,需要有不同的专业知识和医疗手段,若属于疑难杂症,还需要不同专科的大夫进行会诊。

第 5 章　交易在供应链中的关键作用

同理，满足企业经营中的各种采购需求，亦非"一招即灵"，不能只有招标采购和非招标采购。企业采购有不同的需求和目的，同时还受到外部市场供求关系的制约，罔顾这些而单纯以独尊招标的思路为招标投标之外的其他交易方式制定操作规范，那么这些规范必定难以满足既有的需求和既定的采购目的，导致"不适用性"成为必然的结果。从企业抱怨"不适用性"所反映的具体案例来看，基本上都是将招标投标的交易方式用于经营性采购，而此类采购需要前文所述的基本要求"正确的产品，且质量正确、数量正确、地点正确、时间正确、成本正确"，概括而言，就是要找到"正确的供应商"，因为经营性采购受供应链运行规律的制约。

采用什么交易方式来满足企业对物料或服务的需求，除了上述所分析的采购目的和标的物的用途之外，很大程度上还取决于交易双方，尤其是采购方对交易标的物的描述是否清晰精准，也就是讲得清需求，同时供应方完整准确理解需求，双方对需求的解读没有歧义。相对而言，对于有形的交易标的物，采供双方就交易标的物达成共识是比较容易的，对于难以"言表"的细节，也可以通过"打样"或图纸等具体方式进行深入沟通。若能够清晰描述标的物，采供双方对标的物的理解能够形成共识，招标投标的交易方式是比较适用的。

对于无形的标的物，要讲清楚需求，采供双方对需求能够达成共识且没有歧义，这几乎是一项不可能完成的任务。这其中尤以软件系统最为典型。采购方因为不懂软件技术，尤其是在信息技术和数字技术飞速发展的大背景之下，即使能提出技术方面的需求，基本上也是概念大于实质和细节，多半是一些媒体或软件服务商给出的时尚技术术语。而供应方因为不了解采购方的业务，多半也是拿技术说事，甚至拿最"时尚"的新技术概念忽悠客户。双方无法通过"打样"或图纸进行有效沟通，最多只能由供应方制作一个DEMO进行演示。但是"打样"是可以"锁样"的，图纸可以作为合同附件，两者都可以作为交付时的验收标准。但是，为演示而制作的 DEMO 则不行，它只能起到帮助讲解概念的作用，既不可能成为合同的附件，也不能作为交付验收的具体标准。简单来说，如果标的物描述不清，导致采供双方难以就标的物的边界、功能以及具体参数达成共识，那么招标投标方式就是不适用的。遗憾的是，软件开发项目寻找服务商，在独尊招标的整体社会氛围之下，基本上都采用招标投标或"自主招标"的交易方式。而最终交付的软件系统，几乎没有一个项目是可以严格依照招标文件或采供双方签订的合同进行验收的。

当下的中国正在努力发展数字经济，企业都处于数字化转型的巨大压力之下，而数字化转型最为具象的抓手是软件系统的建设。在这样的大背景之下，作为满足企业软件开发建设需求的供应商，按理来说应该有很多机会，宛如当年房地产开发商一样可以赚得盆满钵满。但诡异的是，一边，数字化转型的市场需求很旺；另一边，软件企业奄奄一息，从上市的软件大厂到众多软件中小企业，几乎无一幸免地面临着朝不保夕的危机。虽然有软件企业称"将迎来软件发展的十年黄金期"，但是并没有企业给出令人信服的事实，听上去更多的像走夜路吹口哨、自己给自己壮胆的自我激励。造成这种尴尬局面的原因肯定很复杂，其中之一很可能是我们还没有找到适合软件外包服务的交易方式。

交易的底层逻辑

关于买卖交易，民间有一句朴素而又充满智慧的名言："只有买错，没有卖错。"这句话提醒我们，卖方所掌握的交易标的物的信息，包括市场供求情况，要远多于买方。用现在的话来说，就是买卖双方信息不对称。因此，若要避免买错，企业采购团队的第一要务就是要与卖方达成信息对称。其实，整个交易过程可以视作一个信息和资讯交换的过程。无论哪种交易方式，信息交互是整个过程中采供双方执行团队最主要的工作内容。采购方发起采购活动实际上启动的是信息和数据的交换，其目的是与供方尽可能达成信息对称。所谓的信息，都与交易的标的物以及交易条件密切相关。在采购实践中，采购方发起信息交互通常也是从标的物开始，通过标的物的名称"顺藤摸瓜"，寻找各个潜在的标的物供应商。

当下互联网搜索引擎日益强大，为企业采购寻源提供了极大的方便。在搜索界面输入要找的标的物，出来的结果还会附带标的物的价格信息以及生产厂家的基本信息。实际上，从搜索引擎中获得便利的并不是买方，而是卖方。搜索引擎提供方通常采用"竞价排名"的方式对搜索结果进行排序。换言之，搜索结果是依照标的物生产厂家向搜索平台缴纳的服务费的多寡进行排序，而不是按照质量好坏或销量高低进行排序。这种排序方式实际上是由搜索平台的盈利模式决定的，在这样的模式之下，生产厂家自然而然成为搜索引擎服务商的主要目标客户。

生产厂家愿意向搜索引擎付费参与竞价排名，是出于营销的需求，希望借助搜索引擎向潜在的买家客户提供自己的商品信息。这样的做法实质上和在媒体上做广告是一个道理，或者说是广而告之的新路径和新方法。很显然，搜索平台在服务生产厂家的同时，的确还为买方提供了方便，提高了寻源的效率。但这样的方便中还是带着不便，排名第一的商品很多时候并不是最合适的第一选项，采购人员需要按照自己既定的标准进行甄选。

欧美国家还有一些专门进行价格比价的网站 PCW（Price Comparison Websites），与之不同的是，国内类似的价格比较服务直接由一些网商提供。由于这些价格比较服务的提供商同样受控于其背后的盈利模式，买方从中获得的只有价格信息，有关商品的质量、销量以及厂家的信息少之又少，即使有此类信息，买方也得睁大眼睛细细甄别。

有关商品信息的交互，无论是卖方主动展示的，还是买方定向发起的，都是交易得以达成的首要步骤。以上所列的信息交互方式，更适用于消费品或一些通用物料，例如办公用品和劳保用品等。对于企业的采购部门而言，这些都属于间接采购。对于企业的经营性采购或直接采购，采购团队更注重信息的对称性，具体表现为努力实现采供双方对交易标的物的一致理解。这正如前文所述，采购方需要"讲得清需求"，而供应方则要能完整理解这些需求，双方对需求达成一致的认知，不存在任何的异议或歧义。在实际操作中，采购方往往通过信息交互来厘清思路，并从供应方提供的信息中对自身的需求进行具体化和精准化的表述。

相比之下，供应方在进行信息和数据交换时，往往倾向于"报喜不报忧"，有时甚至会出现弄虚作假的情况，这就需要采购方团队具备去伪存真、明辨虚实的能力。在这个过程中，采供双方的团队可以说是"斗智斗勇"，但双方团队的具体工作都涉及组织信息、提供信息、获取信息和分析信息。招标投标的交易方式在一定意义上对信息的交互设定了规则，招标投标流程中的招、投、开、评、定五个节点，本质上是就不同节点的信息和数据交换，在方式、时间和内容上都做了明确的规定，严谨周到，堪称经典。

在企业的采购实践中，发起信息和数据交换并不一定是在启动采购之时，对于经营性采购尤为如此。由于经营性采购的物料供应商相对较少，企业的采购团队会未雨绸缪地提前进行寻源，为采购物色潜在的合格供应商资源。采购管理规范的企业大多有"供应商管理"之类的既定制度，其中有详细的供应商评估方法和标准，包括供方企业的经营理念、管理制度、资质信誉、生产能力、质量管控、成本构成、交货期、支付要求以及售后服务等。这种寻源还包括对潜在供应商进行实地考察，了解其生产现场的管理情况、设备状况、员工素质、环保和绿色发展理念等，查验供应商的相关资质证书，如质量管理体系认证证书、产品检测报告、客户评价等，通过走访了解供应商的企业文化、发展战略以及合作意愿等，最后，通过交易标的物"打样""试用"等环节进行综合评估，以决定是否将其纳入"准入"供应商名单，即那些有资格参与采购项目并进行报价的供应商名单。

从本质上看，寻源也是与潜在的供应商进行信息和资讯交互的过程。在这个过程中，采购方会向潜在供应商提出自己的需求，例如工艺要求和技术参数，而供应方也会一一解答。我们从第一性原理出发来看，可以得到这样一个结论，交易的底层逻辑始于信息和数据的交互，终于签约和货物交付。

传统的供应链理论认为，供应链中有"三流"：信息流、资金流和货物流。随着数字技术的发展，现在的供应链只有两个流，即信息数据流和货物流。在网上银行十分发达的今天，资金流已经融入数据流。只有在数据流完整、信息充分且对称的前提下，交易才能顺利达成，进而货物流才会发生。这也证明，交易是供应链构建的重要环节，而交易的实施必定以信息交互为始，以货物交付为终。这一底层逻辑也顺理成章地为采购信息化以及供应链数字化转型的可行性提供了基础逻辑。

我们可以想象，数字技术和互联网的发展为企业之间的交易提供了更多的途径和方法。如果采购方所需的物料及其供应方的所有信息和数据可以通过数字技术，包括大数据技术，实现"一键可得"，甚至比各种交易方式提供的信息和数据更充分、更完整、更精准，那么这将极大地提高采购效率。此外，由于区块链技术的应用可以确保数据的真实性和不可篡改性，企业因而省去了甄别真伪的麻烦。

采购交易的双重属性

采购交易具有双重属性，这个观点和七大链性一样鲜有人提及，更不曾见到有人专门予以论述。但是作者在研究供应链时发现，交易的双重属性和七大链性一样都是客观存在的，但遗憾的是，关于交易，长期以来人们只知其一，对其二却视而不见。采购交易的第一属性相对明显可见，甚至可以说

"谜底就在谜面上",那就是交易的属性。交易属性的具体表现,对采购方而言,是完成了购买行为,获得了所需的物料或服务;对供应方来说,则是完成了其产品或服务的价值实现,或者通俗地讲,是产品实现了变现。采供双方一手交钱一手交货,各取所需,两全其美,交易就此完成。用通俗的话来说,交易属性就是大家很熟悉的"买卖"的属性。

第一属性是依规完成交易流程的,实际上,这个流程正是企业构建供应链的起点和实施供应链管理的重要抓手。这就是交易的第二属性,可以归纳为"构建"的属性,即通过交易过程来履行构建和管理供应链的职责。长期以来,这个第二属性似乎一直"藏在深闺人不识",也未曾得到认真对待,鲜有专家学者对此进行专门的分析论述。第二属性的具体表现是,对于销售方企业来说,一场交易能否获得合同,意味着它能否进入采购方企业的供应链,或者能否成功地留在原有的供应链中。对于采购方企业而言,与哪家供应商签订合同,就意味着选择哪家供应商结成供应链伙伴,或是留住了原有的供应链伙伴。采购方企业供应链的构建和管理通常包括几项基本措施,如纳新、留优、汰劣、扶弱。这些措施都是通过一纸合同的授予过程来实现的。这样的交易对采供双方供应链的构建都有影响,但对买方而言尤显重要。例如,一纸合同不仅决定了第一层供应商,而且实际上也将第二层供应商的选择权默认交给了获得合同的供应商。从供应链的链性来看,供应链中的许多风险都可能隐藏在这一纸合同之中。

同样一轮采购交易流程,为什么要分辨其中两个不同属性,并且专门提醒企业在采购实施中要予以充分重视?因为这两个属性是客观存在的,它们有不同的考量标准,在不同的采购活动中有不同程度的表现,并对采购结果产生不同的影响。清晰地分辨这两个属性之间的异同,可以帮助企业制定切实可行且精准的采购管理制度,为采购实操过程提供有力的决策依据。交易的第二属性在企业的采购活动中发挥着规律性的作用,它影响着企业供应链的构建、运行和管理，并对企业培育供应链竞争优势有直接的影响。因此，企业经营管理团队必须要重视采购交易的双重属性和七大链性。

具体来说，在发生频次不高的采购活动中，如投资性采购，尤其是在标的物供给充足，可选择的供应商众多且可以随时替换的采购项目（例如间接采购）中，第一属性的表现通常会更加明显一些。然而，在经营性采购，尤其是直接采购中，第二属性则会表现得更为突出，甚至不容忽视。因为在直接采购中，供应链运行的规律，即七大链性正在发挥作用。

为了便于讨论，我们对企业的经营性采购尤其是直接采购做如下分析。

采购目的：经营性采购的目的是维持企业日常的、当下的生产经营。

标的物用途：采购的物料物资将作为企业所生产的最终产品的组成部分，一并出售，如家电厂家采购的钢材、电子器件、传感器、芯片，甚至包装材料等，或是为了维持生产所需的耗材，如石油炼化企业用于生产设备维修的备品备件等。这类物资虽然没有作为最终产品的组成部分，但对于最终产品的生产及服务的提供是不可或缺的。

标的物特点：非通用商品，可替代性较差，供应商资源相对有限。有的原材料、部件或备品备件，甚至需要由需方企业指导供方企业设计才能加工生产。例如，在供应链管理中有一个十分重要的决策节点，即对于某些产品的部件或配件，是选择自行生产还是委托外包加工。这类决策正是标的物属于非通用商品的典型例证。

因为标的物非通用，可替代性较差，对供应链的稳定性有很大的影响，因此采购方企业希望找到"正确的供应商"，因为只有正确的供应商才能提供正确的产品，且质量正确、数量正确、地点正确、时间正确、成本正确。

再来看看**经营性采购的特点**：

一是在制造业企业的采购总支出中占比很大。有研究表明，这一比例是企业营收的 60%~90%，甚至更高。因此，它与企业经营的总成本及利润率密切相关。有数据分析发现，如果企业经营活动中的固定成本不变，采购支出所节约的每一分钱，都会出现在利润之中。如果采购支出超过总营收的 90%，那么企业必定已处于岌岌可危的境地。

二是同一物料物资的采购具有持续性，采购计划的实施与生产计划的执行强关联，对供货的数量和时间要求很严格。

三是采购方企业对这类标的物的质量要求很高，原因很简单，标的物质量低下会伤害自身产品的声誉。因此，这类采购绝对不会采用"最低价中标"的评标规则，而是强调"成本正确"。

四是对供应的稳定性要求很高，因为供应不稳定将影响采购方企业既定的生产排期，甚至伤及采购方企业作为供应方的履约能力和声誉。因此，经营性采购中同一物料的采购合同通常不会授予一家供应商，比较主流的方式是按照 5∶3∶2 的比例分别与三家供应商同时签订合同。这种做法体现了"鸡蛋不能全装在一个篮子里"的朴素的风险规避意识，同时也营造了竞争氛围，鼓励供应商不断改进工艺、提高质量、降低成本、保证服务质量等。同一物料多家供应商的存在，既是供应链保稳的战略需要，也是构建敏捷供应链的必然要求。

五是风险防控的需求。在前一章中，我们讨论了供应链的七大链性，其中最为重要的是风险链。供应链的构建从采购交易开始，因此，风险的防范和规避也必须在此开始，同步进行。为此，企业在供应商准入和绩效评估的制度建设方面已经有所建树，随着企业不断深化对供应链的认知和风险意识，采购企业已经不满足于仅对第一层供应商进行寻源和考察。同时，在供应链协同作业和信息透明方面，企业也不会仅限于第一层供应商。这些措施都是为了防范供应链中"一损俱损"的蝴蝶效应，增强供应链的韧性和稳定性。

很显然，强调"成本正确"而非单纯追求最低价中标、实行"一次采购，多家中标"以及对供应商的供应商进行资质调查和确保信息透明的做法，都与法定的招标投标流程有差异。然而，对于培育企业的供应链竞争优势，以及实现企业盈利和可持续发展的终极目标来说，这些做法都是不可或缺的。

援引交易的两个属性来看世界银行的采购方式，其采购项目的本质决定了它关注的是"买卖"的属性，强调的是交易的公开、公平、公正，重视的是采购的过程管理。至于"构建"的属性则几乎可以忽略不计。因为世界银行这种"打一枪换一个地方"的项目制采购，既没有办法也没有必要与供应商建立长期合作的战略关系。

如果将招标投标的交易方式或简化版的"非招标采购"的交易方式用于经营性采购，注定会有"不适用性"的问题出现。因为招投标方式，尤其是与之配套的评标办法和决标标准，并不考虑供应链的构建、运行和管理。"不适用性"就是因为采购方企业构建供应链或确保供应链稳定运行的需求没有在招标投标的交易方式中得到满足。

采购交易方式的创新

供应链规律影响着全球经济的发展，这是我们已经认知到的现象。从这个角度来看，我们可以说，社会经济发展正处于"供应链时代"，我们研究供应链的链性的目的是想更深地了解这些规律是如何在经济活动中发挥作用的。不容忽视的是，飞速发展的数字技术包括人工智能同样也在深刻地影响着全球经济发展，也影响着人类的生活和工作。着眼于数字新技术，我们也可以说，当今世界正处于"数字化时代"。确确实实，我们正处在供应链和数字化叠加的时代，这样的时代充满了变数。随着社会经济的高度发展，人类的寿命在延长，但与之相反的是，在社会经济的高速发展之下，所有产品的生命周期都变短了。一代又一代的新产品层出不穷、不期而至，令人应接不暇。很显然，这背后就是企业的产品创新在加速，而支撑产品快速迭代创新的就是数字技术。从产品设计到生产加工，再到营销方式，无不充斥着数字技术的应用。

采购服务于生产经营，对任何一个企业来说，这都是企业采购团队的使命所在。新产品的成功研发和批量生产，势必对采购工作形成新的挑战。商场如战场，"兵无常势，水无常形"，因此，固守或是独尊一种采购交易模式的采购团队，难以承担起支持产品持续创新并迅速实现规模化生产的大任。

本书提出企业的终极目标是"盈利且可持续"，理由很简单，供应链的宗旨是"创造价值，成就彼此"。构成供应链的成员都是企业，企业的使命是创造价值，这种价值的衡量方法在于是否满足了供应链上伙伴的需求，包括最终客户的需求，并实现盈利。由此可见，企业和供应链伙伴是相互成就的关系，若不能成就彼此，不能为伙伴企业提供价值，就不可能获得盈利，企业在供应链中也就失去了存在的价值。

企业在满足链上伙伴企业的需求时，还必须依法经营和承担相应的社会责任。继 2004 年联合国全球契约组织（UN Global Compact）首次提出 ESG 这一概念至今，ESG 已经成为衡量企业可持续和高质量发展的重要参照体系。ESG 是 Environmental（环境）、Social（社会）和 Governance（公司治理）三个英文单词的首字母。ESG 的基本理念是，企业在经营过程中要关注环境保护和全社会的可持续发展。例如，减少碳排放，支持低碳经济和绿色供应链的发展。关注社会，即要求企业关注对员工、客户、供应链和社区的影响。例如，保障员工权益、对产品的质量和安全负责、确保供应链的透明性和可持续，以及积极支持并参与社区建设和发展，支持公益事业。公司治理主要包括企业的管理架构、透明度和股东权益。例如，董事会的独立性、多样性和专业性，以及是否存在腐败、贿赂等不道德行为。

ESG 最早是作为一种投资理念被提出的，旨在引导投资者基于企业对环境、社会及公司治理的影响进行投资价值评估，或者说是将企业在这三方面的表现一并纳入投资决策所需考虑的因素之中，于是就有了 ESG 投资一说。但是，它的影响面却远远超越了投资界，很多企业都提升了对 ESG 的认知，并主动将其作为衡量自己或自我价值评估的参照体系。因为企业的经营管理团队已经认识到，今天的盈利不代表明天的盈利，若要基业长青、盈利且可持续，则必须关注企业在 ESG 方面的表现。ESG 其实对企业的供应链构建和运行都提出了原则性要求。因此，与供应链构建和管理直接相关的采购交易活动，必然需要做出相应的调整和改变。采购交易方式的创新成为题中应有之义，以适应 ESG 的要求。

飞速发展的数字技术为采购交易方式的创新提供了无尽的想象空间。在企业采购和供应链数字化转型的探索和实践中，已经有众多的案例证明，数字技术能够有效赋能采购协同、支持采购决策，并通过数字化系统进行数据资源的汇聚、加工和价值开发。随着数字技术、人工智能、大数据、区块链和物联网等技术的进一步发展和融合，数字经济的发展将获得坚实的基础，商业模式的创新也将获得更大的推动力。与之相协调和同步创新的，必定包括交易模式。例如，人工智能在招标采购中的应用，可以实现智能审核、智能评审等，从而优化采购流程。

我们在前文分析了交易的底层逻辑是信息和数据的交互。采购方发出采购邀约，相当于发起信息和数据的交互，其目的是与卖方达成尽可能高的信息对称。由此我们可以设想：如果采购方所需的所有信息和数据，通过数字技术包括大数据技术，能够"一键可得"，甚至比各种交易方式来得更充分、更完整、更精准，并且由于区块链技术的加持，省去了甄别真伪的麻烦；如果数字系统借助人工智能，可以根据采购方的具体需求以及评标原则和标准,自动匹配最佳供应方并生成合同要约,由供应方确认并承诺相关交易条款,交易由此完成,那么交易的效率就可以大幅提高。在这种情况下,传统的采购流程,包括经典的招标投标信息交互过程,是否还需要按部就班地进行,就值得重新思考。

当然,这还只是关于数字技术支撑交易信息和数据交互的瞎(遐)想,是对新采购交易方式的一种预测与期盼。但是我们有理由相信,这种交易方式在数字供应链中将会成为一种常态,这样的数字经济具体形态会比我们预期的来得要快一些。

5.2 采购管理制度的建设

以上内容着重分析了采购交易的双重属性,供应链的运行规律包括七大链性对企业采购的影响。长期以来,由于对交易的双重属性和供应链七大链性的认知不够,我们在讨论采购的各种交易方式,包括招标投标方式时,很多时候注重的是交易过程的管理。因此,有关采购的管理制度建设,也聚焦于交易过程本身。《中华人民共和国招标投标法》之所以被称为程序法,就是因为它关注的是交易过程的合法性。至于它是否同样适用于企业的经营性采购,应该是值得商榷的,不然业界为什么会有"不适用性"的抱怨呢?其实并不一定是法规本身的问题,而是因为法规本身的适用范围不清,或是被用在了不适用的采购活动上。如果用对了地方,例如用在投资性采购领域且能真正做到公开、公平、公正,法规还是有用的。前文所说的不能独尊招标,其实想表达的是,不能因为招标投标方式在投资性采购项目中的有效性,就将其强行推广到其他具有不同采购目的和不同标的物的采购交易中去。

供应链外无企业，所有的企业都置身于供应链之中。而交易正是企业进入供应链和构建供应链的关键抓手。因此，制定企业的采购管理制度，必须要了解交易的双重属性，一定要知晓供应链的七大链性。供应链就是企业经营发展的中观环境，也可以说是企业存活的生态环境。适者生存，企业要想达成"盈利且可持续"的终极目标，必定要尊重供应链的运行规律，以供应链思维指导企业的采购管理制度建设。

集中采购

集中采购是企业采购管理中最为基础的制度设计，但如果对现行的集中采购制度执行的满意度进行测评，尽管不同企业的集中采购制度不尽相同，总体结果估计依然是好评与差评不相上下。很多企业在实施集中采购的过程中经常出现反复，一会儿强调集中采购的重要性，过一段时间又倾向于相对分散的采购模式。究其原因，就是好坏参半的现实让决策者左右摇摆，但最终往往还是纠结于"一统就死，一放就乱"的尴尬局面，难以找到破局之道。

当然，我们也可以先罗列一下集中采购的优势，或者说逐一分析一下，在制定采购管理制度时应该发挥集中采购的哪些积极作用。

首先，集中采购有利于企业供应链的构建和管理，增强企业供应链竞争优势。如前文所述，采购是供应链构建和管理的关键节点和重要抓手，企业决策者必须考虑如何通过采购管理制度来充分利用这个抓手。同时，要保证企业的采购资源集中统一调配使用，这里的资源既包括采购团队的人力资源和专业能力，也包括企业的购买力。

其次，集中采购有利于控制采购开支，节约生产经营成本。前文提到，如果生产过程的固定成本不变，采购所能省下来的每一分钱都会被直接计入利润，因此企业必须重视采购的开支。具体来说，集中采购就是将分散的小批量采购汇集成大批量采购，从而形成更强的议价能力以争取更为优惠的价格。同时，它还可以避免重复采购，减少物料品牌的杂乱性，进而降低仓储入库登记、保管盘点和出库记账的工作量。

将分散的小批量采购汇集成大批量采购是一项琐碎且费时费力的工作，类似于个人消费中的"拼单"或"团购"。其实，拼单或团购得以实现的前提条件是，必须有应用软件以及互联网环境。因此，采购企业要做到集中采购，必须建设适用的数字化系统，确保汇集需求简便易行，同时也要保证供应商交付物料时准确无误。

最后，集中采购有利于促进采购团队的专业化发展。采购工作要防止"买错"，采购人员的专业知识十分重要，否则就很难与卖方达成信息对称。要想提升采购人员的专业能力，很多人想到的是去参加采购培训班或阅读一些关于谈判技巧和话术的书籍。这些当然没错，但还需要认清一个事实，采购培训和谈判技巧是采购工作中最具共性的能力，但是与交易标的物无关。更何况，很多采购培训内容还是传统采购方式下的技能，其中许多技能正在或将被数字技术和人工智能取代。

这里提到的专业知识主要是指与交易的标的物有关的专业知识。对于采购从业人员，一是要具备与交易标的物相关的专业知识，以及通过各种途径，包括网络技术及时更新知识的能力。一个精通谈判技巧的人，因对交易标的物缺乏认知而买错东西，并不是一个难以想象的场景。因此，仅仅掌握话术或谈判技巧，并不一定就能胜任采购工作。此外，采购人员还需要对标的物或所采购物料的使用场景和使用条件有较为全面深入的认知，并要有足够的主动性去深入物料的使用场景，以确保自己的认知能够与时俱进。

这样的采购专业化团队不能指望从企业外部直接获得，而只能通过企业"自己培养"或者"培养自己"来实现。企业"自己培养"是指企业要花力气去提升采购团队的专业知识水平，要建立专门的知识更新机制。例如，根据知识链规律组织跨部门、跨团队的知识传授，也包括请外部专业人士进行授课，或提供其他途径帮助采购人员不断更新既有的专业知识。如前所述，企业十分重视产品创新，伴随着新产品出现的必定有新的产品知识。企业通常会重视对销售团队进行培训，向销售人员讲解新的产品知识，包括新产品的各种新功能和适用场景，以便销售人员能够向客户介绍新产品。其实，新产品的研发势必需要新的原材料和零配件，加工工艺也很可能有创新。因此，为采购团队讲解创新产品更为重要，更为有效的办法是让采购人员参与新产品的开发，为新产品的材质选择合适的供应商，就某些新材料进行及时的寻源。"培养自己"是指采购从业人员要有学习的主动性，要善于学习、勤于学习。在当今飞速发展的社会中，个人学习已经成为终身的必需，其必要性在此不再赘述，考虑的重点是学习什么内容才能做到学以致用，并且终身受益。

需要补充的一个重点是，数字技术也是采购人员必须具备的一门新专业知识。采购从业人员必须认识到，在当今数字化和大力发展数字经济的时代，数字技术的应用正逐渐成为采购从业人员的基本技能。诚如生产线上的许多岗位正逐渐被机器人取代，采购实施流程中的许多节点的工作，如编制采购计划、建立采购项目、发布采购信息，以及总结分析采购工作和撰写审计报告，都将逐渐被生成式人工智能的企业级应用取代。这个过程的到来很可能比我们想象的要快很多。企业希望数字技术和人工智能能够帮助企业提高生产力，但企业员工担心的是人工智能会不会取代自己。实际上，人工智能取代的只是那些不懂得如何利用人工智能的人。例如，数字技术催生了网约车行业，但网约车并没有完全取代传统的出租车，而是使许多出租车司机也成了网约车司机。换言之，真正被网约车司机取代的是那些不懂数字技术或不愿意与时俱进、拒绝学习数字技术的出租车司机。当然，采购工作所涉及的数字技术要比网约车司机所用的技术复杂得多，因此采购人员更需要及早动手，加倍努力去学习和适应这些新技术。

采购数字化转型的具体实施路径是建设适用的数字化采购系统。这样的系统势必会让传统采购方式的一些技能因为不再被需要而失去价值。但是，既懂采购实践又掌握数字技能的员工将会变得非常宝贵，甚至可以说奇货可居。因此，企业需要自己培养这样的人才，而员工也需要不断提升自己的能力。在选择学习的专业方向时，企业或个人不能盲目从众或随大流，而应结合新技术的发展趋势，培养出或让自己成为真正能够创造价值的人才。

当前人工智能技术飞速发展，在此背景下企业级 AI 应用的开发势必会很快提上日程。企业级 AI 应用与通用人工智能应用最大的不同是，企业级 AI 应用需要融入企业的数字化作业流程中，如前文提到的用 AI 应用生成采购计划或建立采购项目。然而，通用人工智能干不了这样的活，因为没有企业的私域数据。因此，首先必须解决的是企业私域数据的建设问题。在信息化初始阶段，数据挖掘工作的人才相对稀少。如今，数据已成为开发 AI 应用产品的前提条件，因此，企业对数据人才的需求倍增，同时对技能的要求也更高。过去，数据挖掘和数据分析是主要需求，但现在，企业更需要前文曾提及的数据科学家这样的人才。这样的数据人才理解业务，且可以从业务需求出发判断哪些是需要的数据，同时也可以用自己的数据技能去解决如何采撷汇聚所需的数据，如何去分析加工这些数据。很显然，采购人员对业务已经相当熟悉，但对于数字技能的掌握，仍需付出额外的努力才能有所长进，这一点还需要企业和员工的共同努力。

事实上，采购团队成员的数字化认知和技能，对于采购的数字化转型是不可或缺的基础条件。有一个案例是，一个大型上市企业有六个专门的采购团队，分别负责不同物料和服务，以及工程项目的采购。根据集团制定的数字化转型战略，要开发建设一体化采购管理和实施的数字化系统。这里的"一体化"是一个关键词，意味着管理制度要统一，采购资源要统一合理配置,以及所有相关数据要统一汇聚以便进行价值开发。但由于六个专门的采购团队各自强调自己的业务特点,不愿对现行的流程做任何调整,态度之坚决几乎到了固执己见的地步,不留任何协调余地。其实,软件系统开发是可以做到既统一共性又兼顾个性,即照顾各类业务特点的。由于采购人员对数字化的认知有所欠缺,无形中扩大了与开发团队之间的认知鸿沟,导致前期的需求调研困难重重,最终使整个系统开发任务不了了之。

集中采购制度的实施有赖于统一的采购流程和作业标准。采购过程,从启动到实施到供应商交付货物,是一个协同作业的过程。但凡协同,人们一般都会关注协同效率(Efficiency),其实还要同步考虑有效性(Effectiveness),这两者都与作业人员是否有规可依,以及是否依规协同密切相关。由此可见,制定采购流程和作业标准是集中采购成功的关键。一个好消息是,信息技术和数字技术可以支持"规入系统",亦即将制定的采购流程和作业标准融入数字化采购系统,所有业务都是全流程在线作业,使任意操作和违规作业成为不可能的事,由此提高协同效率和协同的有效性。

事实上,统一的采购流程和作业标准同样是采购数字化转型不可或缺的基础条件。企业在启动数字化转型之初,首先需要对现行流程进行诊断、调整和优化,并重新定义流程。同时,还要重新评估流程中每个作业节点的必要性及其排序上的合理性,确定"活必须由谁干"以及"活必须怎么干",也就是以数字化系统确定流程节点的先后或并行的次序,确定各个节点的分工职责及作业标准。

集中采购制度有利于采购品类管理(Category Management)的有序和统一。采购品类管理是一种兼顾战略与战术双重目的的采购管理举措,也是一种科学、系统的管理方法,通过对采购品类的划分和差异化管理,借以形成采购交易方式的差异化实施,实现成本优化、供应链效率提升和风险控制。成功的采购品类管理需要结合企业的实际情况,充分利用数据分析工具

（如卡拉杰克矩阵），清晰分类、精准施策、上下协作，以支持企业整体战略目标的实现。

卡拉杰克矩阵（Kraljic matrix or Kraljic model）是一种常用的采购品类管理工具，将采购品类按"供应风险"和"采购价值"两个维度划分为四个象限，帮助企业制定差异化的采购策略（如图 5-2 所示）。

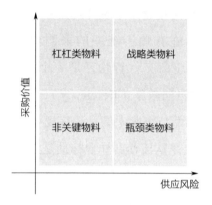

图 5-2　卡拉杰克矩阵

在这四个象限中，战略类物料（Strategic Items）具有高采购价值，同时也是供应风险最大的，此类物料有核心原材料、关键零部件等。对于这类物料的采购，企业通常更为重视与供应商建立长期合作关系，在实施层面为供应商设定较高的准入条件，审查严格，关注供应商的经营管理水平和抗风险能力，以确保供应稳定。此类物料的供应商数量较少，替代品也有限，通常也被视为战略性供应商，因为它们对于采购方企业经营目标的实现和利润率的影响较大。

杠杆类物料（Leverage Items）同样具有较高的采购价值，但相比之下，其供应风险要低一些。此类物料包括大宗商品，如基础性原材料、包装材料、标准化设备和作业工具。这类物料标准化程度高，供应商数量也较多，市场供应充足、竞争比较充分，因此采购方有较强的议价能力。对于采购方企业来说，因为采购量大、采购价值高，对利润的影响也较大。因此，一般情况下，企业会采取集中需求、统一采购的方式，利用规模效应，通过竞争性谈判来降低采购价格。

瓶颈类物料（Bottleneck Items）属于低价值品类，虽然对企业经营利润的影响有限，但由于供应商数量有限且替代品稀缺，如果发生断供，就会对企业运营产生重大影响，因此具有较高的供应风险。例如：定制化零配件、专利产品、稀缺材料和特殊服务。对于这类物料，采购方可以采取以下应对之策：建立安全库存或缓冲库存，以应对突发的供应中断；与供应商签订长期合作协议，以确保稳定的供应。如有必要且采购方企业有条件的话，可以考虑投资研发，以减少对瓶颈类物料供应商的依赖。

非关键物料（Non-critical Items）通常是指企业日常运营中使用的标准化商品或服务，如办公用品和耗材等。这类物料的特点是供应商多、替代品多，因此供应风险低，对企业利润的影响也很低。然而，对于采购团队来说，由于非关键物料种类繁杂，采购工作量也并不一定小。幸运的是，随着当下电子商务的蓬勃发展，这类物料可以在大型的网上商城进行采购，而且物流服务也非常完善，因此采购应对起来已经相对轻松了。

其实，有利于采购品类管理还只是集中采购管理的一个表象级便利之处，它更大的好处是通过数据共享，提高企业整体运营的效率。当然，这需要数字技术的支撑，通过软件系统的建设和企业主数据系统的建设，物料可以成为"牛鼻子"。例如，在数字化采购系统中查询某一个物料，不仅可以了解库存情况、该类物料供应商的准入标准、物料验收入库的质量标准，还可以查阅既有供应商是谁、有多少，各家供应商的基本信息及其既往的供货价格、数量和时间，以及相关的考评标准，每次采购项目的审批流程和责任人，相关的技术人员和专家的信息。除此之外，系统也会提示各个物料可选的采购交易方式。

总之，采购品类管理是一个专业性和实操性都极强的战术性工作任务，同时也是一个极具战略性的系统工程。对于制定"抓大放小"的集中采购管理制度来说，采购品类管理也是一个精准分辨"大"与"小"的基础性工具。

与集中采购相配套的必定是供应商资源的统一管理和集体共享。集中采购可以更加全面地评估供应商的质量，还可以激励供应商表现得更好，对于供应链的稳定运行和韧性的增强都会有积极的作用。例如，某大型集团公司正在进行采购数字化转型，虽然线上采购的数字化系统尚未上线，但已经将各子公司的供应商信息整合为共享资源，包括各子公司对供应商的考评情况。有一家供应商同时为集团下属的两家子公司供货。在考评时，一家子公司给出了很高的评分，而另一家则给出了差评，并建议淘汰供应商。给好评的子公司出面力保该供应商。如此两极化的评估引起了集团总部的重视。经过深入调研，总部发现，给好评的子公司认为该供应商是战略级合作伙伴，已经长期合作且采购总额较大。而给差评的子公司与该供应商的采购合同金额较小，仅将其视为一般合作伙伴。总部走访该供应商，了解情况后得出结论，该供应商对给好评的子公司十分重要，且其表现一直很好，符合战略级供应商的标准。从供应商的角度来看，由于采购总额大，占其销售总营收的比重也大，因此该供应商也将该子公司列为重要级客户。而给差评的子公司因为采购总额较小，被列为普通客户，受重视的程度自然会低一些。虽然所有企业都强调对客户要一视同仁，但在资源有限或出现短缺时，优先保障重要客户是一个符合常识且可以被理解的策略。

介绍这个案例是想要说明供应商资源的整合不仅仅是将供应商的名单和联系方式汇总成一个供应商库，方便各个采购团队选择使用，更重要的是，要对供应商进行全面且客观的评估，以免"错伤无辜"，损害到真正有价值的供应商，最终反而伤及企业自身。

第5章　交易在供应链中的关键作用

由此可见，供应方企业都会根据自己与每个采购方企业的成交金额在其总营收中的占比来衡量采购方企业对自己的重要程度。显然，如果采购方将某一类物料的采购合同分散给过多的供应商，那么每个供应商对你的重视程度也会相应下降。作为采购方企业，一旦供应商对你的重视程度下降，服务质量就可能会下降，甚至可能出现断供的情况，从而导致供应链的稳定性面临风险。

因此，采购方企业有关供应商资源的整合还应该包括控制供应商的数量。"多个朋友多条路"是很多人认可的处世之道，可能受此影响，很多企业也认为供应商应该是多多益善的。但其实，朋友多了，维系友情的成本也会相应增大，至于这些"朋友"到底能不能在关键时刻用得上，谁也说不准。对企业而言，供应商数量过多势必会导致管理难度加大，增加企业协调和沟通的成本。

控制供应商数量是一个必须认真对待的课题。首先要明确的是，供应商数量的控制是以确保供应链运行的稳定为出发点和落脚点的，同时要兼顾供应商管理成本最小化。美国苹果公司在控制供应商数量方面堪称典范，值得其他企业参考借鉴。库克当年加盟苹果的首要任务就是应乔布斯的要求来整合苹果的供应链，《史蒂夫·乔布斯传》中有一段文字介绍库克入职之后，迅速"将苹果的主要供应商从100家减少到24家，并要求他们减少其他公司的订单。他还说服了许多供应商迁到苹果工厂旁边"。从中我们可以看出，苹果主要物料的采购总金额从由100家供应商分摊改由24家供应商分摊，有幸留在苹果供应链的每家供应商所获得的份额比原来平均增长4倍多。由此一来，留下来的供应商必定会更加重视与苹果公司的采供合作和协同关系，因为有了足够多且稳定的订单，供应商也有了动力和意愿在苹果加工厂附近建设自己的生产基地，就近供应苹果所需的零配件和组件。库克的这些举措，对苹果公司而言，显然可以降低供应商管理的成本。但更重要的是，苹果公司供应链的响应速度、敏捷性、稳定性和韧性都得到了大幅提升。

凡事有利必有弊，正如前文所述，集中采购模式是毁誉参半的，也存在一些明显的弊端和潜在的问题。我们不妨对其短板做一个简单的梳理。

第一，缺乏灵活性。集中采购需要统一计划、统一标准、统一流程，这可能导致企业响应速度较慢，难以及时满足个性化需求或对紧急需求做出快速反应。对于一些特殊或小批量的采购需求，集中采购可能不够灵活，无法快速予以响应。

第二，采购周期较长。集中采购在一定意义上类似于"拼单"或"团购"，通常涉及多个部门的协调和审批，势必会拖延采购流程的进度，这种情况在需求复杂或者多重审批环节的作业方式中有可能会变得更为严重。招标、评标等程序烦琐，也可能造成采购进度的延误。

第三，不能满足个性化需求。集中采购基本上不会充分考虑各需求部门的具体需求，包括对于所需物料的使用场景或具体工艺，这导致采购的产品或服务不完全符合实际使用的要求。

第四，供应商资源单一化。集中采购容易偏好企业规模较大的供应商，这样的偏好容易导致对少数供应商的过度依赖，如果采购方的需求总量容易招致供应方的怠慢，这会增加供应链的风险。另外，这极有可能会忽略一些有特色、会创新的中小型企业，失去了培育新资源的机会。

第五，需求预测难度大。集中采购需要提前整合和预测各部门各子公司的需求，但由于市场实际经营活动节奏快，变化的需求也会随之发生改变，这导致需求预测难度加大。很显然，需求预测不准确极有可能造成采购物资过剩，或是供应不及时导致停工待料。

第六，管理难度增加。集中采购需要对多个部门或多个子公司的需求进行整合和协调，费时费力，还难以避免出现信息不对称或沟通不畅的问题。加之生产经营活动中常有的"计划赶不上变化"，已经统计或整合协调的采购计划也因此难以及时进行调整。凡此种种，都有可能导致采购结果不理想。

以上罗列了集中采购的六大主要优势和六大短板，限于篇幅，对于短板的描述着墨不多。毋庸置疑的是，集中采购的优势和短板没有办法在此一一细说。需要注意的是，这六大优势和六大短板更多的是客观存在的可能性，就此展开讨论意在提醒企业在采购管理制度的谋划中，要扬长避短，让这六大可能的优势得以发扬光大，在制度建设上提前预防六大短板。

采购管理制度创新

集中采购是企业采购中最为常见的管理方式和制度，通常情况是企业设定一个专事采购的部门，各个生产和业务部门都归类为需求部门，一旦有采购需求，便需通过既定的流程进行提报，然后采购部门汇总各业务部门的需求，统一进行采购。就一般的中小企业而言，集中采购是一种习以为常且争议不多的采购模式。有关是否实施集中采购，以及集中采购和分散采购的利弊之争，基本上都发生在大型的集团公司，因为它们的业务板块多，由此形成的二级、三级企业也多。各级企业都从自身的角度出发要求拥有自主采购权，集团总部则可能有不同的考量。因此，在讨论采购制度建设时，如果能把集中采购的问题策略讨论透彻，那么采购制度建设的大部分问题也就基本清楚了。

现行的集中采购基本如前文所述，各有利弊。对于弊端，很多企业在制定相关管理制度时也在试图予以解决。例如，按单次采购金额决定集中或分散采购，不难想象，制定这种制度的初心是想兼顾集中与分散两种管理方式的优点，但遗憾的是，在现实中，实际结果往往并没有达到预期的目的，没办法做到两全其美。

于是，"抓大放小"可以顺理成章地被认为是一个解决问题的好办法。

但是，何为"大"？何为"小"？尺有所短，寸有所长，"大"与"小"从来就是一个相对而言的概念。所以，"抓大放小"只是一个思路或指导原则，而不是一个可以付诸实施的解决方案。如果企业要制定一个切实可行的解决方案，首先还是要明确"大"与"小"的衡量标准。

有大型企业以单次采购金额作为"大"或"小"的衡量标准。作者曾亲历这样一个场景，一个超大型的集团公司的采购负责人介绍自己的集团规定以40万元人民币为界，40万元以上必须集中由集团总部实施采购，采购方式是招标投标；40万元以下的可以由子公司自行进行采购。在场的另一个超大型集团的采购负责人说："哦，你们涨了，我们还是30万元。"可以想见，在此之前，这两家大型集团企业设定的单次采购金额都是30万元。随后，在场的人就开始吐槽说，在这样的制度之下，子公司和集团总部之间玩起了"化大为小"的游戏，一旦单次采购金额预算超过限额，子公司就会将其拆分成多次采购，这种做法逐渐成了授权之内的合规操作。子公司为何不辞辛苦，宁愿自己动手也不愿意由总部实施采购，个中原因见仁见智，但子公司当事人给出的诸多理由之中必有一条：由总部集中采购效率太低。

类似的情况在中小企业中屡见不鲜，只是由于企业规模较小，限定的金额不会这么大，子公司会变成各个业务或生产部门。例如，有企业规定，超过1万元的采购支出必须先走"请款"流程，获批之后再进行采购，或者提报需求由采购部负责采购。而小于1万元的，业务部门可以"先斩后奏"，也就是先采购后报销。但是，没有人能保证其中没有"化大为小"的采购发生。

很显然，出现"化大为小"这样"上有政策，下有对策"的情况，并不是企业领导或制度制定者所愿意看到的，但是，看到了又怎么样呢？是改变制度降低限额？还是简单"一刀切"，将采购实施全部集中到集团总部或采购部呢？以上操作估计都不是可以随便拍脑袋决策的。

企业评估自己的采购活动,首先必须要从资源的角度出发,对于经营性采购尤需如此。在当今的买方市场经济环境下,一个企业的需求所形成的购买力,实质上是该企业的一种战略资源。购买力越强或采购支出越多,说明该企业可以调用的这类战略资源就越丰富。集中采购就应该着眼于综合利用和合理配置这些资源。集中采购这一制度设计的初心或战略目标,就应该是企业供应链战略目标的重要组成部分,目的就是用好这个采购资源,确保具体的采购实施工作服务于企业的经营战略。

论及"抓大放小",在企业经营管理中,但凡称得上"大"的,必定与企业的生存和发展,以及企业的阶段性经营目标紧密相关。只不过其中很大一部分可能是形而上的主张或原则,是难以具象化或者量化的事项,而这些不能简单用金额来定性"大"或"小"。企业在制定采购管理制度时,首先要梳理这些"大事"和采购具体工作的关系,寻找采购工作中哪些操作可以为这些"大事"添砖加瓦,甚至有重大贡献。然后结合集中采购的基本特点或可以发挥的作用、交易的双重属性特点来制定采购管理制度。所以,企业首先需要梳理清楚的是,集中采购,首先应该集中的到底是什么?其次,还要弄清楚集中采购的所谓短板,究竟是在什么场景中发生的?这是否足以成为将集中采购改为分散采购的充分理由?或者,对于集中采购中的短板,是否有其他办法弥补或规避?

集中采购首先应该集中什么? 要回答这个问题势必要分析一下集中采购的定义,或者说它的内涵是什么,究竟包含了什么职能和职责。认真分析企业的采购活动,可以发现它实际上可以细分为三个组成部分,或者说它是由以下三大权力构成的。**一是采购规则制定权**,即负责制定采购活动在具体实施时应该遵循的作业规范,包括物料分类、采购交易方式的选择、采购流程的设定、采购作业的标准,以及授予采购实施权的条件。**二是采购实施权**,即根据采购需求,依照规则具体实施采购任务,满足企业生产经营的需求,同时兼顾供应链的构建和管理。很显然，采购实施权是由企业高层管理者依规授予特定的业务团队的。**三是采购监督权**，即对采购活动实行事中监督和事后审计，对可能发生的违规行为进行预警告诫，对已经发生的违规作业进行定性并予以相应的处罚。这样的监督权应该是由企业的纪律部门统一执掌的。这三大权力部门行使权力必定会有自己的团队，但是必须要做到"三权分立"，各司其职，不能简单粗暴地进行"三合一"。

规则制定、依规作业和作业监督三大职能需要分离，这样的区隔很容易让人联想到运动员和裁判员不能"一肩挑"，但实际上并不完全如此。裁判员的职责不是制定规则，而是熟悉规则并依规监督运动员比赛，运动员的行为是否违规，裁判员要根据规则即时做出判定。在采购业务的实施和管理中，采购监督团队扮演的就是裁判员的角色。而运动员的职责则是提升自己的技能和体能、熟悉比赛规则、依规参与比赛。采购实施团队就相当于运动员，每个采购人员必须有专业的知识和技能、熟悉采购规章制度，并依规履行采购职责。运动赛事的比赛规则是由赛事组委会制定的，而集中采购的制度和规则，应该由企业高层管理者来制定。

以上三个角色，既各负其责又协同配合是最为理想的情况。最麻烦的不是运动员和裁判员"一肩挑"，而是制定规则者、裁判员和运动员"三合一"。在有些大型集团企业中，总部的采购中心就承担这样的"三合一"职责，它既负责集中采购管理制度的制定，同时也承担集团企业的采购实施，还要对下级企业的采购进行监督和管理。业界有关集中采购的种种短板甚至弊端的吐槽、抱怨和批评，其实都跟"三合一"的管理建制有很大的关系。

现行的所谓以采购金额决定集中或分散采购，其实质是将以上三权合一。具体来说，金额限度以内的采购实行分散采购，实质上是把金额以内的采购规则制定权、采购实施权和采购监督权一并交了出去。由此一来，"化大为小"就有了上下其手的空间，也就成了下级公司必然的应对选项之一。

选项之二是，下级公司的采购团队会更加积极主动地"向上管理"，或是向采购中心展开"公关活动"，以争取上级对自己的照顾。下级企业很可能会有更多的应对之策，如果放任不管，企业内部可能会出现潜规则盛行，明文规定的规章制度却被束之高阁的现象。如此种种足以证明，以金额来定性"大事小情"，其实际结果往往是"大"的没抓住，"小"的抓不着。这也正是企业领导极不愿意看到的结果。这种"上有政策，下有对策"的现象不仅侵蚀了集中采购应有的权威，实质上是对企业管理制度的蔑视，严重损害了制度的权威性和严肃性。同时，这种现象也会对企业经营管理的正常秩序造成干扰，阻碍健康企业文化的培育。

面对这样的局面，我们不能陷于简单粗暴的"集中"与"分散"二选一的思维陷阱中不能自拔。这里的"简单粗暴"是想说明，集中与分散采购其实是相对而言的。对一个大型集团企业而言，子公司领导一般会倾向于分散采购，但如果这是一家规模较大的子公司，旗下也有自己的下级公司，那么面对下级公司，这家子公司的领导也可能会态度坚决地主张集中采购。

由此可见，关键在于看待问题的角度，以及企业的经营决策者如何理解和对待采购活动。以采购金额为主要依据来决定采购方式和实施责任人的集中采购制度，反映出决策者将采购看成企业的直接支出，他们看到的是采购实施过程中下级企业或员工很可能有徇私舞弊的机会。然而，集中到总部就彻底筑牢反腐防腐的钢铁长城了吗？答案显然是不言自明的。

"集中采购应该集中什么" 这个问题的答案是：集中采购需要集中的是规则制定权和采购监督权，而采购实施权则可以根据规则通过授权进行分散，做到规则清晰、依规授权、监督到位，以保证无论由谁来实施采购，只要依规办事，其结果都是一样的。用"抓大放小"来分析，事关全局的、事关规则的，都是"大"。因此，制定统一的规则和监督规则的实施，都是全局性的大事，必须由总部集中管理。

集中采购的制度和规则应该由企业高层管理者来制定。日渐成为主流的做法是，在企业内组建供应链战略委员会，负责统筹制定企业的供应链战略，其中包括集中采购的规章制度和实施细则。供应链战略委员会由企业负责采购和供应链的分管领导、相关部门和二级公司的相关领导，以及集团总部纪律部门派员共同组成，委员会的主要职责是对集团企业的供应链做出规划，同时制定采购管理制度，包括采购实施的授权和作业标准。长期以来，企业和政府有关部门对采购的重视及其制定的管理制度，基本上都聚焦于采购交易的第一属性。对于这一点，供应链战略委员会必须要予以纠正，必须使企业同时关注采购交易的双重属性。供应链战略委员会必须充分认识采购交易对于企业供应链构建和管理的关键作用，要确保所制定的采购管理规章制度服务于企业的整体发展战略和即期的经营目标，其中自然包括供应链的构建和管理，以及相关风险的防范。除此之外，企业要考虑实施效率和采购战略资源的合理配置，保证从需求提出到建立采购项目，从采购交易方式的选择到签约付款，从物料品类管理到供应商准入和淘汰标准，都有清晰明确、可以付诸实施的作业标准。换言之，清晰规定了采购的活必须怎么干，只要依规，那么不管交由谁干，结果都应该是一样的。

对于下级公司抱怨的"集中采购效率低"，应具体分析其发生在哪些物料采购上，以及会在什么场景中出现。对于一些不影响集团经营战略实施的物料采购，在不影响采购资源统一调配的前提下，可以将采购实施权适当分散，由使用单位或需求部门自行采购，但必须严格依照采购规则进行。这里强调的是依规实施，至于具体由哪个团队执行，只要规则清晰且实施团队依规作业，结果都是一样的。

在供应链战略委员会制定的管理制度中，还有一个是采购实施权的授予标准。实施权的授予原则针对的是解决集中采购的短板，例如对于个性化的采购需求、对于急单采购，可以参照分散采购的优势授权。关于采购管理制度，还有两件事必须是供应链战略委员会要重视的。

一是制度建设不可能一劳永逸。我们必须面对这样一个现实，制度赶不上变化。在一定的意义上，制度订立之时就是制度落后之始。原因很简单，因为制定制度所需的所有依据，都源于既往的经验与教训、思考与顿悟，而订立的制度所要应对的都是将来的业务场景。在当今飞速发展的社会，有两个现象十分明显，一是新概念层出不穷，二是新技术如雨后春笋般涌出，制度赶不上变化就是一个铁律。因此，采购管理制度要包容创新、鼓励创新，要为交易方式创新和作业规则创新留出制度性空间。唯有如此，才能保证制度与时俱进。

二是采购管理制度的制定、采购实施的作业流程以及采购合规性的事中监督和事后审计，都必须有数字化系统的支撑。供应链战略委员会既要统筹采购管理建制的设计和规章制度的制定，还要引领采购和供应链的数字化转型，切实抓好相关数字化系统的建设工作。在有关供应链的七大链性分析中，作者已经介绍了信息和数据对于依规协同和高效协同的重要作用，数字化系统可以确保信息和数据的即时传递和处理，实现即知即行、即行即知的效果。同理，对于事中监督和事后审计，数字化系统也提供了切实可行的路径和工具。

有关数字技术支持集中采购管理制度的落地施行，这里有两个案例可以参考。一个案例是，一个上市的大型企业，自数字化采购系统上线两年以来，每年的在线采购有近百亿元的支出，年均采购项目达 4500 个。然而，集团总部的采购团队只有 5 个人，下有 10 余家子公司，每个子公司的采购团队平均只有 4 人。另一个案例是，同样有一家大型上市公司，每年利用数字化采购系统实施的采购项目近万个，采购的主辅料物料品类达 10 万多种，管理的活跃供应商超过 1300 家，使用采购系统的除了总部还有近 30 家子公司，整个集团有 30 多个采购团队，直接从事采购的人员约 90 人，有的子公司并不设专门的采购人员。

在同这两家大型企业的有关人员的交流中我明显可以感受到,他们已经切实体会到了数字化采购系统对集中采购制度落地施行带来的极大便利,他们也正在努力将更多的采购实施搬到线上来。

第 6 章
用供应链思维统筹数字化转型

导 读

  如果用帕累托的二八定律来分析，当今绝大多数企业管理团队将 80% 甚至以上的精力和时间聚焦于日常经营活动，只有不到 20% 的时间是用来处理异常状况、思考创新或进行创新的探索和实践的。这大概是大部分企业的基本现状。在竞争益发激烈，产品生命周期趋短的严酷现实面前，产品创新迭代和业务转型升级甚至是商业模式创新将更加凸显其重要性和紧迫性。因此当前这个基本现状必须要改变，这是情势所迫。企业经营管理团队应该将 80% 的精力投入到创新实践中，而将 20% 的时间用于日常经营管理。

  这样的二八倒置在以前是天方夜谭，但在供应链时代和数字化时代相重叠的当下，这不仅仅是一种"必须"，也有了相当的胜算。数字技术为这样的改变提供了真实的可行性和巨大的方便性。例如，大数据技术使得企业对市场需求的预测更为方便和精准，机器人和人工智能可以支持日常的生产作业和部分经营管理工作，大数据分析以及人工智能可以支持快速决策，等等。但是，数字技术仅仅提供了改变的可能性和可行性，绝非数字化转型的全部。

  企业要想借助数字技术为创新带来的可行性和便利性，顺势而为应对面临的挑战，首先要全面分析、正确认知企业面临的挑战究竟是何属性，数字技术与企业经营管理的创新有怎样的契合度，又能为产品创新提供怎么样的方便，对于生产作业效率的提升又可以发挥什么样的作用，这些都是需要逐一研究并给出解决方案的。数字化转型不是数字技术的简单应用，而是借助数字技术进行经营模式的创新、产品创新和生产加工作业方式的创新。在这些创新活动的驱动之下，企业资源如何重新配置，包括人力资源的培养和配置，尤其是如何创造并充分利用数据资源，也势必要一并纳入考虑的范围。

本章标题采用"用供应链思维统筹数字化转型"，意在传递一个观点：数字化转型的本质是产品创新和供应链创新，因此必须遵循企业供应链运行的基本规律和业务逻辑，目的是用数字技术打造企业的供应链竞争优势，即打造由需求和数据双引擎驱动的数字供应链。供应链思维可以帮助企业找到应该着眼的"大处"，也可以精准定位可以着手的"小处"，从而使高层管理人员可以将 80% 的精力和时间用于探索创新，而将 20% 的精力用于日常经营管理。如此一来，企业的人力资源可以按创新需求重新配置。

"天下武功，唯快不破"。世上企业，只有创新"快"，才有可能持续发展。

6.1 顶层设计和整体性统筹规划

发展数字经济，最为根本的基础是企业数字化转型的成功施行。自从数字化转型的概念出现以来，国内外已经有不少学者和专家相继在此领域贡献了不少的论述和论著，其中有洋洋洒洒但却夸夸其谈或语焉不详的，也有貌似言之有理但却鲜有人将其奉为圭臬、遵照实行的。从表象来看，没有什么企业愿意将这些论著作为数字化转型的引领思路或实践指导，从深层来分析，是因为这些论著大部分是在就着技术说转型，纯粹是"拿技术说事"，没有结合企业的具体业务逻辑和经营范式，更谈不上对企业经营管理创新有什么帮助。当然，也有一些论著高屋建瓴给人以醍醐灌顶般的启发，也有一些源自作者的亲身经历，是智慧、经验和洞见的分享。

什么是数字化转型？这是进入数字化时代的人们，尤其是企业家和企业经营管理人员首先要解决的认知问题。很显然，这也是一个见仁见智、众说纷纭的问题。在近乎汗牛充栋的有关数字化转型的论著中，中国科学院科技战略研究院编写的《产业数字化转型：战略与实践》一书对数字化转型给出如下定义，具有相当的参考价值和指导意义。

数字化转型是指利用新一代信息技术，通过构建数据的采集、传输、存储、处理和反馈的闭环，打通不同层级与不同行业间的数据壁垒，促进供给侧提质增效，创造新产业、新业态、新商业模式，不断满足需求侧改善体验的新需求，形成全新的数字经济体系。

数字化转型要求企业将信息技术集成到业务的所有领域，增强自身产品研发、流程和业务决策制定的能力，从根本上改变经营方式和为客户创造价值的方式。

这个定义开篇就明白无误地告诉读者，数字化转型是指利用新一代的信息技术，形成全新的数字经济体系。虽然我们不能武断地认为这里的"体系"一词等同于供应链，但至少它已经提醒读者，数字化转型不是企业"各自为战"可以完成的任务，而是要"打通不同层级与不同行业间的数据壁垒"，由此可见，数字化转型是需要不同行业共同推进的事业。当然，行业只是一种统称，是一个集合名词，并非一个具体的组织。行业是由同行企业和关联企业构成的，因此，数字化转型的具体任务还是落在企业，企业才是数字化转型的实施主体，也是发展数字经济的主力军。

"打通不同层级与不同行业间的数据壁垒"从上下文来看是针对发展全社会数字经济而言的，但与供应链的"数据链"属性恰好严丝合缝、高度吻合。对于全社会的数字化转型而言，其中一个重要内容就是数据价值的开发和利用。数据是当今世界最具价值的资源。我们在前文分析供应链的数据链属性时就已经指出，企业在供应链的运行过程中，每时每刻都在产生海量的数据。如何汇聚这些数据资源并进行有效的价值开发，是企业数字化转型过程中的一项极其重要的任务。因此，企业一定要重视自己"私域数据"的建设，同时用心构建与供应链伙伴企业之间的"邻域数据"关系，邻域数据关系的建立就是"打通数据壁垒"的具体举措。

如果说这个定义的前一段是在一般意义上讨论数字化转型，后一段则就企业数字化转型给出了基本思路，并划定了所涉及的范围，即"业务的所有领域"。定义的最后一句话尤为重要，因为从行文的逻辑来看，它直接道出了企业数字化转型的目的是改变"经营方式"和"为客户创造价值的方式"。

这两段话传递的一个重要信息是，数字化转型就是要对新一代信息技术即我们现在讲的数字技术加以利用。虽然前一段用的是"利用"，后一段用的是"集成"，但其实都是在强调一个观点，即数字技术是拿来用的，数字化转型就是要把数字技术充分地用起来。对于企业家和企业经营管理人员来说，把握"数字技术是拿来用的"这个观点非常重要，它可以避免企业进入"为数字化而数字化"的歧途。但更为重要的问题是，怎么用？什么样的利用才不是"为数字化而数字化"？即使是具有相当参考价值的上述引文，即使是着眼于改变"经营方式"和"为客户创造价值的方式"的数字化转型，我们仍然还要追问两个问题：**一是怎么改变？二是改成什么样才算是成功？**

在政府的强力推动和媒体的渲染之下，数字化转型在绝大多数企业中都已经或正在被排上日程。数字化转型已经是毋庸置疑的发展方向，这已经成为企业管理层的基本共识,但他们纠结的问题是怎么推进数字化转型。大型集团企业业务板块多,各个子公司都有自己的业务特性,相互之间有的是强关联,有的却没有太多关联。数字化建设如何兼顾不同业务板块的特性,同时打穿数据壁垒,增强产品研发、流程优化和业务决策制定的能力,首先,从何处着手就是一个极其烧脑的问题。中小企业虽然业务板块少且清晰,但是受供应链上下游伙伴企业的牵制较大,如何在不影响既有业务与伙伴企业的合作和提升自己的经营效益之间保持平衡,找准数字化转型的切入点,同样不是一件容易的事。但是,无论是大型集团公司还是中小企业,如何在保持与上下游企业正常协同作业的同时,有序推进企业自己的数字化转型必定是企业领导层要考虑的问题,而这个问题的实质是供应链规律必然会对数字化转型发挥作用。

影响企业果断决策推进数字化转型的另一个因素是数字技术的快速发展,新技术、新概念、新术语层出不穷,令人眼花缭乱。大家可能都有这样的感觉,当我们下决心认真研究一项新技术时,正值有所进展但尚未完全消化之际,媒体已经转而关注更新潮的技术概念,在业界掀起一波新热浪。也许我们还在试图理解区块链,云计算又成了新一波热话题;当我们摩拳擦掌筹划"上云上链"时,生成式人工智能又让人眼前一亮;当众人尤其是企业经营管理团队还在苦苦思索AI如何在企业经营中发挥作用时,运算能力超强的量子芯片宣告问世。谁都不能确定明天和数字新技术哪一个会先到来。

当今的数字新技术正飞速发展,这也给很多数字化转型的决策者平添了一层犹豫和疑虑:如果早启动可能会有先发优势,但随着新技术的出现也可能很快变成相对落后甚至完全落后;如果晚启动也可能会有后发优势,似乎可以避开前人踩过的"坑"和"雷"。但是新技术层出不穷,再晚启动,后头还有新技术横空出世。

决策者优柔寡断、难做定夺其实是因为害怕失败,这一点可以充分理

第 6 章 用供应链思维统筹数字化转型

解。不过我们非常有必要澄清对成功和失败的认知。首先，数字化转型的失败或成功，并不是取决于对新技术的选择，而是整体性的数字化转型对企业经营的赋能作用。诚如以上定义所指出的，数字化转型是为了改变"经营方式"和"为客户创造价值的方式"，其目的是实现更好的经营效益，确保可持续的发展。但凡有助于企业实现"盈利且可持续"的数字化转型，都是成功之举。试想一下，如果晚启动，会有多少无形的机会成本要支付？会与多少机遇失之交臂？又会对企业的供应链竞争力造成多大的损伤？更为重要的是，晚启动实质上还耽误企业数字化文化培育的与时俱进，导致全员数字化技能与社会普遍水平尤其与竞争对手形成代差。

"早起的鸟先得食"，数字化转型必定是早启动早受益的事业，当然，前提是企业要有周全的顶层设计和整体性规划。数字化转型其实是一个相对较为宽泛的概念，或者说是对各行各业利用数字技术进行业务升级转型、提高工作效率和管理水平的一个抽象概括的名词。反过来说，各行各业数字化转型的顶层设计和整体性规划不是千篇一律的，具体到一个组织，如企业，顶层设计和规划更是百花齐放。用一个宽泛的概念或者一个抽象名词来指导顶层设计，很可能会让人们陷于茫然而找不到"顶层"在哪里。

中科院课题组给出的定义所提到的"经营方式"和"为客户创造价值的方式"，都是企业的日常经营活动。但是在当下的供应链时代，人们已经认识到这些经营活动是受到供应链的客观规律影响的。毫无疑问，用数字技术来改变经营管理的方式和创造价值的方式，还要遵循供应链的运行规律。因此，对于企业尤其是制造业企业而言，**数字化转型就是构建需求和数据双引擎驱动的数字供应链**。一旦建立了这样的认知，数字化转型的"顶层"也就赫然在目，它就是要用供应链思维进行数字供应链构建的整体性规划。可以说，关于企业的数字化转型，供应链就是顶层，顶层设计就是要从企业的终极目标出发，遵循供应链的规律进行规划设计。

供应链思维
链性、战略和数字化转型

我们常说的"纲举目张"是十分有画面感并充满智慧的一个成语，与"大处着眼，小处着手"的思维方式既有异曲同工之妙，又可形成很好的互补。企业数字化转型的顶层就是"纲"，就是"大处"。找到了顶层，也就有了俯瞰全局、洞察秋毫的睿智。构建数字供应链就是企业数字化转型的顶层，顺着供应链思维进行顶层设计，我们就可以擘画出数字供应链应有的全景图。这就是"大处着眼"。与此同时，小处也就自然变得清晰可见了。面对诸多"小处"，先着手哪个？因为有了"全景图"作为背景，无论以哪个"小处"作为切入点，都可以清晰判断"小处"在全景图中的定位及其与其他关联业务的逻辑关系，就可以进行标本兼顾和长期利弊与即期利弊的辨析。在具体到有关优先级的排序决策之时，可以依照以下"三最原则"：一是受益面最广，二是上线速度最快，三是成本投入最小。受益面是指对作业流程进行数字化改造之后能给多少作业节点带来好处，包括对整体经营效益的提升，因此，选择切入点既要尽力而为，又要量力而行，要确保成功。道理很简单，成功且受益面最广，有利于提振团队对数字化转型的信心和士气。

我们常说，数字化转型是企业的"一把手"项目。这样的说法并非完全是"中国特色"，几乎全世界的企业和有关的专家学者，都一致强调数字化转型必须要有强有力的领导。国内企业指望一把手能够带领大家一起进行顶层设计，做系统性规划，同时打破企业内部不同业务团队的门户之见，统一全员认识。国外专家同样强调要有强有力的领导，给出的建议是要采用整体性规划（Holistic Approach）。两者有异曲同工之妙。

德国资深供应链专家戈茨·韦伯格（Gotz Wehberg）在他所著的《数字供应链》（*Digital Supply Chains*）一书中非常直白地告诉读者，构建数字供应链就是企业的数字化转型，应该要"Think big, start small, scale fast"。这句话翻译成中文就是"大处着眼，小处着手，快速推进"，可以说与作者的观点高度重合，但是多出了一个补充，即"快速推进"。

大卫·B.库尔兹（David B. Kurz）是一位领导力开发战略专家，同时长期从事数据价值链转换研究。多年来曾为北美、南美、亚洲和非洲的跨国企业提供相关的咨询服务，同时也是美国智库组织"数字供应链研究会"（Digital Supply Chain Institute）的研究员。他和穆如甘博士（Dr. Murugan）合著的《数字供应链领导力》（*Digital Supply Chain Leadership*）在第 1 章就指出：数字化转型需要有强有力的领导，因为它需要整合诸多业务流程，需要各方协同作业。

成功很不容易，失败却是稀松平常的事，这在当下的数字化转型事业中尤为突出。美欧企业的数字化转型启动得比我们要早，经验和教训也比我们要多得多。当我们还在探索、试错和积累经验之时，已经有美国专家开始总结经验、归纳教训了。美国 ECM 咨询公司的研究资料表明，即使在信息技术发达的西方国家，数字化转型项目的成功率仅在 5%~30%。美国宝洁公司（Procter & Gamble，简称 P&G）分管信息技术和共享服务的前副总裁托尼·萨尔丹哈（Tony Saldanha）在其所著的《数字化转型为何失败》（*Why Digital Transformations Fail*）一书中认为，70% 的数字化转型项目都以失败告终。其他研究机构有关数字化转型成败的分析给出的成功率与此大同小异，他们认为，导致数字化转型失败的原因大体如下所列。

- 项目实施超预算
- 未能满足业务目标
- 对于变革的抵制
- 缺乏对专业技术的认知
- 缺乏强有力的领导
- 整体目标和阶段性任务目的不清晰

- 员工和利益相关者不认可
- 缺乏足够的资源，包括预算
- 缺乏整体性规划和有效的执行

以作者长期从事数字化转型研究和实践的经验体会来看，国内的数字化转型项目的成功率也不会高于30%，即使是属于成功的30%，也不尽如人意。很多读者可能会基本认可以上给出的失败的原因，甚至有读者可能感同身受。换言之，国内企业在分析数字化转型项目的失败原因时，多半也会有类似的结论。但是，细察之下可以发现，以上所列并非都是原因，有的实质上是结果。例如，"项目实施超预算"和"缺乏足够的资源，包括预算"这两点其实是一回事。将预算不足作为失败的原因是非常值得商榷的。严格意义上讲，它不是原因而是结果，或者说是失败的一个表象。除此之外，"未能满足业务目标"同样也是失败的表象而非失败的原因。

我们可以试着用"大处着眼，小处着手，快速推进"这12字原则来分析失败真正的底层原因，我们很可能会发现，项目的失败首先很可能归咎于事先对该项目的规划不周全，规划人员对企业的数字化转型整体战略理解不透彻，甚至有可能是企业对于数字化转型本来就没有整体战略可言，缺乏顶层设计，既没有整体性规划也没有共同的认知。对于项目执行团队来说，即使他们知道并认同数字化转型的目的，但对于前文所提出的两个问题"**一是怎么改变？二是改成什么样才算是成功？**"，他们还是没有找到相应的答案或可执行的解决方案。这就是没有完全做到"大处着眼"。

其次，"小处着手"即要找准数字化转型的切入点。切入点的选择既要尽力而为，又要量力而行，要避免做出"不自量力"的选择。"项目实施超预算"很可能是因为选择了一个超出自身能力和可用资源范围的切入点。例如，作为切入点的项目边界是否很清晰，对具体的功能需求是否已经有了透彻的分析和准确的把握，如果这些都存疑，就会导致"整体目标和阶段性任务目的不清晰"，就注定会导致"未能满足业务目标"的结果。与项目任务边界密切相关的还有与完成项目相关的资源，从项目团队成员的能力到协同团队的意愿，以及能够确保的时间投入，是否都有了一定的确定性。这些都会影响到项目的预算，如果对功能需求和所需资源都没有把握，全凭"走着瞧"，"项目超预算"就会是一个必然的结果。

如果进行中的项目既"未能满足业务目标"又"超预算"，"快速推进"就成了无本之木，也就无从着手了。

就企业的数字化转型而言，"大处着眼"就是从企业经营的终极目标出发，依照供应链思维制定数字化转型的实操路径，也就是为数字技术的应用在实操层面制定一个路线图。上述有关数字化转型的定义只是说要把信息技术集成到企业业务的所有领域，但是在实操层面如何执行落地并没有展开细说。例如，一个企业有多少数字化系统需要建设？同步启动还是有先有后？依照什么原则进行优先级排序？不同系统之间该是什么协同关系？协同关系是依照什么规则来确定的？不同的系统建设都采用不同的技术路径和开发工具吗？各选各的还是统一技术架构？如果选择统一技术架构又该以什么样的标准进行对齐？如以上引文所说，数字化转型要改变企业的作业方式和决策流程，改变企业为客户创造价值的方式。但是，如何确保改变的结果是正向的？评判的标准又是什么？

如上种种问题各有多种答案，需要企业做出选择。常识告诉我们，面对选择，我们首先要建立取舍的价值体系。这是一个以目标为导向的价值体系，所谓"以目标为导向的价值体系"，通俗而言，其实就是要确定"图啥"，要确定什么是有价值的。由此一来，我们就会发现"怎么改变"这个问题的背后其实是"改成什么样才算是成功"，也就是如何衡量数字化转型所带来的结果。衡量标准是指导思想，"怎么改变"也就是数字化转型的实操路径，要在这个指导思想之下去探索，去"摸着石头过河"。

概而言之，"盈利且可持续"是企业的终极目标，但凡有利于此目标实现的，都是正确的举措。但是，这还只是数字化转型的指导原则，而非具体的衡量标准。对于数字化转型的成败，每一个企业都应该有一套自己的评价体系。这一套评价体系的建立需要有整体性的考量。众所周知，企业的经营和价值创造方式本质上事关企业的商业模式，通过数字化转型让数字技术改变商业模式甚至服务于商业模式的创新，属于企业战略层面的重大事件，它必定是企业的"一把手"工程，企业最高层管理团队对此责无旁贷。

中科院的这本书将改变"经营方式"和"为客户创造价值的方式"作为数字化转型的目标，虽然没有给出与这个目标相应的评估标准，但其暗含的意思也是不言而喻的，即由数字化转型带来的"改变"，必须要有利于企业形成更具竞争力的经营方式，以及更有效的价值创造方式。这是就结果而言的，而转型的具体举措就是要从传统的经营模式，通过数字技术的应用，推动商业模式的持续创新，让创新成为常态化，成为经营管理团队乃至全体员工的主要工作内容。从这一点来看，企业数字化转型和本书所介绍的构建数字供应链毫无二致。

供应链思维告诉我们，供应链是企业生存和发展的生态空间，每一个企业都存续于供应链中。在供应链时代，企业的核心竞争力在于三大能力建设：一是供应链的构建和管理能力，二是用数字技术赋能供应链的能力，三是防范和应对供应链风险的能力。这三种能力合为一体的具象化任务，就是建设以需求和数据双引擎驱动的数字供应链。

国际上有关数字供应链（Digital Supply Chain）的概念在2015年前后开始受到业界的关注，但并没有形成统一的衡量标准。我们可以将需求和数据驱动的数字供应链的建设看成企业数字化转型的任务集成，它要求企业将传统的经营管理模式重塑为以新技术引领、以数据资源的价值开发为中心、支持持续创新的商业模式。数字供应链的建设是战略性转型,更注重供应链的整体性数字化而不是将存量业务流程逐一做简单的数字化转型。这个数字供应链的底层是软件系统,这个软件系统有三大核心价值,一是赋能协同,二是支持决策,三是支持数据价值开发。

这样的战略性转型需要企业"一把手"亲自过问并带领团队共同谋划顶层设计。当我们说数字化转型是"一把手"工程时,强调的是最高层管理者在其中发挥领导作用的重要性,同时也在强调数字化转型需要的领导力要有战略规划的前瞻性、统揽全局的整体性,以及见招拆招的灵活性。唯有强有力的领导才能统揽全局,引领企业全体员工形成数字化转型的共同愿景,进而构建对数字化转型结果客观一致的评估体系。这样的评估体系一定是着眼于企业的终极目标的:盈利且可持续。

强调数字化转型为"一把手"项目的另一个重要原因是,时至今日,很多企业在信息技术和数字技术的应用方面都曾有过探索和建树,形成了一定存量的信息系统和数字系统。这些系统大多建设于不同的时段,出于不同的考量。但数字系统的建设有一条铁律:建成之日便是落后之始。建于以往的这些存量的系统,在今天看来很可能是碎片化的,是互不关联的信息孤岛或数据孤岛。其中有不少的系统功能几乎已成"鸡肋",是弃之不用还是留而改造,必定需要全面评估才能决策,而类似这样的取舍也必须是"一把手"才能拍板决策。

作者曾应邀到一个大型上市企业做供应链和数字化转型调研,了解到他们较早就启动了信息化建设。当然,像很多企业一样,存量的 IT 系统为数不少,有自己规划建设的,也有委托外包开发的。这些系统虽然建于不同的时期,在决定建设开发之时必定有其理由和价值考量,但由于没有"大处着眼"的整体性规划,或者说"大处"还不够大,各个系统之间的功能有重叠,也有各自为战所导致的重复建设。最为严重的是,各系统数据自成一体，形成数据孤岛，对数据资源的价值开发，尤其是对企业级人工智能应用的开发造成严重阻滞。但是企业领导并没有意识到这些相对隐性但实际上存在的问题，只是抱怨每天要分别多次登录不同的系统进行业务管理和监督，认为这是最大的不方便。如何解决企业既有的信息化系统所存在的这些弊端和不便，也是企业"一把手"必须亲力亲为的要务。

实践已经证明，数字技术是企业产品创新和经营管理模式创新的利器，数字化转型的实质就是利用数字技术进行创新。需要注意的是，数字化转型在实施层面就是数字技术的应用，数字技术应用的底层逻辑是软件系统的开发。所以，数字技术的应用，其实质或者说从第一性原理出发来看就是"软件系统+"。顺便说一句，所谓的"互联网+"并不符合第一性原理，因为互联网也要依赖于软件系统才得以运行。因此，"一把手"们在规划数字化转型和数字供应链的建设时，要以软件开发建设为基本考量。而数字化转型的具象化成就，就是软件系统能够交付出我们对数字供应链所期待的结果。

数字化转型或者说数字供应链的构建，可以分为六大任务领域，以下就此展开讨论。讨论的次序并不意味着在数字化转型的实操中也必须依此按序推进。不过本书强烈建议，企业一定要首先重视数字文化的培育和全员数字技能的提升，因为它对于统一认知、形成共识至关重要，是数字化转型的润滑剂，可以为数字化转型的快速推进保驾护航。

6.2 数字化转型的六大任务领域

本书在讨论供应链的构成时，曾以制造业企业为例提出"企业运营三部曲"的概念。可以说，"三部曲"就是企业最为重要的主干业务领域，因此

第6章 用供应链思维统筹数字化转型

也是企业经营和创造价值的核心方式。企业的数字化转型就是要围绕这三部曲分清主次、统筹规划,"大处着眼,小处着手,快速推进"。

细细思考企业的经营管理实践,我们不难发现,所谓的"经营方式"和"为客户创造价值的方式"都存乎于"业务的所有领域"。所以,如果要利用数字技术改变"经营方式"和"为客户创造价值的方式",还要分析企业"业务的所有领域"究竟由哪些具体业务或事项构成,将数字技术应用于其中,又会有什么样的"化学反应"。

关于企业数字化转型,有六大领域的任务需要企业经营管理团队特别关注,因为它们与企业的经营方式和创造价值的方式紧密相关,如图6-1所示。首先需要提醒读者的是,企业的数字化转型尤其要避免为数字化而数字化。对于企业而言,数字技术始终是一个工具,数字化就是利用数字技术赋能,优化经营管理的手段和路径,以更高的作业效率达成经营和管理目标。数字化时代,一个"化"字就表示了数字技术的应用是不可能一蹴而就的,它将与数字技术自身的不断发展相伴而行,是一个持续迭代升级的漫长过程。

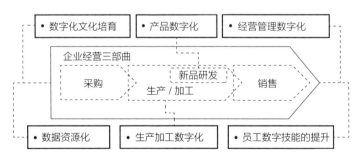

图6-1 企业数字化转型六大领域

企业"三部曲"分别是"采购、生产加工和销售",这是产品已经基本定型之后的日常经营和管理。我们从第4章中已经了解到,企业的生产加工是最为直接的价值创造过程，而价值的实现以及大小多寡则取决于产品是否满足了市场需求。企业之所以能够存续并发展，是因为它满足了市场上的某一个特定的需求。产品创新就是为了更好地满足市场需求，包括那些未曾被人发现的潜在需求，亦即乔布斯所说的消费者"将来想要什么"。当今人类社会正飞速发展，市场需求的变化难以预测。但是这些年来，无论是生产厂家还是消费者都有一个共同的感知，新技术在加速发展，相比之下所有产品的生命周期在加速缩短。这有可能是因为企业在市场需求快速演变的压力之下，加大了创新的力度，加快了产品迭代升级的频次。但我们同时必须看到的是，数字技术为产品创新提供了一条新路径和新的维度，这就是产品数字化。

产品数字化

产品数字化是指利用数字技术对传统或既有的产品进行改造和升级，从而丰富产品的应用功能，提升产品的附加价值。例如，一个普通的保温杯，在杯盖上加装了数字化传感器和显示器，方便了饮用者。如果这是一个婴幼儿的奶杯，"奶妈奶爸"更会毫不犹豫地掏钱来买。

与此类似的在日常生活用品中融入数字技术在我国几乎已经是司空见惯的事了，其中，家用电器的数字化一马当先。一方面，传统的家电生产厂家审时度势，一步不落地紧跟数字技术的发展，如我国的海尔集团和格力电器等。另一方面，创业之初就定位于信息和数字行业的企业，挟自身的数字技术优势整合传统家用电器行业的产能资源，如小米集团。不管是从传统家电向数字化转型还是用数字技术改造传统家电，参与其中的企业都将产品数字化视为满足市场隐性需求，开疆辟土拓展市场和赢得市场竞争的制胜利器。因此，也可以说，这一切都是产品数字化发展的趋势使然。在所有产品数字化的新发展中，无人驾驶车辆堪称一绝，尽管尚未普及使用却已风光无限，人们完全有理由相信，数字技术与机动车辆的融合所带来的将不仅仅是出行的方便。我们不难想象，无人驾驶技术可以应用于矿区的重型载重卡车，可以用于农业机械如收割机、播种机，可以用于长途货运卡车，等等。总而言之，数字技术将在很大程度上改变我们的作业模式和生活方式。

产品数字化并不局限于对传统产品进行升级改造，数字技术的应用空间广阔无垠，企业家和产品设计人员不能只考虑传统产品如何数字化。其实，我们已经有很多产品从一开始就是数字产品的有形化，或者说其硬件只是数字产品的载体和存在形式，我们也可以更直接地称之为数字化产品，例如人形服务机器人和很多智能家居产品，虚拟现实（Virtual Reality）产品以及由此衍生而来的仿真体验设施，如模拟驾驶、模拟飞行、模拟手术等，它们都不是从传统产品改造而来的，而是因为有了数字技术才能完成从 0 到 1、从无到有的发明创造过程。

以上的例子说明了数字技术在产品上的应用，使其智能化并极大地丰富产品的功能，提升用户体验，为产品的消费者和用户带来福祉。可以说这些都是在利用数字技术提升产品本身的功能或创造新的功用，给用户带来新的产品价值。这样的价值提升也可以体现在对产品质量的保障方面，例如，食品、药品和越来越多的营养保健品，生产厂家并不能在产品本身的功能方面进行数字化转型，但可以利用区块链技术为所用的食材、药材标明产地，对其物流运输和生产加工进行全流程的跟踪，以确保原材料的质量。除此之外，还可以通过数字技术提升这类产品使用的方便性和售后服务的及时性，这同样也是一种价值提升。我们都知道，这类产品最受消费者吐槽和诟病的是与产品相关联的说明书，一般都是语焉不详、避重就轻，更为可气的是字体细小、难以阅读。而这类产品，尤其是药品和营养保健品，主要受众都是头昏眼花的资深市民。生产厂家可以利用数字二维码技术，将产品的原材料成分、生产日期和有效期、适用人群等有关信息生成静态二维码置于产品的直接包装上，以方便用户扫描查阅。

我们有理由相信，随着那些成长于信息和数字化时代，人称"数字原住民"的新一代逐渐进入就业大军，产品数字化的进程将会加快，而未能实现数字化的产品及产品服务也将很快被淘汰出局。与此同时，数字化产品也将会遍布市场，极大地丰富智能家居和智慧城市的服务功能，方便我们的生活和工作。

生产加工数字化

计算机辅助制造（Computer-aided Manufacturing，CAM）可以说是生产加工数字化最早的雏形，它是借助计算机系统进行的生产方式，这种方式更多地被用在机械制造业中，利用电子数字计算机通过各种数值控制机床和设备，自动完成离散产品的加工、装配、检测和包装等制造过程。可以提高生产效率，也能够确保加工工艺的一致性，使得出品从材质到质量都能保持同样的精度。计算机辅助制造经常和计算机辅助设计（Computer-aided Design，CAD）结合使用，以实现更高效的设计和制造流程。

企业必须要重视生产加工数字化的一个最为重要的理由是，数字技术可以是企业预判市场需求的利器。如上文所说，企业的存在都是为了满足市场需求。但市场需求虚无缥缈、变化无常，对于企业而言，成也需求、败也需求，关键在于对市场需求的精准预测和即时响应。预测在前，响应在后。生产加工数字化可以提升企业对市场需求预判的精准度，但如果响应不够快速灵活，市场需求的精准预判也就不可能给企业带来价值。因此，生产加工数字化转型就成了一个必需的任务，唯有如此才有条件对精准的市场预测做出即时响应。

我们在第 1 章讨论业界对供应链的认知演进时，比较详细地介绍了 ERP 系统的诞生和发展过程，并将其定义为信息化供应链阶段最具代表性的经典软件系统。时至今日，ERP 系统仍然是企业最为重要的软件系统之一，当然，经历了这么长时间的磨砺，ERP 系统的功能也日渐增多，可谓是今非昔比。业界普遍认为，ERP 的完整概念出自美国高德纳公司（Gartner），而将其概念付诸实践并成功研发出来的是德国思爱普公司（SAP），以至于很多企业会将上 ERP 系统直接说成上 SAP 系统。

进入 21 世纪以来，新技术的发明创造呈现出加速的趋势，快速并持续性地改变着人们生活工作的方式，同时被深刻改变的是人与人相互之间的关系。新技术带来的是对美好未来的憧憬，因为它不断显现出一种提高全球生产效率、提升人们收入水平和改善生活质量的巨大潜力。于是，人们开始进行历史性的纵向思考和类比，将新技术尤其是数字技术的不断创新以及由此驱动的生产和生活变革，称为第四次工业革命（Fourth Industrial Revolution）。

德国政府于 2010 年公布《高科技战略 2020》，提出了一系列促进制造业发展的创新政策，数字化制造（Digital Manufacturing）成为该系列政策落地施行的重要抓手，也有业界专家将数字化制造与工业 4.0 视为一体，并将其与第四次工业革命相提并论。

中国政府于 2015 年提出"中国制造 2025"，计划通过"三步"实现制造强国的战略目标。第一步是到 2025 年迈入制造强国行列，标志性的成就是形成一批具有较强国际竞争力的跨国公司和产业集群，在全球产业分工和价值链中的地位明显提升。第二步是到 2035 年，我国制造业整体达到世界制造强国阵营中等水平，标志性的成就是创新能力大幅提升，在优势行业形成全球创新引领能力。第三步是到新中国成立一百年时，综合实力进入世界制造强国前列，制造业主要领域具有创新引领能力和明显竞争优势，建成全球领先的技术体系和产业体系。

德国的工业 4.0 和"中国制造 2025"都聚焦于制造业的升级迭代，专注于"再工业化",而采取的路径都是将新一代信息技术与制造业深度融合,形成新的生产方式、产业形态、商业模式和新的经济增长点。这一点是业界尤其需要给予充分注意和重视的地方。

生产加工是企业主干业务三部曲中最为重要的环节,也是最为直接的价值创造的核心环节。制造业要实现升级迭代,最重要的就是新一代信息技术在这个核心环节的应用。如果有了产品数字化却没有相应的生产加工数字化,就有可能"前功尽弃"。

生产加工数字化是指新一代信息技术在生产加工过程中的应用,通过数字技术的赋能,优化生产加工的流程和作业标准,以提高生产效率、降低生产成本、提升产品质量、改善用户体验,对市场需求的变化做出适度和适量的即时响应。这里的新一代信息技术和数字技术基本上是同义词,也是一种泛称,它包括自动化技术、互联网技术和物联网技术(Internet of Things,IoT)、数字孪生技术、人工智能技术、区块链技术、大数据技术、三维(3D)打印技术和增强现实技术(Augmented Reality,AR),等等。用通俗的话来说,就是要利用数字技术,让中国制造升级为中国智造。

中国现在是全球工业门类最为齐全的经济体,"世界工厂"的声誉足以证明我们是一个制造大国。但我们要清醒地认识到,我国离制造强国尚有一段距离。让中国制造升级为中国智造,实现生产加工数字化在其中的重要意义自不待言,对于企业的决策者来说,不是不明白数字化的重要性,而是面对众说纷纭的数字化执行落地的具体路径和方法,无从下手、难以决策。通俗而言,不是要不要数字化转型,而是如何转型的问题。这个问题的解决取决于企业领导的认知水准,但是更有赖于整体的经济技术发展水平,其中整体的软件技术发展水平是制约中的制约。

有专家指出,与中国式现代化产业相关联的是生产性服务业,如果生产性服务业不到位,新质生产力的发展很可能就会落空。作者认为:软件开发服务是生产性服务业中的服务业。如此断言其实道理很浅显，所有行业都面临数字化转型，而数字化转型最具体、最具第一性原理的工作就是软件开发。我们曾经提出"互联网+"的概念，其实这个概念并不符合第一性原理，也不具普适性。首先，互联网本身也是由软件系统构建而成的，"互联网+"真正的实现方式，其实是"软件+"一个特定的领域，然后才加上互联网。所以说，软件才是第一性的。

当前横亘在由制造通往智造大道上的最大障碍物是软件技术，而不是"互联网+"是不是已经推进到位。当企业的CIO（首席信息官）聚会交流，他们讨论的是最近上了什么新系统以及这个系统使用的实际结果怎么样，他们不会相互询问"互联网+"推进得怎么样。当然，这里所说的系统必定是软件系统。即便是到了今天人人关注的企业级AI，其实也是由软件支撑起来的各种应用。只有软件系统才能将包括互联网技术在内的一系列信息技术串联起来，最大限度地发挥其作用。

经营管理数字化

顾名思义，经营管理数字化是指将数字技术充分应用于企业的经营和管理全过程，即从市场需求预测，到原材料物料采购和生产加工，直至销售交付和售后服务的全过程。用本书第3章给出的供应链新定义来看，这就是一条供应链运行的全过程。所以说，在一定的意义上，企业的数字化转型就等同于企业供应链的数字化转型。本节意在就经营管理的数字化展开讨论，需要注意的是，将数字化转型分为六大任务领域，只是就任务属性分而论之，其实它们相互之间是紧密关联的。这一点在经营管理团队的职责范围方面尤其突出。

前文讨论了产品数字化，对于生产厂家来说，产品数字化除了为市场用户提供更好的产品使用体验之外，还可以使产品具备网络化和数据化的特性。这种特性将会改变企业创造价值的方式,真正改变企业的经营模式。

例如,数字化的产品在物联网、5G 通信和射频识别技术(Radio Frequency Identification,RFID)的支持下,厂家可以跟踪产品并获得销售数据。这些数据可以被比喻为企业经营网络的神经末梢,在没有数字技术的过去,这类数据的收集和分析的可行性只存在于理论层面,在实操层面比登天还难。现如今有了数字技术的加持,就变成了一个企业想没想到或想不想干的决策问题。

厂家可以通过分析采集的销售数据评估销售网点的布局是否合理,获取不同产品的精准销售数量以及具体的波动和变化,从而分析淡季旺季的规律,进而做出更为精准的市场需求预测,这样一来,企业可以更有针对性地安排产能和生产排期,制订原材料的采购计划,合理筹划安排与之紧密关联的流动资金。

产品数字化既可以增加产品给用户带来的价值,也会为生产厂家带来新的价值。所以说,产品数字化可以为企业和用户带来双赢的结果。

数字化的产品还可能提升售后服务并赢得再次销售的机会。例如,通过联网数据了解产品的使用是否正常或对其故障进行预警,主动为客户提供售后服务;采集用户使用产品的数据并分析研究,以利于进一步改进产品;另外还可以根据产品的生命周期提供以旧换新的销售服务,留住客户并促成单客成交最大化。

当今社会经济的发展越来越重视 ESG 理念的落地施行,企业在其间可以说责无旁贷,也是企业经营管理工作的重要内容。作者曾走访过若干重化工企业,发现东道主都乐于介绍对厂区环境的数字化监控系统。我们可以理解,这些数字化手段并没有直接作用于企业最终产品的生产环节,但还是极大地提升了经营管理的效率,尤其是在保障安全生产、保护环境和履行社会责任方面,发挥了比较理想的作用。

谈到绿色发展和 ESG 理念在企业的落地,我们自然会联想到废旧产品的回收以及新能源汽车退役电池的回收。所谓新能源汽车,本质上就是电瓶车,是由动力电池驱动的机动车。长期以来,车用动力电池的回收一直不甚理想,造成环境污染的隐患。其实这个隐患并非是无解的难题,相关企业通过数字化转型就能够解决这个问题。首先,生产厂家必须在动力电池上进行产品数字化改造,确保其可以通过射频技术进行全生命周期的跟踪,在使用年限到期时,由生产厂家发起逆向物流进行召回。由此可见,通过数字技术的应用,这个问题是可以得到解决的,但关键在于,这是一个需要生产厂家投资的解决方案。这个解决方案不落地,"环境债"就欠下了,将来很可能要全社会来共同承担。

关于企业经营管理三部曲,前面专门讨论了三部曲之一的生产加工数字化,所以本节讨论经营管理数字化,其重点就是采购和销售的数字化,以及其他相关的支持部门如人力资源、行政后勤等团队作业的数字化。我们在第 5 章中已经讨论了相关的数字化问题。

每一个企业的生产经营和管理的作业模式都有其特点,但是,不同企业之间还是存在一定的共性。例如,同属于一个行业的企业,相对来说,共性就会多一些。比如同汽车制造行业的企业,各自装配线上的作业流程、对装配线上员工的技能要求以及管理模式,就可能大同小异。一旦跨了行业,共性就相对会少很多,比如服装行业的生产线和食品行业的饮料生产线,就没有太多的共性可谈。但是,就企业的采购、销售以及业务支持部门(如人力资源和行政后勤)而言,即使跨了行业也还是有很多的共性。如采购,物料可能不同,但对于物料的管理方式、供应商管理、采购的流程和管理却大同小异。又比如销售,不同的是所销售的产品,但在如何获客、如何谈判、如何进行客情维护等销售技巧上,虽有不同,但其实并没有实质性的差异。以上所说的共性是指基本的业务逻辑。

对这些共性和个性的分析都是从数字化的角度出发的，十分有必要。很多企业在启动数字化系统建设时，总是不愿意对自己的现行流程和作业方式做出调整。当咨询团队或系统开发人员提出调整建议，并介绍类似的成功案例时，很多时候会被拒绝，理由是"我们和别人不一样"，或者是，"流程已经很成熟，一直就是这样"。以作者的经验来看，很多时候，固守"和别人不一样"就是维持自己的个性，而维持这样的个性是有一定的成本的。我们都知道，量身定做的衣服总要比买成衣多支出不少的钱。因此有必要分析，这个成本的支出是否有必要。定制衣服是一次性支付，数字系统却不一样，它不仅还有后续的运维，还极有可能对接其他系统。偏个性化的数字化系统就需要个性化的运维，也需要量身定制的个性化对接方案。这些因维持个性化而需要付出的额外成本，通常都不显眼，很容易被企业忽略，但实际上花的都是冤枉钱。

"流程一直就是这样"同样也是应该质疑的，从来如此，便对吗？如果现行的流程和作业标准都不能做任何优化调整，数字化转型很有可能陷入为数字化而数字化的空转，看似有了数字化系统，但是作业流程没有优化，作业效率和作业标准没有太大的提升，从系统建设的投入产出来看，相关的成本投入并没有产生应有的回报，其实花了不少冤枉钱。

企业经营管理涉及面广，各项职能工作往往都是跨部门、跨团队的，经营管理的数字化在很大程度上就是构建供应链控制塔（Supply Chain Control Tower）。"供应链控制塔"作为一个专业术语，最早大约出现在20世纪20年代中后期，当时见诸一些领先的管理咨询公司发布的研究报告和文案，随后一些供应链数字技术服务商如思爱普和IBM公司等也开始推广。2010年前后，高德纳公司正式将"供应链控制塔"作为供应链管理数字化的一个关键趋势进行定义，强调其在即时数据的可视化应用、供应链运行异常管理和协同作业中的作用。

第 6 章 用供应链思维统筹数字化转型

当时的供应链控制塔,在形式上比较强调端到端的可视化,即通过连接各类个性化的仪表板,集成供应链运行中各个环节的数据、关键业务指标和事件,以类似驾驶舱的方式予以展示。供应链控制塔实质上是一个数字化的监控工具,可以涵盖供应链运作的各个环节,从寻源采购到供应商生产流程、货物运输,再到发票和质量管理的全面信息。其目的是帮助企业实时监控、协调和优化供应链各个运行环节的作业活动。我们从概念的命名可以看出,依此概念开发的数字化系统,以监控为主要目的,以协调作业为辅。如有状况出现,系统会自动预警,并通知相关的作业环节进行处置,控制塔并不能"即知即行"直接进行处置。另外,监控实质上是集成展示供应链运行的各个环节的数据和事件,是一种"中心化"的监控,犹如物业保安室的闭路监控系统。

似乎是受到供应链控制塔的启发,或者是想"去中心化",后续还有人先后提出了物流控制塔、运营控制塔、运输控制塔、分析控制塔、库存控制塔等概念。

作者认为,供应链控制塔是供应链数字化转型过程中一个有里程碑意义的概念和产品,但是数字技术的发展提供了更多的解决路径,在不同数字技术的交叉作用之下,在人们对于供应链的认知不断提升的背景下,企业经营管理的作业方式和需求也有了很大的变化,因此,企业经营管理的数字化,不应局限于某一种形式,而要着眼于整体性和便捷性。数字化系统的开发建设,一定要以供应链思维为引领,从大处着眼,充分关注供应链的七大链性。数字化系统一定要形成三大核心价值,即赋能协同、支持决策以及对数据资源进行汇聚并按需进行加工和匹配。赋能协同,必须要做到"即知即行",即在获得信息之时即刻就能进行处置。控制塔集成并展示数据和信息,但不能支持"即知即行"的高效协同。换言之,供应链控制塔只是监控供应链运行各个环节的作业状况,对异常提出预警,但没有能力对各个环节的高效协同作业提供直接的支持，对各环节的作业决策也没有能力提供数据支持，因为它没有匹配数据资源的能力。

数据资源化

企业供应链在运行和管理过程中，无时不在生成海量的数据。数据资源化是指对这些海量的数据进行收集、加工，并作为资源加以利用。数据资源化是企业数字化转型过程中非常重要的环节，实现数据资源化有赖于数字系统的规划建设，企业在统筹规划数字化转型之初，就必须为数据的汇聚方式和数据质量的标准制定整体性和前瞻性的原则。

关于数据资源化，有两个关键问题必须要重视。一是数据采撷工作的启动越早越好。鉴于数据采撷有赖于数字系统，因此，数字系统的规划建设必须尽早启动。二是数据采撷的源头是业务过程，换言之，采撷的数据必须是过程数据，也就是在数字供应链运行过程中产生的数据。这是企业在规划数字化转型的顶层设计时必须要考虑的重点内容，因为只有抓对了且又及时抓了，才能够为后续的企业级 AI 应用的开发储备数据资源，而且是质量高、数量足的数据资源。

人工智能的发展必定会进入企业经营和管理活动的各种场景，也就是说，会出现无数的企业级 AI 应用，它们可能是人形机器人，也可能是无形的、与数字化系统合为一体的智能体。人工智能技术在企业运营中普遍应用的景象，很可能会比我们预想的要来得更早，因为它毕竟是早用早受益的新技术。但是研发企业级 AI 应用必备的前提条件是：数据、知识、场景、算法和算力。数据是第一位的，没有数据，任凭有再好的 AI 应用创新点子最终还是会落入"巧妇难为无米之炊"的窘境。

上述关于数据采撷的两个关键问题都着眼于 AI 应用的开发，都与数据的概率性和逻辑性有关。数据采撷要尽早启动，就是为了获取尽可能长时间的过程数据，使得数据更具概率性。之所以要抓取过程数据，就是因为过程数据是有逻辑性的，这里的逻辑就是指业务逻辑。这样的数据才能用于机器学习和训练。人工智能的基本特点是：仿人类、有瑕疵、可调教。人工智能的关键是算法（Algorithm），算法形成的路径之一是通过机器学习，这个过程类似于人类的学习和认知过程，即从概率和逻辑分析出发去形成经验和认知。人类的经验和知识存在瑕疵是一个被普遍接受的事实，所以每个人都要不断学习，更新知识，这也就是"可调教"。

信息技术行业历来重视数据，业界曾有言："谁拥有数据，谁就拥有将来。"这话就像是"数据是当今世界最具价值的资源"的另一个版本，并没有什么错，影响了很多人对数据的认知，但是也导致了很多人对数据的认知基本上定格在"只知其一，不知其二"的阶段。他们认为，不管什么数据，只要抓在手里就是好数据。等他们到了"知其有二"的阶段，也只有"悔之晚矣"的无奈。

有一个实际案例。一个具有全国影响力的招投标信息平台，通过其业务合作关系每天汇聚并发布大量的招标信息和定标结果信息。在不久前的一次论坛上，该平台的技术主管承认平台所拥有的数据质量很低。作者对该平台的运营模式有所了解，知道其汇聚的数据基本上都是招标公告、定标结果公示、招标项目数量之类的资讯信息。作者认为，这类数据可以定义为招投标业务中的阶段性"结果数据"。这样的"结果数据"且不说真假难辨，更何况是碎片化的；虽是数据，但没有逻辑。没有逻辑的结果数据的生命力既弱又短，"弱"是因为它内涵信息量不多因而作用不大，"短"是因为它即使有作用，其时间周期也很短。例如，招标公告只是招标项目准备和立项工作这一阶段性任务完成之后，依法发布的信息，充其量也就是这一阶段性工作的部分结果数据，绝非这一阶段工作的全部数据。熟悉招标投标的或曾有机会参与其中的各位都明白，在投标开始之后，招标公告这个信息的效用就开始断崖式下跌。

该技术主管在发言中并没有提及是什么造成了数据质量很低,也没有介绍他是以什么标准或角度去认定数据质量差的。但作者可以肯定,从企业级 AI 应用研发的角度来看,这样的"结果数据"基本上都是垃圾数据。以上案例说明,数据是有价值的资源,此其一;有逻辑性的数据才是能利用的资源,此其二;我们不能只知其一不知其二。

数据采撷和汇聚的方式应该融于数字系统的各项功能和应用之中,如果用"知"指代数据,用"行"表示数字系统的功能模块或应用,数字系统就是一个"知行合一"的数字平台,用系统功能和应用来汇聚数据,可以概称为"以行聚知"。

企业业务流程中看似无序的原始数据,需经过数据采集、整理、聚合、分析等过程,转化为有序、有使用价值的数据资源。这一过程离不开数据标准、数据质量、数据安全、数据价值、数据共享和数据挖掘等管理职能,唯有如此最终形成的数据资源才是可采、可见、标准、互通、可信的。

实现数据资源化对企业具有重要意义。它能提高数据利用效率,并通过数据链的作用,增强企业决策能力,帮助企业优化供应链管理,提高供应链的效率和响应速度,提升企业供应链的核心竞争力。例如,利用数据资源对供应链的运行进行预测分析,企业可以更好地理解市场趋势、客户需求,发现新的商业机会,推动产品和服务创新、优化资源配置,提高运营效率。它可以结合人工智能和机器学习算法,将已经落盘的历史业务数据与实时信息结合,以提供对未来最可靠的预测。在这方面,许多企业已经或正在将预测分析与工业物联网(Industrial Internet of Things,IIoT)技术结合,通过收集安装在生产线、自动配送运输车辆或仓库中的连接设备的数据,以预测故障并在损坏发生之前安排维护。

在数据资源化的过程中,企业可能会遇到数据质量问题、数据安全问题、数据隐私保护问题等。实现数据资源化的重点在于数据治理和数据管理，包括建立有效的数据管理体系、确保数据质量和安全、明确数据权属和使用权等。难点在于如何处理大量的异构数据、如何确保数据的真实性和准确性，以及如何保护数据隐私和遵守相关法律法规。

要实现数据资源化，企业需要采取以下措施：制定数据资源化战略、组建专业的数据管理团队、选择合适的合作伙伴、进行数据治理和数据质量管理、加强数据安全和隐私保护。企业需要制定清晰的数据资源化战略，明确数据资源化的目标、方向和路径。同时，企业需要组建专业的数据管理和分析团队，负责数据资源化的实施和运营。此外，企业还需要选择合适的合作伙伴，例如数据技术供应商、数据服务提供商等，共同推进数据资源化进程。

员工数字技能的提升

提升全体员工的数字技能是所有企业领导团队共同面临的问题，解决之道似乎只有"自己培养"和"培养自己"。

"自己培养"是指企业要采取有效措施培养自己的数字化人才，不能把数字化人才队伍的建设全盘寄托在从外部引进这唯一渠道。这个道理很简单，虽然"外来的和尚会念经"，但很可能这位"和尚"念的不是企业所需要的"经"。数字化转型的重要组成部分是将数字技术应用到企业的经营管理活动中去，但是，要将一项新技术应用于某一个特定的专业领域，首先要对这个专业领域有透彻的理解。外来的"和尚"即使有"真经"，也要先熟悉情况，既要了解企业的产品和市场，也要了解企业生产经营的作业流程和管理方式。不能"下车伊始"就发号施令。更何况，数字化转型最终是为了实现产品创新和经营管理模式创新，一位初来乍到者，即使是数字技术的奇才，也不可能瞬间就充分把握当事企业的商业模式和背后的价值主张，给出正确的创新建议。

提升数字技能，绝不是物色一个或几个技术大佬就能完事的，我们要的是提升全体员工的数字技能。数字化转型是一个"独木难支"且又贯穿企业全生命周期的事业，需要企业全体员工的共同努力。因此，企业要自己培养数字化人才，要采取切实可行的具体措施。首先，企业要对招聘流程进行全面改革，以便能够接触到更广泛的人才池，并更准确地识别最佳的数字化候选人，从外部引进适用的人才。其次，企业要采用多样化和创新的学习方式。

为提升员工的数字技能以促进转型，企业可以制订培训计划，通过以下多个方式和渠道，对员工进行全面的数字技能培训，涵盖数据分析、自动化技术、人工智能等相关领域。

在职学习：鼓励员工在日常工作中学习和应用新的数字技术，为其提供实践机会。

合作培训：与教育机构、技术供应商合作，为员工提供专业的数字技能培训。

招聘策略：在招聘新员工时，注重数字技能和学习能力，以补充现有团队的技能缺口。

技术投资：投资于先进的数字技术和工具，为员工提供学习和使用的平台。

知识管理：促进IT部门与其他业务部门的合作，实现知识共享和技能转移。

评估和反馈：定期评估员工的数字技能水平，提供反馈和改进建议。

"培养自己"则是指员工要有主动精神，通过各种方式"自学成才"。在这一方面，企业的高管团队更需要有主动精神，率先垂范，以实际行动激发员工"培养自己"的热情，这样才有能力就企业"自己培养"人才做出更切实际的规划和安排。在当今飞速发展的数字化时代,要想跟得上变化而不被时代淘汰,培养自己、终身学习已经成了每个人必须勇敢应对的挑战。互联网为人们获取信息、学习新知识和新技能带来了极大的方便,有关数字化的资料、课件充斥网络、唾手可得,只要有意愿、有恒心,学有所成并非天方夜谭。尤其是自生成式人工智能出现以来,搜寻专业领域的资料比原来更便捷,我们获得的资料更精准、更充分、更完整,因此,在线学习的效率和效果都大为提高。

有需求就会有人出来满足需求。当下社会上很多与数字技术有关的培训课程如雨后春笋般出现,不过人们对此还是需要警惕,要细心辨认。首先,数字技术方兴未艾,且不断推陈出新,令人应接不暇,我们真的处在明天和新技术哪个先到来都不确定的快速变化时代。在这样的背景下,不可能瞬间就有这么多的"专家学者"能够得其真谛并有能力开课传道授业解惑。很多培训课程满足的是办班人盈利发财的需求而不是学员求知的愿望。很多课程只是在"挂羊头卖狗肉"或是"新瓶装旧酒",用一些唬人的专业术语对课件内容进行包装,真所谓"以其昏昏使人昭昭"。这样的东西往往都是行将被数字技术取代的传统技能,对于这样的技能,其实不学也罢。为此投入时间精力都是白费劲,甚至可能被误导,造成更大的浪费。

当前最热门的技术是人工智能,很多人出于好奇希望能够对其有所了解。2022 年 11 月,美国 OpenAI 推出 ChatGPT,一时间人工智能火爆全球。关于人工智能的发展方向及其对人类未来的工作和生活的影响,各种议论、各式观点纷纷扬扬,你方唱罢我登场。这其中不乏贩卖焦虑的人,鼓吹"人工智能将要取代人的工作"。当然也有很多人想借着人工智能来创业。请注意,不是利用人工智能技术来进行科技创新和创业,而是借着人工智能这股热浪来赚钱。例如,很多博主在线辅导 AI 技术并提供利用 AI 技术进行创业的指导,为了赢得受众、获得打赏,不惜编造数字人直播带货成功或是利用

AI又卖了几十万元的虚假案例。很多人因为"焦虑"而信以为真,掏出真金白银学习AI技术并投身创业。

这里首先必须要搞清楚一件事,利用现成的AI产品即AI应用进行创业和利用AI大模型去开发AI应用是两件完全不同的事。前者就像利用家用小汽车去开网约车一样,只需要购置一台车而无须进行汽车的研发制造。后者却是利用AI大厂的产品即大模型进行应用级的产品研发。这本来是两件风马牛不相及的事,但很多时候,人们将这两件事都说成是利用AI创业。作者根据自己带领团队开发人工智能企业级应用的经验体会可以断言,一般人基本上都不可能利用AI大厂提供的大模型从事AI应用的开发并获得成功。如果用前文提到的"三个必答题"来说,首先可能是难以回答"为谁做"的问题,也就是要确定AI应用的特定场景。即使找到了场景解决了"为谁做"的问题,又如何获得资源?这里的资源主要是指数据资源。开发AI应用需要海量的、高质量的数据,同时还要有相关场景的知识积累。一个白手起家的创业团队何来数据?何来场景以及与之相关的知识?

对于大部分人来说,要关注AI的发展,但绝对没有必要去学会AI的开发。就像汽车技术的发明,大家关注或学会驾驶就行了,没有必要去学习造车技术。所以无论是网上网下,任何相约进行AI创业或辅导人们以其他方式创业的,基本上都是忽悠,忽悠的卖点就是"帮你赚钱"。真正容易赚钱的创业项目是不会找人合作的,所谓帮你赚钱的项目或辅导课程,其实就是想赚你的钱。

关于AI技术,企业和员工更多的是要主动去体验和了解AI应用。对于能够有机会体验的AI应用,一定要亲力亲为地去实操、去感受。这里的重点是通过实操和体验提升对AI的认知,构建有关人工智能的认知体系。简单来说,各种AI应用最后一定是"傻瓜式"的,使用者只需"发号施令"。现行所有的软件系统,无论采用什么技术架构,对于人工智能来说,都是铺

第6章 用供应链思维统筹数字化转型

垫和过渡性产品。当然，AI 应用会一直处于不断进化的过程，它的进化是通过与周边环境包括使用者进行互动，以类似于"经一事长一智"的方式得以完成的。我们体验 AI 应用，也是为了不断完善关于 AI 的认知体系，学会更好地"发号施令"。

学习新技能的另一个关键挑战是我们在最初获取技能时，缺乏付诸实践的机会和相应的条件。许多人可能都有这样的体会，参加培训课程或是在线学习，感觉很有启发，学到了很多有用的新知识和新技能。但是一回到工作岗位，还是"老方一贴"，继续以原来的作业模式工作。过不了几周，从培训课程中所得的新知识、新技能就被遗忘了。例如，有员工参加了一个数字化营销的培训课程，很有收获并建议改变整个销售流程。可以想见，立即获得团队和上级领导的支持的可能性是非常小的，其实当事人本人也不一定会坚持要将自己的建议付诸实践，因为现行的作业方式与团队和个人的 KPI 考核紧密相关，将新技能付诸实践对于 KPI 的达成是有风险的。因此，企业要为员工实践新技能提供试错的机会和条件，要对创新型的试错予以理解和包容。

从另一个方面来看，基于灵感或假设进行实验，其实是一个比较庞大的任务。实验的定义是"为了发现、验证假设或证明已知事实而进行的科学程序"，而其中"科学"的概念是"系统的、有条理的"。因此，我们需要规划有条理的程序来测试我们因灵感而形成的假设，以证明其可行性和实际效果。这是企业管理层应该建立的创新机制之一，以鼓励员工的创新精神，对创新建议给予常态化的响应。企业需要和员工共同承诺或形成共识，每次学习新知识和新技能，都要考虑如何将其用于创新实践，看看它如何被应用，然后实事求是地评估其结果，然后再决定是否有必要进一步扩大这个实验性的创新。这样的创新机制建设十分重要，但要让它真正发挥作用，还需要落地执行。要避免制定机制时大谈其重要性，但却只形成了文字上的"机制"，更不济的是还将它束之高阁从不付诸实施。

除以上所述之外，无论是"自己培养"还是"培养自己"，我们都需要关注培养的专业方向，这就关系到人才的类型。很显然，我们需要的是跨界人才，多技能的综合人才。当然，最理想的人才是无所不能的全才，只是这个理想难以实现。但培养一专多能的人才还是大有可为的。我们可以将一专多能的人才比喻为 T 型人才，这个是指他们的技能结构。T 的垂直线表示深厚的专业知识和独到的技能特长，T 的水平线则表示广泛涉猎和综合性技能，能够解决各类问题。这就是有深度、有广度的一专多能人才。在当前快速变化的环境之中，企业在生产经营过程中经常需要解决未曾遇到的新问题，深度的专业技能不一定能解决问题，而广泛的综合技能也许能帮助企业找到解决问题的思路。

学习数字化新技能的方式是多种多样的，除了参加培训班和在线学习之外，还有线下和线上研讨会（Webinar）、沙龙，等等。但是，企业一定要重视"知识链"的规律性作用，利用"知识链"来提升员工的数字化技能。

所有企业都面临着数字化转型的压力。供应链本身就具有知识传递的链性功能，同处一条供应链的伙伴企业之间通常都不是竞争对手，而是合作伙伴。放眼望去，我们会发现相邻的伙伴也面临着相同或相似的情境，供应链伙伴的身份为合作破解难题提供了身份认同，其中或许有比自己更好的解决方案和技能，进行互利共赢的知识共享也是有机会的。

数字化文化培育

在数字技术加速发展的大背景之下，商业模式的创新也在加速。这种变化带来了巨大的商业机会，但同样也带来了巨大的挑战，几乎所有企业都感觉到企业数字化转型带来的压力。新技术层出不穷，加快了几乎所有产品的升级迭代。现在的产品一方面种类繁多且在持续的增长之中，另一方面，产品的生命周期日渐缩短。而数字技术支撑之下的商业模式创新，多半会给业界带来颠覆性影响，由此使企业生命周期大幅缩水。

美国标准普尔 500 指数中的 500 家大型上市公司，根据 2020 年的数据，这些公司的平均寿命已从 67 年下降到仅 21 年余，预计这一趋势将在 21 世纪 20 年代继续。美国《财富》杂志每年评选出的《财富》500 强公司的平均寿命为 40~50 年，而美国中小企业的平均寿命已经不到 8.5 年。

根据 2021 年 8 月的数据，21 世纪 10 年代初，我国中小企业的平均寿命大约为 3 年；2015 年前后下降至 2.9 年左右；2020 年后，在疫情的影响下，部分行业的中小企业平均寿命缩短至 2.5 年左右。2023 年后，随着经济复苏和政策支持，部分行业的中小企业平均寿命有望逐步回升。对于从事企业经营管理的人来说，甚至对于普通的工薪阶层来说，这应该是一个非常令人警醒的现实情况。从统计概率上讲，大家辛勤工作、努力让其成功的公司，在十年内不太可能继续存在。

近些年来企业平均寿命的缩短，虽然有新冠疫情的影响，但这一影响还是短暂的，主要的影响其实是新技术带来的商业模式创新。所以说，企业的数字化转型并不仅仅是数字技术在产品创新或生产加工环节的应用，还要同步着眼于商业模式的创新。天下武功，唯快不破，世上企业，唯有快速创新，才能持续发展。

当然，企业首先要认清当今所处的时代，这是一个供应链和数字化重叠的时代，利用数字技术进行商业模式创新，一是要着眼于产品创新，二是要注重供应链创新。但是，这两者最终都需要经营管理团队和全体员工一起去规划、去实施。所以，延长企业的生命周期，能够达成企业"盈利且可持续"的目标，注定需要企业全员共同努力。

为了应对新技术发展带来的压力，变压力为动力，企业必须要动员全体员工主动参与其中，出谋划策，共度时艰。但是，认知决定决策和行为。若

供应链思维
链性、战略和数字化转型

想全员参与数字化转型,整体性提升企业全员对数字时代的认知就必须首先提上日程,认知到位了,才有可能让企业的数字化转型成为全体人员不由自主的潜意识行为。前一节讨论了如何提升员工的数字化技能,主要是强调企业要鼓励员工学习数字化技能,要创造条件为员工学习数字化技术提供方便。但是,更为重要的是,要在企业内营造数字化文化氛围。

企业的数字化转型要着眼于商业模式创新,从一定意义上说,就是要谋划所有的业务如何用数字技术重做一遍。所以,数字化转型必须要有全体员工的积极参与。但我们必须正视这样的现实,既有的作业方式已经是企业员工习以为常的"舒适区",甚至连高层管理团队成员也是如此,没有人喜欢改变。而数字化转型恰恰是在利用数字技术改变甚至颠覆现状,因此,从人的本能出发,员工和高管都有可能对数字化转型带有抵触情绪,有意无意之间也会有抵制改变的行为出现,这成为企业数字化转型的一大阻力。

面对这样的情况,理解和沟通是主要的解决路径。首先要努力理解他们抵制的原因,这种抵制通常源于非常有限的几个方面。一般来说,变化会让人们感到威胁。他们感到自己扮演的角色或技能不再被需要。推动数字化转型并成功引导他们参与其中的关键是沟通。然而,也会有一些人拒绝改变。这可能是因为他们认为数字化转型根本就是"折腾",或者他们临近退休,觉得没有理由也没有动力去改变。在这种情况下,我们首先要与他们沟通,充分理解他们的观点。然而,我们始终应该记住,如果企业要生存,就需要改变,就必须推进颠覆性的数字化转型。残酷的现实是,阻碍数字化转型的人威胁着整个企业的生存和发展。

当然,这里讲的"沟通",除了与当事人进行面对面的沟通之外,更重要的是要采取有效措施培育企业的数字化文化。文化是企业所有成员的价值观、行为和"规范"的总和——它支持着你今天的工作,但可能会抑制你明天的进步。数字化转型就是企业必须实现的"明天的进步",因此,依靠既有的企业文化去推动数字化转型和商业模式创新，显然是缘木求鱼。企业需要培育一种数字化文化（Digital Culture）。企业的数字化转型不能只是设立一个部门然后冠以"数字技术部"的称号，以为这样就大功告成了。企业应该培育一种数字化的文化氛围，这是一种无所不在的存在，让全体员工沉浸于其中，以一种"润物细无声"的方式帮助员工提升对数字化的认知水平，这样才会有员工从各自的专业和职责范围出发，主动结合数字技术，思考作业方式和流程逻辑的转型升级。

培育企业数字化文化不能"光说不练"，换言之，数字化文化的培育要和数字技能的培训、数字化系统的开发和运行紧密结合，让员工在实践中提升对数字化的认知。可以说，企业数字化文化是指企业在运用、创造数字技术与生产经营深度融合中逐步形成的数字理念、数字思维、数字素养、数字能力与行为、数字形式与方式的总和。它是企业文化的重要组成部分，对推动企业数字化转型、提高企业竞争力具有关键作用。

当然，在动员全体员工投身数字化转型之前，企业的高层管理团队对于数字技术如何影响企业的业务要有清晰且一致的理解，能够明确陈述顶层设计的思路。这样的宣讲绝不能是上纲上线的"宏大叙事"，而要契合企业的战略转型和可以落地的数字化实施方案，要介绍数字化转型将如何改变企业的业务流程和作业标准，总之，能够带领全员"大处着眼"，确保每个人都对数字化转型所带来的改变有共同的理解，有共同为之努力的愿景。与此同时，高管团队还要身先士卒，率先示范"小处着手"，亲自参与并树立期望的工作方式和行为榜样，不断强化目标，随时协调解决数字化转型过程中出现的矛盾和冲突。

还有，我们必须调动一切可以利用的机会，例如，信息技术的商业化应用首先是在 B2C 领域得以落地实现并快速发展的。我们每一个在企业工作的人，无论职务高低，都是普通的消费者，也都是 B2C 的实践者。我们中的许多人使用移动设备在线购物，并在不同程度上使用社交媒体。无论是网购还是即时通信，我们期待更快的响应时间，期待更快的交付，期待个性化的服务。所有这些个人消费和社交的数字化体验，对于企业的数字化转型而言，都是可以借鉴的。但是，只有当员工明确了解了企业数字化的整体规划，尤其是当员工处于企业数字化文化氛围的影响之下时，才有可能将个人的数字化体验与企业数字化转型紧密联系起来。

6.3 软件+：数字系统建设的第一性原理

相当长的一段时间以来，已经有不少专家学者指出，我国要成为制造强国，关键要把生产性服务发展上去。有数据显示，我国制造业总体规模连续14年居全球首位，但"大而不强"的问题仍然突出。有专家认为，这不是我国的制造能力有问题，而是制造业背后的生产性服务业发展不到位，全要素生产率的比重不高。

作者对这些观点深有同感，但还想补充或者说是强调一句，这里说的"生产性服务业"，最关键的应该是软件行业。

软件行业的发展水平将直接影响一国的制造业，但遗憾的是，我们对此的认知还是不够到位。我们曾经有过倡导"互联网+"的阶段，也曾大力主张企业要"上云上链"（区块链），当下最热的莫过于"人工智能"。其实，这些都是披着时尚外衣的流行术语而已，貌似专业，其实都是不可付诸实施的动员口号。例如，要将"互联网+"落实到实际工作或商业活动中，从何处入手？必须要开发建设相应的软件系统。"上云"的含义是要利用云计算和云存储，如果没有软件系统，企业拿什么去"上云"？从制造到智造，靠的是人工智能，而人工智能应用的开发是以数据为前提条件的，没有软件系统,如何去汇聚沉淀数据?无论是人形机器人还是人工智能系统,底层都是软件系统,包括 AI 所必需的芯片制造,前提也是要有软件设计。

所以,从第一性原理来看,软件系统的开发建设才是数字化转型最为根本的基础,是"互联网+""云计算、云存储"和"人工智能"应用开发必不可少的前提条件,更是我们从制造大国向制造强国迈进不可或缺的支撑。

德国政府在 2011 年提出工业 4.0 发展计划,2013 年正式成立了"工业 4.0 平台",由德国联邦经济部长、教育和科研部长以及来自科技界和制造业的代表共同领导。德国联邦外贸与投资署在其官网上介绍说:"工业 4.0 将完全重新创造生产程序,将以前类比的、中心化的流程,转型为数字化、分散化的程序。全面的数字化将降低成本,更有效地利用资源,也更能满足客户需求。同时也会创造出崭新的商业模式、创新的产品与全新的服务。"

国内外专家分析指出,工业 4.0 主要是指将工业物联网、人工智能、大数据、机器人和自动化等数字化技术集成到制造和工业流程中。在这个流程中,人、物品和系统相互连接,从而形成有活力的、实时优化的、具有自我组织功能的、跨企业的价值附加网络。各类专家基本上有一个共识:工业 4.0 并非以单一技术突破为特征,而是所有最新数字技术的大集成。汇集其中的各项技术都是专业领域的专门技术,但每一项技术中都有软件技术的影子,它不可或缺。

工业 4.0 绝非德国政府突发奇想或是拍脑袋的决策,而是在制造业竞争日益激烈的全球化中,希望借此举措保住德国制造强国优势地位的战略决策。德国的制造强国地位也不是浪得虚名,看看其强大的软件行业,从产品到规模再到人才储备,的确有不少值得我们学习借鉴的地方。

除了前文提到的 ERP 系统,德国思爱普公司的其他软件系统如客户关系管理(Customer Relationship Management,CRM)、供应链管理(Supply Chain Management,SCM)、人力资本管理(Human Capital Management,

HCM），等等，所有的德国企业几乎"人手一份"，在全球业界也深受欢迎，在我们国内也有一大批用户，影响力非同一般。

在普通的中国消费者眼中，德国西门子是一家口碑良好的家用电器和医疗器械生产制造企业。其实西门子一直有很强的软件研发能力。西门子的产品和服务包括通信系统、发电科技、工业和建筑自动化、照明、医疗科技、铁路列车、水处理系统等，这些业务板块的产品和服务都有强大的西门子软件系统在其中支撑。可以说，西门子是一家"软件""硬件"通吃的跨国企业。

但是近些年来，西门子的业务一直在进行着重大的战略调整。分析一下西门子的这些战略举措，我们可以看出西门子对全球制造业，尤其是智造业发展方向的前瞻性战略预判。

我们先看一下近些年来西门子出售的业务板块。

2024 年 5 月，西门子官宣以 35 亿欧元（约合人民币 274 亿元）将旗下贝得（Beide）和茵梦达（Flender）两家公司打包出售给美国 KPS 公司。贝得的主业务是生产中小型电机，广泛应用于工业自动化、机械制造和泵类设备等。茵梦达是德国一个历史悠久的品牌，该公司成立于 1899 年，专注于颤动设备制造。2005 年被西门子收购，成为西门子旗下传动业务的主力，在风力发电传动领域占据领先地位，营收达 33 亿欧元，拥有约 1.5 万名员工。

2020 年，西门子将西门子能源（Siemens Energy）分拆为独立公司，并在法兰克福证券交易所上市，西门子仅保留西门子能源 35% 的股份，不再直接管理公司业务。

2018 年，西门子筹划将西门子交通集团（Siemens Mobility）与法国的阿尔斯通（Alstom）合并，打造欧洲铁路行业的巨头。但由于欧盟反垄断机构的干预，该计划未能实现。

2015 年，西门子将西门子听力（Siemens Audiology Solutions）以 22 亿欧元的价格出售给私募股权公司 EQT Partners 和德国家族企业 Strüngmann。

2014 年，西门子将西门子家电（Siemens Home Appliances）以 30 亿欧元的价格出售给博世集团（Bosch）。同年，被出售的还有西门子物流与机场（Siemens Logistics and Airport Solutions）业务板块，买家是 Kion 集团。

2013 年，西门子将西门子照明业务欧司朗（Osram）分拆为独立公司，并在法兰克福证券交易所上市。

2010 年，西门子将西门子 IT 解决方案与服务（Siemens IT Solutions and Services）业务板块以 8.5 亿欧元的价格出售给了法国 IT 服务公司 Atos。成交之后，西门子成为 Atos 的大股东，并与其保持长期合作关系。

我们再来看看在同一时期西门子又收购或是增加了什么业务板块。

2022 年，西门子以 15.75 亿美元的价格收购 Brightly Software。这是一家专注于云端资产管理和设施管理的公司。通过此次收购，西门子进一步加强了其在智能基础设施和建筑管理领域的数字化能力。

2021 年，西门子以 7 亿美元的价格收购 Supplyframe。这是一家专注于电子元器件设计和供应链优化的公司。此次收购帮助西门子扩展了其在电子设计自动化（EDA）和供应链管理领域的能力。

2020 年，西门子收购 Pixeom。这是一家专注于边缘计算和分布式云解决方案的公司。西门子通过此次收购，增强了其在工业物联网和边缘计算领域的能力。

2020 年，西门子以 164 亿美元的价格收购 Varian Medical Systems。这是全球领先的癌症治疗设备和解决方案提供商，此次收购使西门子医疗在癌症诊断和治疗领域占据了更强的市场地位。

2018 年，西门子以 6 亿美元的价格收购 Mendix。这是一家领先的低代码开发平台提供商，帮助企业快速开发和部署应用程序。此次收购加强了西门子在工业物联网和与工业 4.0 相关的领域的软件开发能力。

2018 年，西门子收购 J2 Innovations。这是一家专注于楼宇管理和物联网解决方案的软件公司。西门子通过这次收购，强化了其在智能楼宇和建筑自动化领域的技术能力。

2018 年，西门子收购 Comfy。这是一家专注于智能楼宇管理和用户体验优化的软件公司。通过此次收购，西门子进一步推动了其在智能楼宇和物联网领域的布局。

2018 年，西门子收购 Aimsun。这是一家专注于交通流量仿真和建模的软件公司。西门子通过收购 Aimsun，强化了其在智能交通和城市规划领域的技术能力。

2017 年，西门子收购 Infolytica。这是一家专注于电磁仿真技术的公司。西门子通过此次收购，进一步扩展了其在电磁仿真和工业设计领域的能力。

2017 年，西门子以 45 亿美元收购电子设计自动化领域的 Mentor Graphics。这是一家全球领先的电子设计自动化软件公司，专注于芯片设计和嵌入式系统开发。此次收购帮助西门子扩展了其工业软件业务，进入半导体和嵌入式系统市场，为工业 4.0 和数字孪生（Digital Twin）提供支持。

2017 年，西门子收购 Tass International。这是一家专注于自动驾驶和车辆仿真技术的公司。此次收购帮助西门子在汽车行业的仿真和自动驾驶技术领域获得了竞争优势。

2016 年，西门子以 9.7 亿美元的价格收购 CD-adapco。这是一家专注于工程仿真和计算流体动力学的软件公司。通过此次收购，西门子进一步增强了其在工业仿真和数字孪生领域的能力。

2012 年，西门子收购 Varion。这是一家专注于楼宇安防和火灾报警系统的公司。通过此次收购，西门子进一步扩展了其在智能基础设施和楼宇管理领域的产品组合。

2012年，西门子收购 LMS International。这是一家专注于测试和仿真解决方案的公司。此次收购帮助西门子在工业仿真和数字孪生领域进一步增强了技术能力。

不厌其烦地罗列以上数据只是想说明，自 2010 年以来，西门子一边卖卖卖，一边买买买。卖的目的是优化资产结构，卖的都是重资产的制造业业务板块，包括技术水平低下和盈利水平不高的业务板块。但是，买的都是西门子决策层所认定的高增长业务领域。通过一系列的收购活动，西门子强化了以下领域的布局。

工业软件：如 Mentor Graphics、CD-adapco、Mendix 等，助力工业 4.0 和数字孪生技术。

医疗技术：如 Varian，扩展癌症诊断和治疗领域。

智能基础设施：如 Brightly Software、J2 Innovations、Comfy 等，推动智能楼宇和城市基础设施的数字化。

物联网和边缘计算：如 Pixeom，增强工业物联网和边缘计算能力。

交通和汽车技术：如 Aimsun 和 Tass International，强化交通仿真和自动驾驶技术。

这些收购行为表明，西门子正从传统的工业制造企业向数字化解决方案提供商转型，并在高增长领域占据领先地位。经过几次重要的收购重组，西门子已经成为欧洲仅次于思爱普的第二大软件公司，荣登全球十大软件供应商榜单。

但是我们更应该看到，西门子实施收购重组的战略举措，是基于西门子决策层对发展趋势的认知而做出的一个重要战略判断：软件是智能制造的根本所在。

当下，西方国家在高端芯片上对我们的禁售，成为国人最为关心的"卡脖子"式的严重制约。其实，阻碍我们跻身制造强国之列的不仅仅是芯片，还有软件。无论是工业软件还是经营管理类软件，我们现有的发展水平都严重滞后，未能为制造业的升级换代形成坚强有力的支撑，亟待我们奋起直追。

我国软件行业迄今以来的发展历程可以概括为"高开低走"，软件企业从初期时的订单应接不暇，到如今的门可罗雀、惨淡经营，令人唏嘘。但是，这还只是浅层表象，如果我们真的关心软件行业的发展，就不能停留于此。不然的话，对于问题的解决毫无助益，只是徒增沮丧罢了。

相当长的时间以来，作者一直有这样一个观点：当我们要将一项新技术（如数字技术）应用于一个特定的领域或行业时，我们必须对这个对象领域或行业有通透的理解。对我国软件行业"高开低走"原因的分析印证了这是一个值得坚持的观点。

软件行业"高开"之时，正是国外软件大举进入国内之日，也是国内企业对工业软件需求的第一波爆发之始。思爱普、甲骨文（Oracle）和西门子等一众软件巨头接踵而至，它们的软件产品多半聚焦或服务于制造业，其强大功能所带来的高效率令国内的制造业企业耳目一新。财力雄厚的大型企业开始直接购买国外的软件，使得这些国际软件巨头看到了商机，纷纷在中国设立公司以便就近了解市场，服务中国客户。

但是，大多数中国企业对软件的需求并没有从外国软件公司的产品中得到满足，价格过高可能是主要原因。这个巨大的市场迅速吸引了一批国内的软件企业，它们大多与国内知名高校和研究院所合作，分析国外的软件技术，模仿知名的软件产品。也有一批在研究机构的技术人员走出体制开始创业，其主营业务也是软件开发服务。在这些创业的人群中，有一批人格外引人瞩目，他们是曾在外国软件公司的中国机构中工作过的技术和管理人员，他们的优势是既了解外国软件，也熟悉国内企业的软件需求。他们将这视为值得一试的创业机会，于是有一部分人开始离职进行创业。说白了，他们开始研究"山寨"版的国外工业软件。

对于国外的工业软件系统,无论是分析研究还是直接模仿,当时的这些国内软件公司大多还只是略知皮毛,所谓"皮毛"是指偏于某些软件系统的一般架构。打个比方,"台上十分钟,台下十年功"。我们可以模仿演员在台上的某些招式,但也只能模仿某一出戏中的招式而已。换一出戏,我们就不会了。而专业演员凭着深厚的基本功,是可以融会贯通、灵活应对的,他们甚至可以根据剧情需要随心所欲地将各种招式进行嫁接组合,用于表达不同的故事内容和人物情感。

借用这个比方是想说明,这些软件公司和创业团队的主要人才是软件技术人员,虽然都是软件高手,熟悉软件架构并具有较高的编程能力,但他们离制造业企业的生产制造和经营实践太远。他们缺乏对线下业务的逻辑分析和抽象能力,更重要的是,以他们当时的年龄,以当时国内的工业化水平,他们既不可能见识过较高自动化水平的生产线,也不可能深刻理解了客户企业的战略理念和管理思路。而所有的工业软件系统一定支持自动化生产,一定凝聚了企业的战略理念,并要支持管理思路的落地执行。相比之下,德国工业的发展历程完整而扎实,工业自动化启动早,实践经验丰富。例如,早期的数控机床之类的工作母机,为软件支持的自动化和智能制造奠定了基础,这个基础包括自动化或数字化思维,相关的企业文化以及经过培养的一大批一线工人。而我国的制造业自动化启动晚,尚未来得及形成较好的认知和相关的人才储备,这也是我们所缺的"十年功"。

另一方面,国内企业把软件系统的开发建设看成纯技术问题,没有从一定的战略高度来统筹软件系统的开发。从事一线业务的团队离软件技术太远,他们很少有人能够准确讲清楚需求,也不知道自己所陈述的需求究竟会造就什么样的软件系统。换言之,一线业务团队和IT团队之间存在巨大的知识鸿沟。还有一种情况是,企业的高层管理人员把软件系统的建设看成与购买一个实物工具（如榔头）类似的决策，只考虑生产厂家而不考虑功能。作者曾遇到一位自称受命建设一个家具生产机械工厂的总经理，整个项目刚启动不久。他既真诚又急切地希望作者直截了当地告诉他，ERP软件究竟是买国产的好还是买国外厂家的好。如此这般对软件的认知，对我国软件行业的发展十分不利。

国内软件企业经营惨淡的另一个原因是还没有找到适合的商业模式，从产品形态到市场营销，大多数软件企业都没有标准产品。其实，并不是这些软件企业不愿意开发或制定标准产品，而是真正适用的标准产品绝非一朝一夕可以成功的，这必定需要"台下十年功"，需要长期的试错探索和业务沉淀，最终还需要用户和市场的认可。迫于生存的压力，软件企业只能接受量身定制的软件开发项目。而定制软件一直是一个"卖人头"的活计，时至今日，定制软件依然还是按照工时费报价，由此一来，再厉害的软件高手也会被妥妥地打回"码农"的身份。我们都知道，按工时计报酬的方式是用价格来买劳力产出而不是用价值来衡量智力成果。既然软件工程师的聪明才智没被尊重，纵然他们有能力向具体业务靠近，也不会有动力去干一件只有投入没有回报的事。

与此同时，这些年来我们高等院校培养的软件人才和计算机工程师，几乎都被风头正健的从事电子商务的头部企业悉数收入麾下。这也许是我们需要反思的一个现象。电子商务发展的功过无须在此评说，但是从供应链的视角来看，电子商务只是解决了供应链中交易环节的数字化转型，更何况人们所称的这些"电子商务"还只是实现了B2C即企业对消费者之间的交易环节的数字化，而量大面广且更为复杂的B2B即上下游企业之间的交易和协同作业则远远没有触及，生产加工环节的工业软件更无从谈起。不是这些从事B2C电子商务服务的企业不想，只是相对而言，B2C要容易很多，来钱更快，也是当时资本青睐的创业项目。

第 6 章 用供应链思维统筹数字化转型

于是，在资本的裹挟之下，B2C 很快就发展起来了。纵览 2C 的电子商务平台，都是以满足消费者在交易中的需求和体验为设计的出发点和落脚点的。相比之下，B2C 系统的开发要容易许多，因为作为 2C 电子商务系统或平台的设计开发团队，同样也是消费者，可以依照自己的消费体验来想象出场景、需求和应有的体验，从中抽象出业务逻辑。从这个意义上讲，设计开发团队是既懂技术又懂业务的专业人士。

反观 B2B 的交易，其业务流程、作业标准对于没有实践经历和体会的人士而言，是难以凭空想象出来的。这时候出现是整个数字化转型中既尴尬而又熟悉的局面：懂数字技术的离业务太远，懂业务的又离数字技术太远。然而，若想将技术应用于业务，就像是只会英文的人要与只懂中文的人进行沟通，需要一个既懂英文又懂中文的翻译人员。这个翻译人员的英文水平和中文造诣将决定两者之间的沟通是否顺畅达意。很遗憾的是，在当时，这样既懂技术又懂业务的跨界人才少之又少，因此，B2B 交易的电子商务也就没有得到发展。哪怕时至今日，缺少跨界人才的局面并没有多大的改善，但在越来越大的数字化转型压力的反衬之下，培养跨界人才的紧迫感日益增长，几乎是刻不容缓。

所谓中国软件业的"高开低走"，"高开"的是 B2C 软件，"低走"的却是对制造业具有直接支持作用的工业软件和 B2B 的交易和协同软件。B2C 软件为我国个人数字化消费的蓬勃发展贡献巨大，但是，热闹劲过去之后，它们将会有何新作为？反观工业软件，自信息化开始以来，基本没有值得称道的创新和发展成果。我国制造业现在所用的大型高端软件系统，基本上都是进口的，思爱普、甲骨文、IBM 和西门子在其中占了大头。这个局面不仅对我们的经济发展不利，还有可能给国家安全造成威胁。因此，发展信创产业成为国家战略，开始付诸实施。

软件技术对我国由制造大国转型成为制造强国注定可以发挥关键作用，

供应链思维
链性、战略和数字化转型

这是我们众望所归的期待。但是，当下软件企业的实际境况却十分不堪。无论是头部的上市大厂还是一众民营中小型 SaaS 软件服务商，无一不是艰难度日，有的甚至奄奄一息。在数字化转型的重要性越来越成为社会和企业的共识，数字化转型的需求日益增长甚至成为刚需的当下，本应该是软件行业发展的春天，就像当年的房地产企业一样。但是，诡异的是，一边是数字化转型压力巨大，一边是软件企业无活可干，面对惨淡的经营现状基本上无计可施。但是，我们真的可以让它们自生自灭吗？

从数据来看，中国的软件企业整体平均寿命只有 3~5 年，这还包括行业龙头企业的数据在内，如阿里巴巴、腾讯、华为、用友和金蝶等。刨除这几个头部企业，软件企业的平均寿命将更惨不忍睹。软件开发非常需要长期的经验积攒和产品的持续迭代，企业寿命短，即使研发团队有好的点子也没有机会将其孵化成好的产品，有了经验体会，也无从传承发挥作用。这对于整体软件技术的提升也是一种无形的却又很实在的损失。

互联网和软件行业曾经是创业的热土，但大约 80% 的初创软件公司在成立的 3 年之内就闭门谢客。如今这个行业十分冷清，既不见胸怀大志的热血青年，也没有嗅觉灵敏、敢作敢为的风险投资人。

尽管如此，我们还是相信，当下只是中国软件行业黎明前的黑暗，从制造迈向智造，不能没有软件行业。

第 7 章
数字系统建设：
指导原则和实操路径

导 读

进入 21 世纪以来,通信技术有了突飞猛进的发展,推动了软件技术的成熟,同时也孵化了很多新技术。互联网技术就是其中之一,它的成熟让我们发现,互联网可以赋能很多行业和不同的业务场景,于是有了"互联网+"的概念。接踵而至且影响面较大的还有大数据技术、区块链、云计算、5G,以及现在人人都能说上一嘴的"人工智能"。

这些新技术对企业的作业方式和管理举措都造成了很大的冲击,如何利用这些新技术为企业的经营管理赋能,是企业家和经营团队的心头大事。这些新技术各自初现端倪之时,即刻就有很多的"技术迷"(Alpha Geeks)和媒体摇旗呐喊,呼吁人们要给予足够的重视,因为这项新技术代表着发展趋势,若不及时将其应用于企业的业务,极有可能导致企业落后并被淘汰出局。如此这般的喧哗聒噪搅得许多缺乏定力的企业决策者无所适从,焦虑感倍增。

企业的经营依循供应链的规律,数字技术的应用服务于企业的经营。因此,以供应链思维为引领打造数字供应链,用数字技术打造供应链竞争优势就成了企业必须完成的使命。同时也要注意到,软件,无论是曾经的单机版软件,还是一个局

第 7 章　数字系统建设：指导原则和实操路径

域网内的信息系统，抑或是跨互联网和物联网的数字系统，其中都蕴含着一定的管理理念，决定了业务的流程和作业标准，也汇聚了企业经营管理团队和全体员工的经验和知识结晶。因此，企业的数字化转型和数字供应链的构建必须要有整体性思维。如何把握这个整体性？我们常说的"顶层设计"与整体性思维可以说有异曲同工之妙。虽然有很多企业领导人常念叨"顶层设计"的重要性，但到真正动手设计时，却又不知道"顶层"在哪里。希望本章的内容对此会有所帮助。

7.1　数字系统建设指导原则

数字系统建设并非简单的技术堆砌，而是需要遵循一定的原则，这样才能有效支撑企业的日常经营管理活动，提升供应链的敏捷性和韧性。数字系统的规划设计事关系统开发的技术路径选择，其目的是保障系统建设的指导思想能够在技术层面得以落实。以往的信息系统建设往往重视系统功能如何满足线下工作环境中的各种需求，着眼于线下"场景"如何在线上"孪生"。至于所采用的技术，也往往以解决"痛点"为导向，忽略了系统整体上技术路径的一致性和软件之间的自洽。这种做法往往会为系统建成之后的升级迭代"挖坑埋雷"。虽然解决了当时的问题，却为后续应对发展和变化留下后患，也可能导致运维的工作量加大以及各类成本的增加。

因此，数字系统的规划设计必须遵循"大处着眼、小处着手"的原则，不仅要考虑当下既有的需求如何满足以及今后可能的变化，还要尽量兼顾数字技术发展可能激发的新需求的出现，以及系统如何具备充分的可扩展性，以便满足将来的新需求，容纳新功能。

以往信息系统建设开发的经验教训告诉我们，软件系统建成之日，便是功能落后之始。原因其实很简单，建设系统的功能需求，都基于以往的作业方式、作业流程和作业标准，都基于当时的发展战略、经营思路和管理机制。当今飞速迭代的新技术推动着整个社会经济的高速发展，且不说在软件系统建设过程中就已经有新技术频频挑战，待到系统建成，企业的战略和经营思路可能都已经做出调整，基于以往作业流程所设计开发的功能也就随着战略和经营思路的调整而变得不适用了。

处于供应链时代的企业数字化转型，就是为了构建数字供应链，就是要将上述新技术，包括以后还将继续出现的新技术，集成到企业经营和供应链构建与管理的方方面面，因此，与其忽略或脱离软件这个前提去谈"互联网+""云计算+""人工智能+"之类的概念，倒不如直接提出"软件+"这个概念。它更实在，更具体，正因为具体，才让我们的企业容易找到数字化转型的出发点和落脚点。

纵览这一代又一代的新技术，其实它们之间有一个共性：软件系统是它们最底层的基础。以"互联网+"为例，这只是一个概念，提出这个概念的人和赞同附和这个概念的人总是喋喋不休地建议人们培育互联网思维，其实，也就是建议人们从互联网的视角出发，将互联网技术应用到各种业务场景，以提高工作效率。

但我们必须要看到，在实操层面，真正要将"互联网+"落地施行必然要从开发软件系统开始，然后才有可能利用互联网带来的便利。退后一步看，其实互联网也是由软件系统支撑起来的。

又譬如，云计算和云存储技术出来以后，许多云服务商喋喋不休地鼓噪企业只有"上云"才能有未来。其实云服务商提供的是基础设施服务，就像高速公路。对于没有汽车又没钱买车票的人来说，高速公路基本上是没有价值的。同理，一个企业如果没有软件系统，又拿什么去"上云"？

人工智能现在很热，基本上可以肯定，还会继续热一阵子。但是我们必须清醒地看到，人工智能开发的前提是数据和知识。企业级的人工智能应用必须以企业自有的私域数据作为训练数据，才能通过机器学习进行算法开发，最终打造自用的 App。且不说算法开发本身就是编写代码和软件的过程，如果没有此前开发的软件系统汇聚的各类数据，何来企业自有的私域数据？

例如，前一章提到：在物联网、5G 通信和射频识别技术的支持下，厂家可以跟踪数字化的产品并获得销售数据。但是到了实操层面，或真正要跟踪产品并获得销售数据时，IoT 等技术并不像一把榔头一样，拿来就能用，企业需要开发一个软件系统才能达成目的。

所以说，从第一性原理出发，软件是最底层、最具体也是最具基础性的，软件系统是这些新技术应用不可或缺的前提。

结合数字技术的新发展和新特点，在进行数字供应链系统的设计规划建设时，企业要努力遵循以下原则。

模块化（Modularity）：各功能如"积木"，可以随意组合并"即插即用"（Plug and Play），方便快速升级迭代和功能模块的扩展，以适应不断变化的运行和管理需求。

互操化（Interoperability）：通过物联网、传感器、条码和射频标签及其他手段，系统可以实现人、机和网络的相互通信，满足系统之间操作指令的传输，以及数据汇聚和共享，支持数据资源化。

可视化（Visualization）：各个功能都具有数据采撷汇聚的功能，同时通过传感器及其他装置对物理过程进行监控，获得的数据可以通过数据驾驶舱、活动视频和音频的方式直观展示。

智能化（Intelligence-driven）：各功能具备自主决策能力和机器学习能力，能够识别异常场景并予以警示，智能体对作业提供助理服务。

服务化（Service-oriented）：在模块化构建系统的基础上，借助云计算和其他数字技术，系统各项功能可作为具有充分可及性的服务，支持"即插即用"的可扩展性。

7.2 数字供应链规划建设的基本思路

诚如前文所提及的，企业的最终目的是"盈利且可持续"。当然，为了实现这个目的，企业的盈利途径或经营之道就是想方设法满足特定的市场需求。为此，企业必定会制定相应的经营战略，辅以相应的管理举措和激励机制。

数字供应链的建设，不同于以往的采购电子化或企业资源规划，其内涵和外延都有了重大变化和演进发展。数字技术的飞速发展为我们创新供应链管理提供了更为宽广的想象空间。但这些想象能否落地成真，有赖于我们的管理理念是否能够与时俱进。本书认为：任何先进技术的应用，背后都有管理理念的引领。反过来也一样，新技术的引入往往能够促进管理思路的推陈出新和作业流程的升级迭代。

回顾这些年来的理论探索和业界的实践经验，但凡有先进的管理理念引领，事先有过顶层设计，进行过整体性规划的信息化、数字化项目，不同系统之间不仅避免了孤岛效应，而且也方便了数据的汇聚分析、匹配利用，让企业实实在在获得了数字化转型的丰厚收益。

数字化转型最为具象的成就是数字系统的建设，经过这些年来的持续努力，几乎所有的企业都已经或多或少用上了数字技术，感受到了数字技术带来的方便。但这些年来，随着新技术的飞速发展，企业经营管理团队对供应链的认知也在不断加深，数字供应链的规划建设成了摆在面前的新问题。对于数字化转型，业界基本的认知是大势所趋、势不可当，很多人纠结的是如

第 7 章 数字系统建设:指导原则和实操路径

何打造数字系统。前文已经介绍了一个观点,如果要将一门新技术应用于一个专业领域,势必先要对这个专业领域有透彻的了解,同理,若要将数字技术用于供应链,亦即构建数字供应链,我们势必也要对供应链有一个完整的了解,本书已在前文中详细介绍过。为方便叙述,我们重温一下供应链的定义。

供应链是以某一产品或服务为载体的价值创造和交付的过程,这个产品从无到有直至交付给顾客的全过程是由诸多企业参与不同阶段和不同形态的作业协同完成的。

这个定义告诉我们,供应链是协同作业完成产品生产和交付的过程。协同是整个供应链运行的关键所在。准确了解供应链的实质和关键,对于供应链的数字化转型和数字供应链的构建具有"提纲挈领"的意义,只有抓准了这一点,数字化才能真正助力供应链的价值发挥。

回顾供应链信息化、数字化的发展,尤其作者参与其中的亲身经历,深感"理念转变"所引爆的驱动力之巨大。业界对供应链的认知已经发生了很大的改变,现如今,大多数企业不仅接纳了供应链的概念,而且将其与数字化结合形成了新理念。供应链数字化转型呈现出加速发展的趋势,市场需求迅速趋热。在趋热的市场中,供求双方的应对举措仍然值得关注。先从需求方来说,虽然大体确立了供应链数字化转型是发展的必由之路的理念,但对于具体路径和实操办法,也就是"怎么转型"的问题,在认识上还是参差不齐。受认知水平所限,不少主管信息化的企业领导寄希望于购买一套软件来实现企业的数字化转型。这显然是一个认知误区。因为每一个企业都是一个特定的存在,都有其特定的发展战略、商业模式以及与之相适应且在长期运营过程中逐渐形成的企业文化、管理模式和激励机制。这些东西就像 DNA,独特且不可复制。而数字化系统,归根结底要适应企业文化、支持企业管理模式和激励机制的落地。因此,别人家用得好的数字化系统,到了自己家,不见得同样好。可以说,产生这个认知误区的原因,还是企业管理层的理念转型尚未到位。

还有一些企业对于数字供应链的建设需求已经远远不局限于以往的采购电子化和企业资源规划。它们以供应链运行效率为出发点,重点考虑企业内部的团队协同及其与上下游企业的协同作业。这说明这些企业对于供应链的构建和运行目的,及其潜在的价值有了更完整的认知,并努力想借数字化系统充分发挥其潜在的价值。很显然,这样的追求也给数字化服务商提出了新的挑战。

新冠疫情极大地影响了供应链的正常运行,供应链的短板和瓶颈暴露无遗。但从另一个角度看,新冠疫情也促进了供应链概念的普及,远程办公、在线采购等非常态的应急措施,让更多的企业看到了数字化转型的必要性、急迫性和可行性。

经过这些年的探索和实践,各行业企业对已有信息化系统的长项和短板有了更为深刻的认识,于是顺理成章地寄希望于数字化转型,想要构建一个与时俱进的数字供应链系统。数字供应链系统的构建,显然不是"此去华山一条路"。除了数字供应链的建设单位在探索"怎么转型"的问题,还有不少服务商也在为此努力。

尽管供应链数字化转型尚处于快速发展的启动阶段,但大数据技术和区块链技术在数字供应链中的应用已经开始崭露头角。细细观察这一发展,我们也可以说,供应链的数字化转型给大数据技术和区块链技术提供了丰富的使用场景。大数据技术可以解决海量数据的处理加工和利用。供应链的日常运行,上下游企业之间的协同作业,时时刻刻都在进行着数据交互和处理,同时也在产生大量的新数据。区块链技术可以保证上下游企业之间的协同,无信任之忧,交互和处理的这些数据真实且不可篡改。

大数据技术和区块链技术在供应链领域的应用，不仅相得益彰，也在随着使用场景的不断演进、数据的不断积累整合而不断优化完善。我们有理由相信，数字供应链不仅会推动商业模式的创新，下一代数字供应链即智慧供应链也将呼之欲出。上述设计原则主要基于技术层面的考虑。除了以上基本原则，还需要立足把握以下几个方面。

数字系统要体现发展战略和管理理念

战略目标的融入。数字系统的设计和规划要紧密围绕企业的战略目标展开，例如，如果企业的目标是成为行业领导者，那么数字系统就需要具备强大的数据分析能力，帮助企业洞察市场趋势，制定竞争策略；如果企业的目标是实现成本领先，那么数字系统就需要注重成本控制和效率提升，帮助企业优化资源配置，降低运营成本。

数字系统设计和规划的第一步是明确企业的战略目标。只有明确了战略目标，才能确保数字系统的设计与企业的发展方向一致，避免盲目建设和资源浪费。企业需要梳理实现战略目标的路径，如技术创新、市场拓展、品牌建设等。数字系统设计应支持这些战略路径的实现，例如，如果企业通过技术创新实现战略目标，那么数字系统就需要具备研发管理、项目管理等功能。企业需要分析实现战略目标所需的资源，如资金、人才、技术等。数字系统设计应考虑如何利用现有资源，并通过系统功能提升资源利用效率，如通过数据分析优化资源配置，降低运营成本。

管理理念的体现。数字系统设计要体现企业的管理理念，例如，如果企业强调客户导向，那么数字系统就需要注重客户数据的收集和分析，帮助企业更好地理解客户需求，提升客户满意度；如果企业强调风险防控，那么数字系统就需要具备风险预警和应急处理功能，帮助企业及时发现和应对潜在风险。

数字系统设计要优化企业的管理流程，例如，通过流程自动化和标准化提升管理效率，通过数据分析优化决策流程。数字系统设计要对企业管理工具进行集成，例如，将ERP、CRM、OA等系统集成到数字系统中，实现信息共享和协同作业。

商业模式的适配。数字系统设计要与企业的商业模式相匹配，例如，如果企业采用直销模式，那么数字系统就需要具备订单管理、物流跟踪等功能；如果企业采用分销模式，那么数字系统就需要具备渠道管理、库存管理等功能。

数字系统设计要支撑企业商业模式的价值创造，例如，如果企业商业模式是平台模式，那么数字系统就需要具备平台搭建、运营管理等功能。数字系统设计可以推动企业商业模式的创新，例如，通过数据分析发现新的市场机会，并通过系统功能实现新的商业模式。

未来发展的预留。数字系统设计和规划要有前瞻性，预留未来的发展空间，例如，可以采用模块化设计，方便未来功能扩展；可以预留接口，方便与其他系统进行集成。数字系统设计要考虑未来技术的发展趋势，如人工智能、区块链、物联网等新技术，以便未来能够快速适应技术变化。

系统功能要支持高效协同和数据汇集

敏捷制造和按需生产。数字系统应支持"按订单生产"的模式，根据客户需求动态调整生产排期和资源配置，实现敏捷制造和快速响应。系统应能够实时监控供应链各环节的运行状况，及时发现并解决潜在问题，确保生产过程的顺利进行。

高效协同。数字系统应支持供应链各环节的实时信息共享和协同作业，打破信息孤岛，实现供应链数据的透明化和可视化。系统应提供便捷的沟通和协作工具，促进供应链伙伴之间的沟通和协作，提升协同效率。

数据汇聚和分析。数字系统应具备强大的数据采集、存储和分析能力，能够对供应链各环节的数据进行汇聚和分析，为企业决策提供数据支持。系统应能够对供应链运行过程中各个环节的动态数据进行沉淀和汇聚，对战略落地过程进行实时监督，及时纠偏和调速。

系统要助力数字供应链建设

需求导向。数字系统应支持对客户需求的精准识别和分析，帮助企业更好地理解客户需求，并进行需求预测和需求管理。系统应能够收集和分析客户行为数据、市场趋势数据等，为企业提供需求预测，并指导生产计划和库存管理。

数据驱动。数字系统应将数据作为驱动供应链运行的核心要素，通过数据分析指导决策，优化资源配置，提升运营效率。系统应能够利用大数据和人工智能技术，对供应链风险进行预测、预防和有效应对，为企业应对风险提供更大的"战略纵深"。

持续改进。数字系统应支持对供应链运行数据的持续分析和改进，通过数据分析发现问题和不足，并不断优化系统功能和业务流程，提升供应链的敏捷性和韧性。

7.3 数字系统建设的实施路径

"三思而后行"

数字供应链系统的构建，无论是自建还是外包，都必须要"三思而后行"。首先要思考的问题是，能不能讲得清楚需求；其次是用什么管理方式才能控得住开发建设的过程；最后是系统交付时如何验收（如图 7-1 所示）。

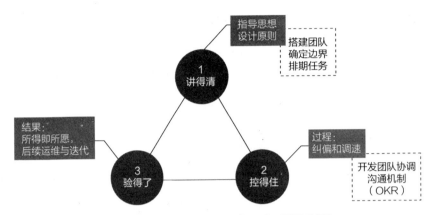

图 7-1 数字供应链系统开发需"三思而后行"

先说"讲得清需求",这并非一件容易的事。就像乔布斯曾经说过的那样,用户并不知道自己想要什么。对于企业用户来说,更多的时候是不能正确表述自己的数字化需求,或者是不能用让开发团队听得懂的语言说清楚自己的需求。

数字供应链的建设对于大部分企业的经营管理团队来说,基本上都是前无古人的新事业,所以顶层设计就变得十分重要。这里的顶层设计可资依循的主要是供应链定义、供应链七大链性等供应链思维的重要组成内容,同时还要结合企业的发展战略、商业模式和经营管理理念,去构思最为理想也是最具可行性的数字供应链。

在顶层设计形成之后,才能进行需求调研,向系统建设和开发团队讲清楚需求。不同的系统、不同的企业,都会有不同的需求,本章下一节会专门分析企业数字供应链建设的六大类需求。这里需要注意的是,讲清楚需求不容易,听明白需求也非易事。讲需求的是企业的业务团队,听需求的是系统设计和开发人员,双方的专业背景完全不同,在一方看起来可能是最为普通的问题,在对方那里很可能是高深莫测的难题。所以要确保双方对需求有一致的理解,业务团队在讲完顶层设计和具体需求之后,应该要求系统设计和开发团队重述一遍,并就此提出设计思路和实施方案。这样的做法是为了确认双方对建设任务的目标和具体的功能需求是否已经达成共识。现在已经有不少企业,把"讲"作为选择服务商的一个重要指标,以此来检视作为乙方的服务商是否准确、全面理解了甲方的需求,是否有相应的解决方案予以满足。这一环节可以帮助企业排除那些只炫耀技术而不结合管理理念和供应链实操业务讲方案的服务商,从而减少系统建设的隐患和风险。

客观来说,企业对于自己的业务是相当了解的,所谓讲得清需求,就是将其业务描述为一个由数字技术支持的场景,但由于企业对数字技术的了解相对要少一些,所以讲得清需求并不是一件容易的事。即使是对数字技术有所了解的业务人员,也会与开发团队的技术人员的理解不同,造成双方沟通的困难。反过来,数字系统设计开发团队对具体业务一无所知的话,它们就很难理解企业的需求。

作为甲乙双方,建设单位和服务商对于建设任务各有自己的了解和认知。建设任务尚未完成之前,双方都是在自己的脑海中虚拟构建或想象任务完成之后的系统形态,而双方各自虚拟构建或想象出的形态,总是存在相当大的差异。

再说"控得住过程",要思考系统开发过程如何管控。这实质上是项目管理问题,需要"谋定而后动",建设方和开发团队必须就系统开发建设过程的管理方式和阶段性考核指标达成共识,尤其是双方之间的职责分工和协同方式,都要在项目启动之前制定规则和方案,以便及时纠偏和调控进度。整个开发过程中发生的"调速纠偏",包括功能的增减,都要完整记录在案,作为系统验收不可或缺的组成部分。作者可以分享的经验是,在搭建项目团队,商定分工职责和工期的同时,还要确定进度管控方式。整个开发建设过程要采用OKR项目管理方式(OKR即"目标与关键成果法",因谷歌公司率先使用并将其发扬光大,故在业界又被称为"谷歌工作法"),同时,每周向甲方团队及相关领导报告项目进度,其中包括甲方团队需要协同的分担任务的进度,既可以避免滥竽充数,也可以防止塞责甩锅。

最后说"验得了交付",即要思考系统开发完成之后如何交付和验收。这一环节的重点是检视交付的系统是否符合规划设计的初衷。经验证明,如果"讲得清需求",即系统设计开发团队和提出需求的业务团队对具体需求沟通到位,对系统功能的预期是一致的,同时开发过程"控"住了建设过程,没有走偏,即使过程中有调整,同样也会在"讲"清楚之后才予以实施,"验"这个环节就会简单顺利,客户企业会有一个"所得即所愿"的圆满结果。

系统建设六大类需求

作者曾走访企业进行调研,发现企业对数字化转型和数字系统建设的需求各式各样,莫衷一是。汇集这些需求并进行详尽分析,梳理出这些基本需求大体可以分为六大类,分别是功能需求、技术需求、体验需求、资源需求、安全需求和成本需求。一个真正成功的数字系统建设项目,应该能兼顾这六大类需求。项目的验收,可以对应这六大类需求进行检视。其中,"成本需求"不仅仅是项目建设的成本,还应该包括建成之后的低成本使用、低成本运维和低成本升级迭代。

在功能需求方面,用户要求系统能够满足实际作业所需。系统设计和开发团队不能局限于对实际作业"场景"的了解和分析,而要将这些需求进一步升华,在满足实际作业需求的同时"赋能协同",大幅提升团队协同作业的效率。

在技术需求方面,用户要求选用的技术和技术路径要适用。开发团队一定要根据以往信息系统开发建设的成败得失,以及数字技术发展的趋势来选用,技术选型不仅要适用,还必须考虑可持续,要保障数字系统能够与时

第7章 数字系统建设：指导原则和实操路径

俱进。

在体验需求方面，用户要求系统的使用必须易学易操作，真正做到低门槛和低学习成本，且人机友好。开发团队力争做到的是，用户凭借日常上网浏览新闻、网店购物以及参与网络游戏的实践，即可无师自通，掌握使用数字系统的技能。

在资源需求方面，一般用户要求系统能够帮助企业获得更多的外部资源，如供应商资源。因此，建成的系统要做到"服务平台化"，就是为了满足用户的此类需求。通过大数据技术对采供双方进行匹配和撮合，就是为了满足用户对外部资源的需求。同时，系统要具备数据采撷汇聚，清洗加工，匹配使用的全流程功能，帮助企业迅速构建私域数据，实现数据资源化并真正发挥新生产要素的作用，助力企业建设需求和数据驱动的数字供应链。

安全需求，主要是指网络安全和数据安全。

在成本需求方面，企业希望数字系统建设投入要少，上线要快。用户要求系统建设要做到"投入最小的成本，建成最好的系统"。这里的成本，不仅指资金的投入，还包括时间成本。而"好"的标准还应该指系统建成之后的运维以及升级迭代，都能够做到低成本。

以上六类需求相互之间紧密关联，若采用"各个击破"的应对方式，必定导致"顾此失彼"的后果。因此，整体性思维就成了必须，而以上六大需求就是整体性思维所必须统筹兼顾的主要方面。结合前文给出的数字系统建设指导原则，软件系统应该具备以下特点：服务平台化、产品应用化、应用模块化。

服务平台化，是对指导原则中"服务化"的具体实现方式，指的是将系统功能经过应用化的技术处理构建于平台，使软件系统实现了平台化和互联网化，真正做到系统功能都是以服务为导向进行开发和构建的。

产品应用化，是指将每一个产品以应用的形态予以构建，各个应用在操作系统的支撑下，既可以独立运行，也可以与其他应用无缝连接，方便用户按照自身业务的动态变化按需选用，构建自己适用的数字系统。同时，应用化也保障了系统的灵活扩展和升级，具有投入少、上线快、升级无虞、运维无忧等突出优点。

应用模块化，这一点是产品应用化的"顺势而为"；两者都是利用微服务架构设计，保证应用和应用之间，以及应用内的各个功能之间，都能够像"积木"一样进行拼接组合。

产品应用化和应用模块化的设计可以说是"一石二鸟"，既可以保障数字系统与时俱进，也方便用户只选购当下适用的，同时保留了随时扩展系统功能的方便性。隆道的数字化产品对用户有价值，首先是因为产品物有所值，其次是因为企业用得起，是让企业"投入少、上线快、运行无忧"的产品。

系统三大核心价值

企业数字化转型最为具象的成果是数字系统建设完成并投入使用。但是，"成果"不一定是"成功"。"成果"只是完成建设工作之后的一个客观结果，以"建成"为衡量标准。这样的评价方法很容易导致"为数字化而数字化"。"成功"则以主观愿望是否达成为衡量标准。企业构建数字系统的主观愿望，必定是要让数字系统服务于企业的发展战略，体现企业的经营和管理理念，支持运营规范的落地及经营效率和效益的提升。隆道团队始终重视企业推进数字化转型的主观意愿和诉求，在多年研究和实践的基础上，总结出数字系统建设必须具备的三大核心价值。

赋能协同

赋能协同，以"即知即行、即行即知"为具体目标。"知"代指信息和

第 7 章 数字系统建设：指导原则和实操路径

数据，"行"则代指对信息和数据的处理以及相关的应用。

当今世界正从"信息时代"向"数字时代"过渡。在信息时代，人们追求的是信息分享；而在数字时代，人们追求的则是基于信息和数据的协同作业。由信息分享向协同作业转变，激发数据这一新生产要素的发展动能，是企业构建数字供应链的必然要求。因为从供应链的角度来看，协同作业不仅仅发生在企业内部的团队之间，同时也发生在同处一个供应链的伙伴企业之间。供应链管理追求的终极目标，是提高全链效率、降低全链成本及满足最终用户需求，而目标的实现则取决于全链所有伙伴企业之间的高效协同。数字供应链的构建必须赋能全链的高效协同。

细察企业内外的协同作业，必定始于作业需求，基于信息传递，成于信息处理和反馈，如此循环往复。协同效率则取决于信息传递、处理和反馈的速度，同时也有赖于信息传递、处理和反馈的质量。赋能协同的数字化系统必须"知行合一"，且能够支持"即知即行、即行即知"。

即知即行：流程前一节点的信息和数据传递到位时，当前节点的责任人可即时进行处理。

即行即知：一个流程节点的责任人对信息和数据的处理完成之时，所有相关节点的责任人都即刻获知，并做出相应的处理和反馈。

从一定的意义来说，数字化的前提是标准化。从前一个节点过来的有待处理的信息和数据，可能源自不同的流程，也可能涉及不同的领域，也会有不同的形式。要做到"即知即行"，这些信息和数据必须遵循一定的、统一的标准和格式。因此，数字系统建设启动之前，要对作业流程和节点进行梳理，并重新定义。定义就包括对信息和数据设定标准和格式。

数字系统的建设必须满足信息和数据非线性传递、多节点同步的需求。这一点在系统规划建设之初，梳理工作流程并重新定义之时，就要予以考虑，这并不是一件难事。但不能忽略的是，工作流程只是相对稳定。由于业务的发展，流程也需要做出相应的调整。更重要的是，在数字系统上做这样的流程调整，必须是方便可行的，具有一定权限的业务人员按需进行操作即可，而不需要数字技术工程师的帮助。当前许多软件服务商为此提供主流的"低代码"技术，以此满足用户企业的这类需求，作者相信人工智能将很快取代"低代码"技术并更好地满足企业需求。

支持决策

支持决策，是指以辅助决策所需的信息和数据的"可获得性"为先决条件。

决策发生在供应链运行过程的每一个节点。上至企业最高领导，下至一线员工，每一个人都在各自的岗位上处理事务，其中就需要做很多相关的决策。所有人的决策都基于工作职责、权限范围和所掌握的信息与数据，以及与决策相关的原则和规范。我们常遇到有人说：这事我没法定，因为我不了解情况。所谓"不了解情况"，基本上有两种原因，或是既有的信息和数据不足以支持他做出决策，或是决策者不了解决策的依据和原则。数字系统支持决策，就是让人们在每一个流程节点做出决策时，能够有充分、完整的信息和数据，同时知晓决策的依据和原则。当然，这些依据和原则也以信息和数据的形态在系统中存在并流转。这些辅助决策的信息和数据必须具备充分的"可获得性"，这就需要每个节点所需的信息和数据匹配到位，一键可得。

作者在对诸多客户走访、调研和分析之后发现，支持决策的信息和数据，90%以上都是在工作流程中产生的过程数据，以及管理层制定的有关规章制度和作业规范。收集汇聚这些数据，将之加工处理并匹配到位，是数字系统建设的题中应有之义。在实践中总结归纳出来的方法是"以行聚知"。这里的"知"代表信息和数据，"行"代表对信息和数据进行处理。"以行聚知"就是将处理信息和数据的功能与采集汇聚信息和数据的功能集于一体，在处理信息和数据的同时，将信息和数据留存和汇聚。"以行聚知"所获得的信息和数据，是流程中各个节点所自动留存的数据，没有被人为修饰和篡改，因而都是真实可信的"第一手资料"。既可用于随时复盘溯源，分析运营业绩，查找、定位问题源头，亦可利用大数据技术对汇聚而成的数据资源进行加工处理并与决策需求相匹配、关联，为各类决策提供数据支持，即达到"以知助行"的目的。

匹配资源

这里的"资源"，包括传统意义上的物理资源，但着重是指数据资源（包括经过数据化的物理资源）。数字时代的重要特征是，数据被视为重要的资源，是新生产要素。英国《经济学人》杂志 2017 年 5 月刊封面刊出一段话：当今世界最具价值的资源不再是石油，而是数据。数据资源在匹配使用的过程中会形成新的数据资源，这一点与物理资源完全不同，后者是直接消费并日渐匮乏的。如今，所有的数据都需要被资源化。企业的数字化转型，就是要把信息技术集成应用到企业经营生产的四大领域：产品数字化、生产加工数字化、经营管理数字化和数据资源化。数据资源化是一个持续的过程，需要借助数字系统，从数据的源头定位，采撷汇聚、清洗加工，直至按需配置，服务于企业的经营，这需要在数字系统建设之初就有所规划。

在信息化时代，人们通过信息共享以获得所需的信息。由于这样的分享方式缺乏互动，信息是单向传递的，信息接收方不能做出即时处理和反馈。更大的问题是，数据产生于业务过程，且数量过多、形态过杂。以往的信息分享看似按需进行，但是过于简单和随机。由于缺乏整体性的规划，尤其是缺乏对信息源头的处理，数据的应用也仅限于小范围，无法带来整体性的效率提升。例如，企业内部协同作业时，不同部门掌握的信息和数据是不对称的，也不了解有哪些数据可以支持本职工作。即使这些部门知道了，获取信息和数据的渠道或方式也不方便，严重影响协同的效率。企业管理层不清楚自己的"数据家底"也是常有的事。

匹配数据资源是企业构建数字供应链的题中应有之义，而真正落实到位，一是需要企业管理者善于从数据等同于资源的角度审视问题，成为企业数字化转型的"懂行人"；二是数字供应链系统要贯穿所有信息和数据孤岛，匹配企业各工作环节所需的信息和数据等资源，使信息和数据等资源具备"可获得性"。

在解决信息和数据的"可获得性"之前，我们需要解决所"供"的信息和数据的生成，而解决"生成"的前提是数据资源的汇聚、加工等一系列工作，即前文高度概括的"以行聚知"和"以知助行"。

数据是最具价值的资源，数据资源化，就是要我们从资源的角度看待数据，将其进行优化配置、充分利用。在数字化时代，我们可以从数据的角度看待世间万物，包括从数据的角度看待传统的物理资源，将资源数据化，利用数字技术对物理资源进行优化配置，充分利用。

这些源自物理资源的数据，以及企业在运营和管理过程中产生的数据，都是内源性的数据。对于这一类数据的资源化，就是要充分挖掘、按需配置，不断提升"可获得性"。

供应链理论揭示了一个经济运行的深层次现象，即企业的竞争是供应链和供应链之间的竞争。为了构建更为稳健、快捷、有韧性的供应链，企业更需要依赖数字技术构建供应链竞争优势。

随着供应链时代的到来，业界开始认识到，上述关于资源数据化的努力有其历史的局限性，即把企业看成一个独立存在的经济实体。供应链的概念提醒我们，每个企业都毫无例外地存活于供应链之中，供应链外无企业。身处供应链之中的企业，需要与伙伴企业密切互动、高效协同。在这个过程之中，企业必定会进行大量的信息和数据交互，而这些交互也会产生大量的新

第 7 章 数字系统建设：指导原则和实操路径

数据。这些数据都需要被即时匹配到相应的流程节点中，支持这些节点的工作人员即时做出正确的决策。

另外，企业的发展必定对外部资源有很大的需求，寻找和发掘这些资源必定要借助数字技术。为了辨明数据的真伪，还需要寻找源于第三方的信息和数据。这些都是外源性的数据。这类数据的特点，一是海量，二是纷杂。对于一个特定的企业来说，应"弱水三千，只取一瓢饮"，问题是这"一瓢"是否就是企业所需的？例如，企业开发新产品需要一种特殊的新材料，供应商在哪里？寻源工作从何开始？新品上市，如何拓展市场？新的买家在哪里？

在传统的市场交易活动中，需求方和供应方之间信息不对称的现象十分普遍。买的找不到卖的，卖的找不着买的，即使交易双方遇上了，对于有关交易标的物本身的信息、价格信息、交易对方的信息等，双方之间仍然存在不对称。所有的交易方式，尤其是招标投标的交易方式，整个交易流程的设计，从一定意义上讲，就是为了尽最大的可能来减少信息不对称。如今借助大数据技术，需求方和供应方快速、精准匹配已经成为可能。

随着大数据技术的发展，数据资源化在全社会更广的范围内得以实现，交易所需的所有信息和数据都有可能在数字技术的支撑之下"一键可得"，交易双方的信息不对称现象将会大幅减少。同样大幅降低的，还有交易成本。

匹配数据资源很多时候是为了将数据用于支持决策。决策的制定需要分析基础数据，决策的执行需要记录过程数据，决策的结果评估需要复盘数据。决策可以是工作流程中的一个节点，也可以是重大的战略部署。越是重大的决策（如供应链战略的制定），越离不开基础数据的支撑。从数据的角度来看，企业采购和供应链的运作过程，无时无刻不在产生数据、处理数据和利用数据。企业工作流程中各个节点辅助决策所需的数据，绝大部分都产生于实际的工作过程。因此，规划数字供应链系统要有全局性的眼光，要从顶层设计入手，确保数据资源的汇聚、处理和利用。隆道打造的数字化产品，帮助企业从工作流程中汇聚数据，经过清洗加工，再配置到所需的工作流程节点，支持各个节点的员工做出正确的决策。

数字系统建设"五步法"

在数字系统的规划设计和研发建设的过程中，能否遵循"源于线下实践，高于线下实践"的实操路径，也将影响到数字化转型的成功。该实操路径是隆道团队对众多系统建设实践的经验教训进行总结并高度概括而得到的，称之为软件系统开发的"五步法"（如图 7-2 所示）。

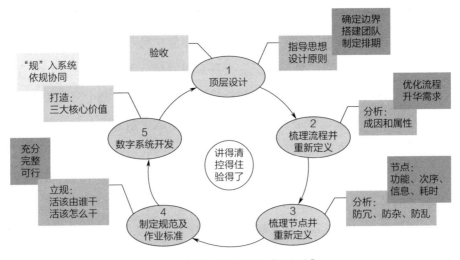

图 7-2　软件系统开发的"五步法"

第一步：顶层设计。顾名思义，这一步的主要任务是为数字供应链系统的规划、设计和建设确立指导思想和设计原则。上文所述的指导思想和设计原则都是在这一步工作中必须梳理完成的，在具体实践中，常常还包括建立领导小组以及相关团队、确定功能模块边界和开发任务排期。从实践经验来看，确定功能模块的边界并非易事。如上所述，系统服务于工作流程，但这只是指导原则，服务的实现有赖于适用的功能模块。由于流程是由关联度极高的各个节点构成的，而流程的节点大多因工作分工而设定，工作分工又依照效率原则而设计，因此，节点往往对应着工作岗位。每一个工作岗位的职责范围与系统功能模块的边界，既要相对一致，又要能够灵活应对岗位职责范围可能发生的调整。这既需要管理团队确定岗位职责，又需要技术团队在架构上予以支持，共同商定功能模块的边界。正确的管理理念引领顶层设计和整体规划之重要性，由此可见一斑。作者的经验和教训是，如果把功能模块的边界当成纯粹的技术问题，由技术团队自行做主，那么建成的系统和实际工作很可能是"两张皮"。

第二步：梳理流程并重新定义。这是确保达成"源于线下实践，高于线下实践"的首要任务。具体做法是对现行的工作流程进行梳理，分析其成因及其在实际工作中发挥的作用，然后对其进行优化并重新定义。这种定义，包括流程简化、调整、合并甚至取消，所依据的原则就是效率和效益。梳理流程并重新定义，其结果最能体现管理理念是否融入其中，也关系到数字系统能否"升华需求"，达成"高于线下实践"的期待。

第三步：梳理节点并重新定义。流程由诸多节点组成，节点在设立之初，必定是因需而定。但是，随着业务的发展和改变，原来的流程会有调整。所以，梳理节点是简化和优化流程的重要环节。所谓梳理，首先要重新审视节点在工作流程上的必要性，其次要考量节点与节点之间的关联是否合理，这种关系既有呈串行前后排序的场景，也有呈并行同步进行的场景。除此之外，还要审视每一个节点存在的必要性。最后，但也是最重要的，要检视每个节点完成任务所需的时间以及费时的原因，对于费时过长的节点要筹划解决方案。所谓节点之间关联的合理，就是既要依照规则管控，又要快速高效执行，这需要在依规和效率之间找到平衡。经上述梳理分析后制定解决方案，主要是通过优化精简节点来达到防止流程冗杂的目的。

第四步：制定规范及作业标准。从管理的角度看，梳理流程和节点并重新定义，本质上决定了团队之间、岗位之间的协同关系（即确定"活必须由谁干"），但协同的效率还有赖于作业的规范和标准（即确定"活必须怎么干"），因为，只有依规协同，才是有效、有价值的协同。

需要特别说明的是，以上第二步至第四步紧密关联，在具体操作过程中必须综合考虑，不得"分而治之"。前文曾提及作者为某大型集团提供咨询服务的案例。当时的状况是，该集团的通用物资采购，从需求汇总到供应商送货上门，最长时间达48天。作者在梳理采购流程时发现，首要的问题是需求报送没有统一的标准格式，需求报送人任意填写，导致信息不充分，信息项不完整。集团采购部门为此需要设立专人专岗与需求部门反复核对需求信息。此外，工作流程呈串行逐级审批，而领导经常出差，影响审批进度。这些都导致企业内部协同效率低下。隆道团队给出的解决方案聚焦于压缩各个节点的耗时。首先制定了每个节点的作业标准，即提报需求要统一格式，在需求信息中，单项信息要充分精准，整体信息项要完整不缺，保证每一个节点接收到的信息具备"可处理性"。领导审批依照"责任"和"告知"的属性进行分类，"责任"类保留串行"逐级审批"的方式，而"告知"类则改为同步平行的方式。同时，利用数字技术实现移动办公，无论领导身处何处，随时随地都可以处理公务。

其实，流程中的每一个节点都是在"处理公务"，也都是在协同作业，相互之间，既要依规，又要高效。企业管理团队工作始终是在努力平衡"依规"和"高效"。就上述案例而言，重点是制定了"活必须怎么干"的作业标准。这个作业标准就是"规"，然后"规"入系统，即将作业标准写入系统进行强制规范。同时，数字系统支持每一个节点"即知即行"，也就是说，在接收信息的当时（即知），系统具备即时处理（即行）的功能。由此，依规协同和高效协同的平衡点就找到了，而数字系统为"高效协同"和"合规

第7章 数字系统建设：指导原则和实操路径

管控"的落地提供了切实可行的路径。

第五步：数字系统开发。这一步关系到数字供应链系统的呈现和落地，其成功与否取决于以上四步是否合规进行。系统的开发建设需要专业的技术，所以建设单位面临的问题是如何组建一支称职的团队，或者选择一个合格的服务商，将建设任务外包。

对于所有企业而言，数字系统的开发都不是一件容易的事情。大型企业尚有人力、财力组建一支专门的技术团队，同时也有足够的开发任务，投入产出尚可平衡；而对于中小型企业，尤其是小型企业来说，供养一支专门的技术团队多半是心有余而力不足。

但是，未来已来，数字化转型已不仅仅是发展趋势，任何企业都不能漠视这一进程，只能积极应对。在数字供应链的开发建设方面，业界也是多措并举。在众多数字化转型的路径中，"产品应用化，应用模块化"的第三方平台尤其受到中小企业的青睐。作为第三方平台服务商，应该按照上述设计原则，通过大量的企业供应链实践调研，在充分了解企业供应链管理诉求的基础上，将所需的功能以积木的方式（微服务）构建起数字系统。企业用户可以在平台上按需自主选用应用模块，各模块之间可以无缝对接，组合成一个完整适配的数字系统。这种模式为中小企业提供了一个"投入少、上线快、运行无忧"的数字系统建设解决方案。

对于大型企业而言，虽然它们有自己的专业技术团队，但是在全面实现数字化转型的重任之前，引入"外援"也是常有的举措。这种"外援"通常是以技术开发任务外包的方式来实现的。

数字供应链没有放之四海而皆准的具体评判标准，"适用即好"是人们普遍认可的衡量维度，而"适用"的衡量标准不仅指适用于系统建设的当时，还要与时俱进，可持续升级迭代，适用于建成之后的将来。一句话概括，要避免"建成之日，落后之始"的窘境。

人工智能技术应用的开发

自 2022 年底美国人工智能研究实验室 OpenAI 推出 ChatGPT 以来，基于大语言模型人工智能技术发展的话题火遍了全球，引得人们"脑洞大开"，纷纷展望这项新技术的发展将如何影响人类的生活和工作。这些火出技术圈的讨论迅速普及了大语言模型人工智能的概念，但所有热议多半笼而统之、泛泛而论，所展望的应用场景大多是通用的，宽泛而无具象，没有结合一个行业或企业经营活动的具体应用场景。

在新一轮人工智能技术发展的推动下，数字经济的发展将会比人们预想的要更快一些，现行的商业模式将被新的商业模式颠覆，企业经营管理的业务流程、作业方式也将经历重塑的阵痛。作者认为，与其沉湎空谈以自嗨，或是守成等待被"颠覆"，或是观望，等待"阵痛"来了再"见招拆招"，远不如采取主动策略，着手研究人工智能技术的基本原理，结合具体的业务实践，走出"寻找应用场景、探索应用之道"的第一步。

作者在查阅大量相关资料后，对生成式人工智能的认知形成了两个基本点：第一，它是工具，可以为我所用；第二，它在模仿人类，虽不完美但可以通过持续调教使其趋于完美。虽然人工智能技术发展非常迅速，但在当前的技术条件之下，暂时没有可能出现一款"包治百病"（One App Fits All）的人工智能产品。因此，要想让 AI 赋能企业的日常经营和管理，首先必须找对应用场景。

作者自 2023 年 6 月开始带领团队尝试研究生成式人工智能技术在企业采购业务中的应用，并在 2024 年初成功开发"招标采购法规查询 AI 助手""采购业务分析 AI 助手""招标业务分析 AI 助手""企业内部制度查询 AI 助手"等企业级的 AI 产品，并获得国家发明专利证书（如图 7-3 所示）。

第 7 章　数字系统建设：指导原则和实操路径

图 7-3　基于供应链管理的 AI 采购业务分析装置及方法的发明专利证书

研发 AI 助手的历程让作者体会颇多，也让作者和研发团队对 AI 技术有了更具深度和广度的认知。首先，AI 助手的研发需要五大前提条件，或亦可如图 7-4 所示的"五步法"：一是找对场景，二是配对数据，三是挖掘知识，四是研发算法，五是配对算力。

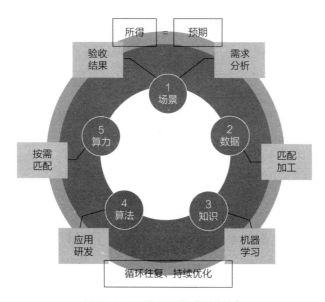

图 7-4　AI 助手开发"五步法"

265

五大条件的排序也是依需而列，所谓"需"，一是找对场景，是指我们需要有一个合适的人工智能技术应用场景，同时还要对人工智能生成的结果有一个"最优解"的期待，当然，这个"最优解"是相对于应用场景而言的。

二是配对数据，所谓配对数据，是指相关的数据必须与选定的应用场景强关联且必须是有逻辑内涵的数据，不同应用场景需要不同的数据。这些数据必须是取自业务流程的数据，亦即前文屡次提到的"过程数据"，因为取自业务流程的数据带有业务逻辑。很多企业因为不曾注意到数据的逻辑内涵，虽然囤了很多数据，但都是业务流程中的阶段性的结果数据，不具有逻辑性，也就不能作为机器学习的训练数据。企业要重视数据资源的汇聚和应用，这是贯穿全书的一个重要观点。在经历了 AI 助手的研发过程之后，作者形成了对于数据的三个概念，一是私域数据，这是指一个企业自己拥有且可以随意支配使用的数据；二是公域数据，也就是公共网络以及以其他方式和载体发布的数据；三是邻域数据，这是指不同私域数据之间，或是私域数据与公域数据之间，建立相对固定的数据交互关系的数据。邻域数据关系在供应链的运行过程中越来越常见，因为，根据供应链所具有的数据链特性，上下游企业在协同作业的过程中，必定会有数据交互。

三是挖掘知识，也有人认为这里的知识就是提示词（Prompt），它是指人们在作业过程中形成的经验和只有圈内人能懂的专业术语，所谓挖掘，就是要在机器学习的过程中发现其不完美，然后不断去寻找发现新的提示词。这些知识或提示词就是用来调教 AI 的。

四是研发算法，这就是利用数据和知识进行机器学习，并不断进行调整和调教的过程。算法服务于"最优解"的生成，同时算法的开发过程还有赖于用数据进行预训练（Pre-trained）和机器学习，算法的形成也只是一个阶段性的成果，还需持续喂之以新数据，推动其不断升级迭代、与时俱进。

五是配对算力，算力忝列末位并非表示其重要性最低，而是因为它是依

第 7 章 数字系统建设：指导原则和实操路径

前者而定的。概括而言，应用场景决定数据边界，数据边界决定算法模型，同时也决定所需算力的匹配。三大前提条件互为支撑，缺一不可。

人工智能在供应链运行和管理中的应用将是极其广泛的。当然，这也是人工智能必定的发展路径，人工智能只有在制造业的应用中才能发挥其真正的价值。例如，产品数字化的一个方向就是人工智能在产品中的植入，无人驾驶、无人机、机器狗等只是起了一个头，可以相信后续还会有更多的智能产品问世。这些智能产品的问世必定会让人们在日常生活中感受到人工智能带来的极大方便，也会成为拉动消费的热销产品。

再比如，生产制造过程已经用上了大量的机器人，无人装配线也出现在越来越多的制造业企业。达沃斯世界经济论坛与管理咨询公司麦肯锡合作推出了"灯塔工厂"的概念，旨在鼓励更多的"数字化制造"和"全球化 4.0"示范者的出现，代表当今全球制造业领域智能制造和数字化最高水平。

作者认为，在生产制造之外的经营管理工作中，生成式人工智能将大有用武之地。比如，AI 在供应链中的需求预测和优化方面将可能发挥非常重要的作用，通过分析历史销售数据、市场趋势、季节性变化等信息，AI 可以更准确地预测未来的需求，帮助企业优化库存水平，减少库存积压或缺货的风险。利用机器学习和优化算法，AI 可以帮助企业识别供应链中的瓶颈和低效环节，提出改进措施，从而提高整体供应链的效率。AI 还可以实时监控供应链中的各种风险因素，如供应中断、价格波动、运输延误等，并预测潜在的风险，帮助企业及时采取应对措施。因此，很快就会有更多的企业级 AI 应用问世。

当然，这会是一个循序渐进的过程，但有可能不需要漫长的等待。它取决于人工智能技术的不断进化，同时也取决于企业私域数据的建设发展速度和更多邻域数据关系的建立。

关于人工智能未来的发展，作者构思了一个预测模型（如图 7-5 所示）。

这个模型以算法开发难度和业务场景/相关数据为两个纬度。从中可以看出，相对来说，检索增强生成（Retrieval-augmented Generation，RAG）可以最快、最迅速地得以发展和应用。RAG 也是当下热门的大模型前沿技术之一，它结合了语言模型和信息检索技术。作者和团队开发的"招标采购法规查询 AI 助手"和"企业内部制度查询 AI 助手"，就是基于 RAG 技术开发的。当这两个 AI 助手接到指令时，它会先从一个庞大的文档集合中检索出相关信息，然后利用这些信息来指导文本的生成，从而提高预测的质量和准确性。

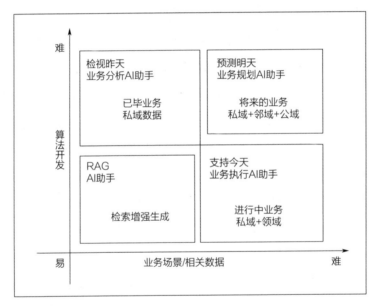

图 7-5　人工智能发展预测模型

模型左上方的象限表示的是利用私域数据训练开发的业务分析 AI 助手，这里的私域数据主要是已落盘并经过清洗加工的数据，这对于多维度分析已经完成的业务，如某类物料供应商的业绩，或是撰写某一个采购项目的总结，都可以"一键生成"，方便快捷。对于企业集中采购中各个项目的事后监督或审计报告的撰写，同样可以即索即得。前文提到的"采购业务分析

AI 助手"和"招标业务分析 AI 助手"都属于这一类。其实，这两个 AI 助手同样可以用于销售业务分析和各类业务的事后审计。因为都是对已经完毕的业务进行总结分析或监督审计，所以称之为"检视昨天"的 AI 助手。

模型右下方的象限表示的是业务执行 AI 助手，因为是赋能进行中的项目，故称之为"支持今天"的 AI 助手。在供应链的运行过程中，上下游企业之间协同发生各类业务场景。如果选择这类场景进行 AI 应用开发，势必需要协同双方的业务过程数据。但因为企业的数字化发展水平参差不齐，有的甚至没有相应的数字系统来支持业务操作，也就不可能有完整的过程数据的汇聚。因此，这一类支持进行中业务的 AI 助手开发，显然难度更大一些。这一类 AI 助手研发的延滞，势必拖累模型右上方象限表示的"预测明天"，即对业务进行规划的 AI 助手的开发。

7.4 系统建设模式的利弊分析

自建模式

优势

自主性：自建模式的核心优势在于企业拥有对系统的完全控制权。这意味着企业可以根据自身独特的业务需求和发展目标，进行定制化开发，确保系统功能与业务需求高度匹配。例如，企业可以根据自身独特的供应链流程、组织架构和业务规则，开发出最适合自身的数字供应链系统，从而实现更高的效率和效益。

可控性：自建模式使得企业能够完全控制系统的开发和运维过程，确保系统的安全性和稳定性。企业可以自主选择技术方案、开发工具和开发团队，并对系统进行持续优化和升级。例如，企业可以根据自身对数据安全和隐私保护的需求，选择合适的技术方案和加密算法，并建立完善的安全管理体系，确保系统的安全性和稳定性。

灵活性：自建模式使得企业能够根据业务发展和技术进步，随时对系统进行升级和扩展。企业可以根据市场变化和业务需求，及时调整系统功能，并引入新的技术和工具，以保持系统的先进性和竞争力。例如，企业可以根据市场需求的增长，扩展系统的容量和处理能力，并引入新的数据分析工具和人工智能技术，以提升系统的智能化水平。

劣势

成本高：自建模式需要投入大量的资金和人力资源，包括软件开发成本、硬件设备成本、人员培训成本等。这对于资源有限的小型企业来说，可能是一个难以承受的负担。

技术要求高：自建模式需要企业具备强大的技术实力和人才储备，才能成功开发和管理数字供应链系统。这包括对云计算、大数据、人工智能、物联网、区块链等技术的深入理解和应用能力。对于缺乏技术人才的企业来说，自建模式可能是一个挑战。

维护成本高：系统的维护和升级需要持续投入，需要专业的技术团队进行维护。这包括系统故障排查、性能优化、安全防护等。这对于缺乏专业维护团队的企业来说，可能是一个难题。

开发周期长：自建模式需要投入大量的时间和精力，开发周期较长。这可能会影响企业的数字化转型进度和竞争力。

外包模式

优势

成本低：外包模式可以降低企业的开发成本和运维成本，节省人力和物力资源。企业不需要投入大量的资金和人力资源进行系统开发，也不需要建立和维护专业的技术团队，从而降低成本。

专业性强：专业的外包服务商拥有丰富的经验和专业知识，能够提供高质量的数字供应链系统建设服务。他们熟悉最新的技术趋势和行业最佳实践，能够为企业提供专业的技术解决方案和咨询服务。

实施速度快：外包服务商可以快速完成系统的开发和部署，缩短项目周期。他们拥有专业的开发团队和丰富的项目经验，能够高效地完成系统开发工作。

劣势

自主性低：企业对系统的开发和运维控制能力较低，需要依赖外包服务商。这可能会影响系统的定制化和灵活性。

风险较高：外包服务商的服务质量难以保证，存在数据安全和隐私泄露的风险。企业需要对外包服务商进行严格的选择和评估，并签订完善的合同，明确双方的权利和义务，以降低风险。

变更困难：外包模式的项目变更较为困难，需要与外包服务商协商，可能导致项目延期和成本增加。这可能会影响企业的业务发展和数字化转型进度。

SaaS 模式

优势

成本低：SaaS 模式可以降低企业的初始投资和运维成本，按需付费，节省资金资源。企业只需要支付使用费用，不需要购买软件或硬件设备，也不需要建立和维护专业的技术团队。

易用性高：SaaS 平台通常具有友好的用户界面和操作方式，易于学习和使用。企业员工可以快速掌握系统操作，提高工作效率。

可扩展性强：SaaS 模式可以根据企业的需求，随时扩展系统功能，满足业务发展需求。企业可以根据自身需求，选择合适的模块和服务，并进行付费升级。

劣势

数据安全风险：SaaS 模式需要将数据存储在外部服务器上，存在数据安全和隐私泄露的风险。企业需要选择信誉良好的 SaaS 服务商，并签订完善的合同，明确数据安全和隐私保护条款。

定制性低：SaaS 平台的功能模块较为固定，难以完全满足企业的个性化需求。企业需要根据 SaaS 平台的功能模块进行选择和调整，可能无法完全满足自身的业务需求。

依赖性强：企业对 SaaS 服务商的依赖程度较高，服务中断或变更可能影响企业的运营。企业需要选择信誉良好的 SaaS 服务商，并建立备份方案，以降低风险。

混合模式

优势

优势互补：混合模式可以结合自建模式、外包模式和 SaaS 模式的优势，满足企业的不同需求。例如，企业可以将核心系统部分自建，将非核心系统部分外包或采用 SaaS 模式，从而实现资源优化配置和成本控制。

灵活性强：混合模式可以根据企业的实际情况，灵活选择不同的模式，实现资源优化配置。例如，企业可以根据不同业务需求，选择不同的模式，以实现最佳的成本效益。

风险可控：混合模式可以降低企业的风险，避免单一模式可能带来的风险。例如，企业可以将数据备份到本地服务器，以降低数据安全风险。

劣势

管理复杂:混合模式的管理较为复杂,需要企业具备较强的管理能力。企业需要协调不同模式之间的合作,并建立有效的管理机制。

成本较高:混合模式需要投入较多的资金和人力资源。

协调难度大:混合模式需要协调不同模式之间的合作,可能存在协调难度较大的问题。

第 8 章
供应链思维：
企业战略与
数字生态

导 读

　　企业要发展壮大，必须要有谋划，谋定而后动。所谓"谋定"，在专事企业管理研究的专家学者看来，就是要制定发展战略；"后动"则指将战略付诸实施，其过程就是战略执行的管理。现代企业管理的理论，包括经济学的理论，都是伴随着人类历次的工业革命而发展起来的，工业革命的发生地，或是最早参与工业革命的相关国家，似乎是得近水楼台之便，产生了更多的企业管理理论家和企业发展战略家。我们现在所能阅读到的企业管理、企业战略之类的论著，但凡有较大影响的，都出自上述国家的学者和专家。

　　在当今经济社会发展的大背景下浏览这些大咖的论著或是基本的学术观点，总体的印象是这些理论多少都偏于单个企业内部的运作，从企业战略设计到战略落地执行，都从企业本位出发。虽然也有论及企业外部因素对于企业经营管理的影响，多半也聚焦于那些直接的，明眼可见的影响，且缺乏对企业外部环境所暗含的层次的分析，既不够立体，也不能令人有生态环境的感觉。而这些年来，企业热衷于讨论如何构建发展的"生态圈"。由此而来，如果用"大处着眼"来比喻企业的战略规划，这些论著和理论给出的企业外部环境似乎不够"大"，而且还有点模糊不清,在这不够大且又模糊的"大处",要想"小处着手",总有找不到抓手的感觉。究其原因,主要还是这个世界变化太快,理论总是晚于实践。

进入 21 世纪以来,新技术快速发展,经济全球化改变了企业的生存环境,并进而顺理成章地改变了企业的经营管理模式。新技术推动企业产品和经营管理模式的快速迭代和创新,企业国际化经营带来了供应链国际化,这些都是传统企业战略和经营管理理论未曾充分研究的领域,于是,"大处"模糊,"小处"找不准的感觉就会不由自主地冒了出来。

供应链思维为我们观察企业、研究企业管理提供了一个崭新的视角。

8.1 供应链与企业战略

企业战略的制定,必定要服务于企业存在的目的和发展的终极目标。传统的管理理论多半会要求企业捋清楚愿景(Vision)、使命(Mission)、目标(Goals)和价值观(Value),并用简洁的文字予以准确的表达。说实话,很少有企业能做到这一点。也许是因为企业的经营都是具体的,将具体的经营活动抽象成高大上的宏大叙事并非易事。也许正因为如此,有太多的企业根本就没有去思考这四个看似高大上的观念。但是,不管有没有思考或是不是准确表达了这四大观念,每一个企业都有一个终极目标,而所有的企业,无论其规模大小、做何营生,都共享这个终极目标,即"盈利且可持续"。

有人可能会说,这样的终极目标偏于狭隘,没有顾及企业应该承担的社会责任,在推崇企业应该实行 ESG 管理的当下,这样的目标显得很不入流。其实,这样表述企业的终极目标不仅直白,而且符合实事求是的精神。试想,一个企业如果不能盈利,它如何承担起相应的社会责任?又如何实行

ESG管理？恰恰相反，一个不能盈利的企业很可能会成为社会的负担。读者要注意的是"且可持续"，这是一个制约条件，它意味着企业若想"可持续"盈利，首先要依法经营，要尊崇ESG管理，要绿色经营，要尊重社会公序良俗和集体价值观。突破这一个制约条件，就不可能达成"盈利且可持续"的目标。企业的战略就是服务于这个终极目标的达成。

早些年常常有企业家说，自己的经营目标是让企业成功上市。现在这种情况少了，也许是因为上市企业的表现也不过如此，或许是因为企业家的认知已经提高，大家都知道上市只是企业因发展需要而采取的融资手段。在国外，有很多家族企业并不愿意上市，这些企业背后的家族不喜欢被放在聚光灯之下，也不想或者说不敢为股民担责并受万众监督，更重要的是，他们并不缺钱，因为他们已经达成了"盈利"的小目标，此后的重点是保证"可持续"。上市充其量只是经营团队的一个阶段性目标，即使达成了，还是要回归到以"盈利且可持续"为目标的常态，不然的话，如何向股东和股民们交代？所以说，"盈利且可持续"是企业的终极目标，它是伴随企业整个生命周期的。

还有不少企业家将进入世界500强或行业100强之类的目标作为自己奋斗的目标，这些同样也只是阶段性目标。其实企业是否有必要设立这一类目标，本身就是一个值得质疑的问题。一个简单而又浅显的道理是，企业不是为了某种奖项或荣誉而存在的。设定一个奋斗目标，就意味着为企业的资源投放设定了一个必须遵循的原则。企业如果以奖项或荣誉为目标，很可能会丢掉企业的客户，一起丢掉的还有企业的营收和利润。

要想达成盈利且可持续的目标，企业就必须要创造价值，这个价值的受众是社会、是客户、是市场。这个价值的载体是产品或服务。无论一个企业从事何种产品的制造生产，或是提供哪种形式的服务，其产品和服务都是价值的载体。这个载体能否为企业带来利润，取决于市场是否接受并为其买单。但是承载价值的产品或服务并不是一个企业特立独行、单枪匹马就可以完成的，供应链就是因此而构建的。

进入 21 世纪以来，大体上我们就一直处于第四次工业革命的进程之中。回顾历史我们可以发现，前三次工业革命都发生在工厂和企业内部。每一次工业革命都因新技术的诞生而启动，每一次工业革命都给工厂和企业造成冲击、带来变化，并形成了与新技术相匹配的新的生产和经营管理模式。所谓的"相匹配"，本质上是对新技术的应用，力求新技术赋能企业的生产、经营和管理等各个方面，能够给企业带来更高的生产效率和经营效益。

专事企业管理研究的专家教授对企业应对历次工业革命的创新实践进行总结、分析和归纳之后，将其升华为企业管理的理论学说，其中重要的构件是企业战略的制定和管理。关于理论和实践的关系，有两句名言。一句是国人耳熟能详的"实践出真知"，另一句源自国外，是"在理论上，理论和实践没有区别，在实践中，这两者有区别"。这两句名言都暗含一个真理：理论晚于实践。由此可见，现有的企业管理理论多半是对企业应对前三次工业革命的实践的总结和升华，而对于正在进行中的第四次工业革命，企业的应对之策尚在摸索之中，专家学者也正积极投入其中。因此，借用传统的企业管理理论来应对当下的变革冲击，难免会有"大处"不够大且又模糊的感觉。

美国学者伊戈尔·安索夫（Igor Ansoff）在业界和学界被视为战略管理的鼻祖，如此受众人景仰，主要是因为他对战略管理（Strategic Management）的开创性研究。他提出，企业战略的核心应该是明确企业所处的位置，界定企业的目标，确定为实现目标而采取的行动。安索夫认为：企业的生存是由环境、战略和组织三者决定的，只有当这三者协调一致、相互适应时，才能有效地提高企业的效益。同时，他也主张，战略管理是面向未来、动态地、连续地完成从决策到实现的过程。

供应链思维
链性、战略和数字化转型

不难看出，安索夫在这里强调的是，目标一旦确立，战略与环境的互动就变得至关重要。所谓环境，实质上就是企业运营的环境，这个环境是由对企业盈利且可持续的目标的实现有影响的所有因素构成的。战略与环境的互动其实就是战略的动态管理，是设法让战略与环境两者相互适应。但凡有不适应的，企业必须要采取措施，要么改变战略，要么改变环境。但是，很多时候，环境就是发展趋势，是由工业革命带来的新技术的创新性应用形成的新发展模式，包括产品创新和新的生产方式、新的商业模式。例如，当下飞速发展的数字技术推动企业数字化转型，就是发展的新趋势。面对这样的环境和新发展趋势，企业只能去适应而不是去改变，更不能设法去躲避。企业唯一可做的是改变战略。但是，怎么改？从何处着手改？借助有关企业经营管理的理论来进行分析和思考，目的是想就面对的问题形成一个全局性的了解，即所谓的"大处着眼"，从而找到解决问题的思路、具体方案和切入点，然后"小处着手"。但是，面对第四次工业革命带来的新技术、新趋势和新问题，想从源自第三次工业革命的管理理论中寻求应对之策，让人联想到的是"刻舟求剑"的典故。于是，"大处"不够大或者模糊不清的感觉就会油然而生。

从供应链的视角来看，这个环境就是供应链。数字技术的发展和应用使得企业的经营模式有了巨大的变化，例如，就经营地域而言，传统企业多半在本地生产经营，满足本地市场的需求。在数字技术的支撑之下，企业在全球寻找市场和生产资源，跨国经营已经成为一种现实的存在。与前三次工业革命不同的是，正在进行中的第四次工业革命带来的变革，不仅发生在企业内部，同时也存在于企业的外部，即供应链的构建和运行。第四次工业革命让人们加深了对供应链的认知，首先，供应链是一个客观存在；其次，供应链外无企业；最后，供应链有其客观的运行规律。

认知改变决策和行为。在20世纪接近尾声、21世纪隐约可见的那些日子，人们普遍认为懂外语、会计算机是跨世纪人才必备的技能。很多人也是瞄着这样的技能目标自我培养、自学成才的。在当下供应链和数字化重叠的时代，供应链知识和数字化技能成了企业经营和管理人员的必备才能。企业家和企业经营管理团队要努力"自我培养"，努力提升对供应链的认知水平，逐渐形成供应链思维（Supply Chain Mindset），并以供应链思维为引领将数字化技能用在刀刃上。供应链思维最为重要的是对供应链运行的客观规律的了解和把握，第4章提到的"七大链性"可以帮助企业经营者构建企业经营内外部环境的高清全图，了解了"七大链性"，也就有了分析和辨识企业经营整体环境的着眼点，制定企业战略，包括数字化转型的战略，也就找到了"顶层"所在，顶层设计也就可以顺理成章地一气呵成。同时，供应链思维相当于战略动态管理的"监控系统"和"定位系统"，它可以动态监控供应链的整体运行，如果发现需要改变战略的场景，把握了供应链思维就可以迅速定位，同时快速形成所需要的解决方案。当然，这一切都需要数字技术打造的数字供应链的支撑。

8.2 供应链与企业核心竞争力

企业若要真正达成"盈利且可持续"的目标，制定正确的战略并进行卓有成效的战略管理当然至关重要，但是战略必须包括企业核心竞争力的培育。

加拿大学者和管理科学家亨利·明茨伯格（Henry Mintzberg）将战略谋划比喻为集艺术、科学和经验为一体的"技艺"（Crafting），他提出的"5P模型"在战略管理中具有重要意义，因为它提供了一个多维度的框架，可以帮助企业理解战略并制定战略。这"5P"分别代表"计划"（Plan）、"策略"

（Ploy）、"模式"（Pattern）、"定位"（Position）和"视角"（Perspective）。他认为企业的核心竞争力需要通过战略规划来明确其发展方向，而核心竞争力往往会体现在企业长期一致的行为模式中，例如持续创新和不断优化的客户体验。视角代表着企业的文化、价值观和思维方式，而核心竞争力则以此为土壤，深植于其中并从中汲取营养。他在提出核心竞争力需要有意识的规划的同时，也强调其需要在经营实践中不断调整和优化。而且他也不忘提醒，企业需要根据自身的核心竞争力特点选择合适的组织结构，以支持核心竞争力的发展和运用。

哈佛大学商学院教授迈克尔·波特早在 1980 年就提出"竞争五力模型"（Five Forces Model），这一模型在欧美国家影响甚广，成为企业战略分析领域的重要工具，也被很多企业视为培育核心竞争力的指南。这五种力量分别是：

1）行业内既有的竞品（Rivalry Among Existing Competitors）

2）潜在进入者的威胁（Threat of New Entrants）

3）替代品的威胁（Threat of Substitutes）

4）供应商的议价能力（Bargaining Power of Suppliers）

5）买方的议价能力（Bargaining Power of Buyers）

企业战略和竞争力一直是业界和学界关注的重要课题。中国的企业经营管理人员也一直在努力探索，学界也有专家在孜孜不倦地研究。企业的核心竞争优势在很大程度上有赖于企业的管理。对于中国企业的经营管理人员来说，相比于上述这些企业战略和管理学界的大咖，大家更为熟悉的还是彼得·德鲁克和日本的稻盛和夫。

彼得·德鲁克（Peter Drucker）被称为现代管理学的奠基人之一，他的核心管理思想涵盖了企业管理、战略、创新、组织文化和社会责任等多个方面。以下是德鲁克的核心管理思想的 10 点总结：

1)管理的本质:以目标为导向

管理的核心是目标:德鲁克提出"管理的本质是目标导向",即管理的首要任务是明确组织的目标,并围绕目标进行资源配置和行动。

管理者的职责:管理者的职责是通过有效的管理实践,确保组织的目标得以实现。

2)管理的目的:创造顾客

顾客是企业存在的唯一理由:德鲁克认为,企业的唯一目的就是"创造顾客"。企业的所有活动(如营销、创新)都应围绕满足顾客需求展开。

以顾客为中心:企业战略和运营必须从顾客的角度出发,理解"顾客需要什么",而不是"企业能提供什么"。

3)管理的工具:目标管理

管理者与员工共同设定目标:德鲁克提出了"目标管理"(Management by Objectives, MBO)的概念,强调通过明确的目标设定和绩效评估来实现组织目标。

目标的特点:目标必须是具体的、可衡量的、可实现的,并与组织的整体战略一致。

4)创新与企业家精神

创新是企业的生命力:德鲁克认为,创新是企业发展的核心驱动力。企业必须不断寻找新的机会,开发新的产品和服务。

企业家精神:他强调企业家精神不仅适用于创业公司,也适用于大型企业。企业家精神的核心是主动发现和利用变化中的机会。

5)核心竞争力与资源管理

专注于核心竞争力:企业应专注于自身的核心能力,避免将资源分散在非核心领域。

有效利用资源:管理的关键在于如何高效地利用有限的资源(人力、财力、时间）来实现目标。

6）组织与员工的关系

员工是企业的最大资产：德鲁克强调，员工是企业最重要的资源，管理者的任务是激发员工的潜力。

知识型员工：他首次提出"知识型员工"（Knowledge Workers）的概念，认为在知识经济时代，员工的知识和技能是企业竞争力的核心。

授权与责任：管理者应给予员工充分的授权，同时明确责任，建立信任和合作的文化。

7）社会责任与企业伦理

企业的社会责任：德鲁克认为，企业不仅是经济实体，也是社会的一部分，必须承担社会责任，关注环境、社区和员工福祉。

长期价值：企业的目标不仅是短期利润，更包括为社会创造长期价值。

8）有效性与效率

有效性（Effectiveness）：做正确的事情，即选择正确的目标和方向。

效率（Efficiency）：正确地做事情，即用最少的资源实现目标。

优先考虑有效性：德鲁克强调，管理者首先要关注有效性，确保组织的方向正确，然后再追求效率。

9）环境变化与战略适应

环境变化是常态：德鲁克认为，企业必须适应不断变化的外部环境，包括技术、市场和社会的变化。

战略的动态性：战略不是一成不变的，需要根据环境的变化不断调整。

10）"未来管理"的概念

预测未来趋势：德鲁克强调，管理者必须关注未来，预测可能的变化，并为未来做好准备。

长期视角：企业的决策应基于长期视角，而非短期利益。

第 8 章 供应链思维：企业战略与数字生态

稻盛和夫（1932—2022 年）被誉为"经营之神"，是日本著名企业家与管理哲学家。他创立了京瓷和 KDDI 等世界知名公司，并创立了阿米巴管理模式。最令人敬佩的是，他在 78 岁那年受邀出任日本航空公司的总裁，成功重建了日本航空。他的管理理念基于"作为人类应该做的正确的事情"，强调道德经营。

稻盛和夫的 12 条管理规则总结如下。

1）明确目的与使命：制定明确的企业目的与使命，并通过不断的努力去实现。

2）设定具体目标：让目标具体化，并量化为可测量的标准。

3）牢记决心与毅力：坚韧不拔地去实现目标，保持坚定的意志。

4）关注竞争对手：理解市场竞争状况，明确竞争优势。

5）行动果断快速：即使面临困难，也要果断采取行动并快速响应。

6）持续改善：不断推进运营和产品改善。

7）提升领导能力：领导者应具备高尚的品德与良好的判断力。

8）以人为本的管理：重视员工，积极培养人才并发挥每个人的潜力。

9）降低成本与提升品质：不断追求生产成本的降低与产品品质的提高。

10）保持危机感：即便成功也保持警惕，不松懈。

11）透明的沟通：保持开放的沟通与信息透明。

12）贡献于社会：企业的目标不仅在于盈利，更在于贡献于社会。

以上这些管理大师有关企业战略和核心竞争力的论述，在当今供应链被广泛认知的大背景下，显然有一种年代久远的感觉。除了前文所说的"刻舟求剑"的年代错位之外，更重要的一个感受是，无论是德鲁克的 10 点总结还是稻盛和夫的 12 条管理原则，都是言之有理的至理名言，但是又有碎片化的感觉，不知该如何将这 10 点总结或 12 条管理原则串起来。又比如说，德鲁克提到核心竞争力与资源管理，认为企业要专注于核心竞争力，避免资源分散在非核心领域。讲到有效利用资源，他提出管理的关键在于如何高效地利用有限的资源（人力、财力、时间）来实现目标。这些话都正确，但都偏于原则而不具有实操性。再比如说，德鲁克在谈到授权与责任时，建议管理者应给予员工充分的授权，同时明确责任，建立信任和合作的文化。但这样的授权和核心竞争力有什么关系？是否应该遵循统一的原则？更重要的是，企业各个部门和团队需要协同作业，授权与协同之间又该怎么协调？

例如，德鲁克 10 点总结中的第 1 点强调管理的本质是以目标为导向，第 2 点是"创造顾客"，并强调"企业的唯一目的就是创造顾客"。这两点倒是一脉相承，逐步递进。但是，当"创造顾客"与第 7 点"社会责任与企业伦理"不一致时，创造顾客还能是企业的唯一目的吗？

德鲁克管理思想的 10 点总结中最值得商榷的是第 2 点。德鲁克认为，企业的唯一目的就是"创造顾客"，企业的所有活动（如营销、创新）都应围绕满足顾客需求展开。问题是，拿什么去"创造顾客"？再深入一下，如果将"创造顾客"作为企业的唯一目的，企业又该如何打造核心竞争力？

近些年来，国内国外都出现一些公司，它们以退休的老年人为目标市场，但是它们没有生产任何产品，最为擅长的就是在这个市场"创造顾客"，其所有的活动如德鲁克所言，都围绕着满足老年人的需求开展业务。例如，老年人有养生保健的需求，它们就举办养生保健讲座，让老年人免费听课，还送鸡蛋，还提供具有"神奇疗效"的保健品或医疗设备。老年人希望安排好自己的养老资金，这些公司会提供零风险高回报的"投资项目"。老年人有了解智能设备的需求，这些公司会帮助老年人为智能手机"杀毒"。老年人有念旧或被关心的情感需求，这些公司会扮演或冒充亲属或朋友骗取老人的信任。其实，所有的产品和服务都是为了骗钱，对于老年人来说，没有任何的实际价值可言。但是，假如暂且撇开"这些产品和服务的实质是诈骗"这一点，如果说"企业的唯一目的就是创造顾客"，那这些在退休老人群体中"创造顾客"的公司的老板都可以被誉为"经营大师"了。与此相媲美的还包括"缅北"的电信诈骗，他们在创造顾客方面确实独辟蹊径、不走寻常路，且"成效卓著"。但这对于老年人的家属和上当受骗者来说，实在是可恨至极，对于检方和法院来说，这样的"成效"恰恰是量刑的依据。

由此可见，"企业的唯一目的就是创造顾客"这个观点难以接受。作者坚持的观点是，企业之所以创立和存续，其目的就是创造价值，绝不是创造顾客，企业必须用有价值的产品或服务去满足顾客需求，并以此获得相应的回报，而企业的终极目标是盈利且可持续。试问，以上这样精于"创造顾客"的企业，是在创造价值吗？如果有盈利，可以持续吗？前文提到，企业经营不仅要依法经营，还要尊重社会公序良俗和集体价值观，忽视这两点的企业，尽管创造了顾客，也无法达到企业经营的终极目标，甚至还涉嫌诈骗犯罪。

企业要盈利且可持续，势必要打造有价值的产品，同时还要构建核心竞争力。欧洲著名供应链学者，英国克兰菲尔德大学克里斯托弗教授在其所著的《物流与供应链管理》一书中给出了与以上管理大咖不同的视角。

真正的竞争不在企业和企业之间，而在供应链和供应链之间。

这个观点获得了中国著名经济学家吴敬琏先生的赞同。2003年，他在为《供应链管理：香港利丰集团的实践》（第二版）一书作序时表达了相似的观点：

当前流通业由单个企业的物流管理到一体化的供应链管理的革命，极大地降低了全社会的交易成本，提高了各产业的生产效率，成为20世纪末大规模产业重组的重要内容。著名的物流专家马丁·克里斯托弗甚至认为："21世纪的竞争将是供应链与供应链之间的竞争。"

供应链思维 ○—○
链性、战略和数字化转型

"真正的竞争在供应链和供应链之间",这句话应该怎么理解?

每一个企业都有自己的发展和经营战略,这个战略的制定就是为了应对市场竞争。换言之,企业的战略就是竞争战略。除此之外,也有不少企业的供应链管理团队还会在企业总战略之下制定供应链战略。

如果我们认定"竞争在供应链和供应链之间",合乎逻辑的推理结果是:供应链战略应该就是竞争战略。那么,供应链战略是否就应该等同于企业战略?供应链战略和企业战略应该是什么关系?对于这个问题,换一个角度来问就是,供应链运行和企业经营有哪些差异?这些差异对于战略的制定有什么影响?

回答这样的问题,首先要对企业和供应链的异同做一番辨析。从法律层面来说,企业是一个依法设立的、以盈利为目的的组织。它有决策中心,有执行团队,有管理制度,也有激励机制。从企业的高级管理人员到普通员工都要依规作业,企业可以令行禁止,可以论功行赏,也可以有错必惩。

反观供应链,不管专家学者如何定义,它始终是一个因商业利益而构建起来的协同作业形式,不具有法律意义上的身份和地位。它没有决策中心,虽然有执行团队,但这些团队各有所属、各事其主,相互之间不存在下级服从上级的从属关系。它没有统一的管理制度,也没有激励机制,既没有人发号施令,也无法做到令行禁止,相互之间仅凭一纸合同来约束不同团队之间的行为或调整其关系,而且,这一纸合同还仅存于直接发生交易的采供企业之间。

这样的供应链如何进行竞争?我们要完整、准确理解"真正的竞争在供应链和供应链之间"这一观点,就不能望文生义停留在字面上。我们在前文中就曾提及,这个观点,与其说是对当今市场竞争现状和实况的一个判断,还不如说是对企业竞争优势构建的一种隐喻。它的价值点就在于将企业竞争放在供应链运行的大背景之下进行考察,突破了传统企业管理理论聚焦于企业本位的固有思路。

我们说供应链是一个客观的存在，就是因为社会分工的客观存在，就是因为没有一个企业可以独立完成一个产品从无到有直至交付给最终用户的全过程。所以，一个产品的生产制造和交付，就会形成一条供应链。如果这个产品有多家企业在从事生产，由此就会有多条供应链同时存在，而每一个生产厂家都会为自己的产品争夺市场份额，于是，每一个企业的供应链运行效率和管理水平就构成了这个产品在市场的竞争优势。这就是"竞争在供应链和供应链之间"这句话的真正含义。

由此可见，在当今的数字化时代，竞争依然存在于企业和企业之间，改变的是企业竞争优势的构建。传统企业管理理论关于企业核心竞争力的打造，总是聚焦于企业自身，如新产品研发能力、规模经济和成本控制能力等，或者说聚焦于企业整体的经营管理水平，这样的聚焦也可以说是"大处着眼"。但是在供应链时代，这样的"大处"还不够大，这样的整体还不够整体。我们必须认识到，企业竞争优势的构建已经聚焦在与供应链密切相关的三种能力建设上：构建、运行和管理供应链的能力，用数字技术赋能供应链的能力，以及防范和应对供应链风险的能力。培育这三种能力才是从"大处着眼"。企业经营管理团队要从"大处着眼"，就得以供应链为大背景。要充分认识到，供应链是企业运营的真实环境和生存空间，构建、运行和管理供应链在本质上是培育企业赖以生存的生态环境。

这些年来，构建"企业生态圈"（Business Ecosystem）成了很多企业的愿望，甚至有企业将其设为战略目标。但是，并不是所有企业都对企业生态圈这个概念有完整的理解。很多企业无视供应链的存在去探索企业生态圈的营造，其实就是一种舍本逐末的无用之功。还有一些企业对生态圈的营造总是出于利己之心，既想登高一呼、万众响应，又很少思考拿什么来吸引响应者，也不顾及响应者的权益所在。

从一定意义上来看,"企业生态圈"的概念是早年企业家"朋友圈"概念的升级版。中国人历来重视朋友关系,认为"多个朋友多条路"。企业家和企业经营管理团队为了拓展业务和商业机会,广结善缘。但是结果大体都是广种薄收,形式大于内容。所谓"形式"基本上就是常说的"找个时间聚一下"。至于内容,除了一些灰色的利益勾兑,在真正的商业合作方面基本上颗粒无收。于是就留下一句自我安慰的名言:酒桌上的话都不算数。

曾有一位企业家在与作者交流时表示:公司业绩一般,想破局,但不知道应该干什么。交流中他还特意强调,他身边有很多掌握资源的朋友,有制造业的、也有经商的、也有体制内的,这些朋友还可以介绍更多的资源。所以他不是缺资源,而是缺一个具体的业务。这话是有点希望作者能为他指点迷津的意思。

其实,业绩一般但想破局是绝大部分企业家的心理状态。只是对这个"一般"的定义,不同的企业家会有不同看法。很多时候是企业家出于危机意识,对经营现状不满意要更上一层楼,也有可能是一种要做大做强的雄心壮志。这些都很正常,无可厚非。但是,这个故事的关键点在于这位企业家对自己现状的判断,他觉得自己有的是资源,只是缺一个具体的业务方向,似乎万事俱备只欠东风。其实,这个判断暴露了他的认知水平。他缺的不是业务方向,而是对企业经营、对资源、对朋友关系的本质的认知,认知是这位企业家的硬伤。

企业生态圈是指参与市场经济活动的各个主体,因为利益攸关而共同构建的一个价值平台,所谓利益攸关就是一种合作共赢的关系,旨在通过平台进行资源整合和共享,进行产品和服务的创新。这样的企业生态圈与供应链有一个共同的属性,我们可以说,供应链就是企业生态圈,但企业生态圈的成员可以更为宽泛,可以大于实际运行中的供应链。企业若想打造供应链竞争优势,确实有必要培育和经营好这样的生态圈。但是,企业经营管理者还是要对企业生态圈和供应链的异同有辨识能力。对于供应链，首先要具备这样的认知和初心，即供应链是一个"创造价值，成就彼此"的协同作业组织。参与其中的所有供应链伙伴企业，都应该有能力创造价值，都应该相扶相帮。不能成就供应链伙伴的企业，其实也就是未能创造价值的企业，其结局必定是被踢出供应链，从而失去"链籍"。不过，这样的供应链伙伴企业有可能源自企业的生态圈，它们可能是潜在的供应商，也可能是潜在的下游客户，也可能是企业创新业务板块的合作者。

企业生态圈是一个复杂的系统，包括生产厂家、供应商、客户、合作伙伴，甚至还有竞争对手等多类企业主体，说它复杂是因为它们之间的相互关系和相互作用错综复杂。供应链则是将生态圈内某些主体连接起来的纽带，而连接的原则是价值创造，即只有为一个产品或服务做出贡献的企业主体才有可能被连接。它涵盖了从原材料采购到生产加工再到产品销售的全过程，涉及物流、资金流、信息流等多个方面。

因此，供应链是企业生态中不可或缺的一部分，它与企业生态相互依存，共同构成了一个有机的整体。例如美国苹果公司，其供应链不仅包括原材料供应商、生产制造商、物流配送商等直接参与产品生产和流通的企业，还包括软件开发商、内容提供商等间接为产品提供支持的企业。这些企业相互协作，共同构成了苹果公司的商业生态，使得苹果公司能够推出具有创新性的产品，并满足消费者的需求。

自然生态需要保护，商业生态也不例外。供应链作为商业生态的重要组成部分，可以主动作为来保护商业生态环境。例如，供应链可以通过与供应商建立长期稳定的合作关系，确保原材料的稳定供应，从而降低企业面临的供应风险。同时，供应链还可以通过优化物流配送流程，减少对环境的影响，保护生态环境。

此外，供应链还可以通过加强信息共享和协同创新，促进企业生态中各主体之间的合作与交流，共同应对市场变化和挑战，保护企业生态的稳定和发展。

8.3 供应链与企业数字生态

前文在讨论企业核心竞争力时，提及了企业生态圈这个概念。其实这是业界十分熟悉的一个现象，从某种意义上说，行业协会、商会都属于企业生态圈。放开了说，三百六十行，行行都有自己的生态圈。进入数字化时代，由于数字技术带来的方便，企业生态圈的存在形态和运作方式也发生了变化。在数字技术的推动之下，企业的数字生态圈开始显现。

论及企业数字生态圈，很多数字化转型专家给出的定义通常是：企业数字生态圈是指由数字技术驱动的、以数据为核心资源、通过多方协作和互联互通形成的生态系统。它涵盖了企业、政府、个人以及技术平台之间的协同关系，旨在通过数字化手段提升效率，提高创新能力和可持续发展水平。

其实，数字技术不是企业数字生态圈的驱动力，就像数字技术不是企业的驱动力一样，没有一个企业有了数字技术就一劳永逸地解决了企业的发展动力问题。数字技术只是支撑企业数字生态圈运行的技术条件，对于企业而言，数字技术是拿来用的工具，可以为自己的产品创新、作业模式创新和商业模式创新提供技术支撑。无论是线下的企业生态圈还是线上的企业数字生态圈，其汇聚成员的驱动力主要还是商业利益，换言之，企业进入一个生态圈总是怀揣着一个目的的，总是有所图的。很多时候，并不一定有一个精心谋划的目的，但要不要进入，每个企业都会有自己的利弊分析和价值判断。

数字生态圈就像虚拟社会，企业数字生态圈就是企业生态圈的虚拟空间，两者之间有相似的作用，但更多的是互补。数字生态圈带来的更多的是便捷性，圈内成员之间的沟通效率大幅提升，相比于现实空间的企业生态圈，数字生态圈更方便、更高效，成员之间的连接（Connectivity）也打破了现实生活中的交际程式和礼节，从素昧平生到相谈甚欢可以在瞬间发生。促使人们进行连接的，不是技术，而是对连接可能带来的利益的期待，从不易察觉的心理需求的满足，到潜在商业合作机会的发现，不一而足。而数字技术对此起到的是赋能作用，为这样的连接提供了可能性和可行性。具体来说，利用数字技术打造的网络平台和各种应用软件支撑了这样的连接。

以上所述，稍加留意便可从中发现，数字生态圈是一个泛指，它不是特指某一个网络虚拟空间。数字生态圈的实际运行情况是：圈内套圈、圈外有圈，层层叠叠无限延展。

对每一个企业而言，无论是线下还是线上，无论是加入生态圈还是自建生态圈，总要想明白一个问题：图啥？

就数字生态圈而言，加入一个生态圈是简单方便的事，基本上不需要什么成本投入，"图啥"的问题尽可以采取且行且看、见机行事的策略。如发现该圈与自己的"所图"没有什么交集，可以选择退出或是在其中"潜水"，这是没有什么代价的事。

对于企业自建数字生态圈，则不一样。企业首先需要明确构建数字生态圈的目标。数字生态圈的"自建"至少有两层意思。"自"是表示以我为主，所谓两层意思主要是指"建"的不同方式，当然，建的方式又与目的紧密相关。其中一种"建"的方式是利用现成的网络平台和社交工具进行搭建，然后呼朋唤友，请相关的人加入。这有点像我们平常所说的用微信拉一个群，在技术层面没有太多的难题，但是必须要明确建设这个生态圈是想达成什么目的，不然很可能应者寥寥。当然，这样的生态圈通常目标单一，功能也比较朴素简单，而且很多时候取决于所依托的网络平台能够提供的功能。

另一种"建"则是利用数字技术搭建网络平台，开发社交工具和小程序供大众和企业使用。这就是腾讯和阿里最为擅长的事业。

腾讯在数字生态圈建设中的核心理念是"连接一切",通过技术和平台促进人与服务、商家之间的无缝联系。依托微信和QQ,腾讯构建了强大的社交网络基础,连接了亿万名用户,并为生态圈内的合作伙伴提供流量支持。为了推动合作伙伴的数字化转型,腾讯推出微信小程序、公众号平台和腾讯云等工具,既能帮助商家轻松创建线上服务,增强与用户的互动,又能通过云计算和数据分析更好地了解市场需求与用户行为。特别要提到,微信支付通过与商家的协作,加速了线上线下融合,使消费者更加便利。

美团专注于本地服务领域,构建了完整的生活服务生态,如外卖、酒店、旅行等。利用AI与大数据技术提升用户体验,同时帮助商家实现精准运营。

开放平台同样为包括美团在内的合作伙伴提供发展支持,形成多方共赢的局面。这一系列举措充分体现了腾讯"连接一切"理念的落地实践及其对数字生态圈合作伙伴的深远影响。

在商业布局方面,腾讯采取了开放赋能的策略,其"去中心化"的特点使得更多中小企业能够通过腾讯的开放平台获得发展机会。微信小程序、腾讯云及腾讯广告等服务成为赋能企业数字化转型的重要工具。而在游戏、文化娱乐等领域,腾讯则通过投资与技术支持构建了完整的产业链。

同时,腾讯高度重视技术研发,以大数据、人工智能和云计算为核心,逐步完善了其技术生态,推动数字生态圈的健康发展。

与腾讯不同,阿里巴巴(简称"阿里")的数字生态建设以电子商务为核心。"让天下没有难做的生意"的使命驱动着阿里巴巴持续扩展其生态边界。从淘宝到天猫,再到新零售和跨境电商,阿里巴巴通过构建多元化平台,覆盖了从货物交易到供应链管理的全业务链条。

阿里的数字生态涵盖了多项领先服务,包括全球用户超10亿名的支付宝金融科技，以及被评为智能物流行业前三的菜鸟网络系统。这些服务共同构成了阿里商业生态的核心支柱。值得一提的是钉钉，这款企业级沟通工具已服务超过1000万家企业用户，通过整合社交和办公功能，极大提升了团队协作效率。在技术应用方面，阿里云借助其云计算能力，提供大数据分析服务，为用户推荐个性化商品并实现精准营销。菜鸟网络通过智能仓储和配送，每日处理超1000万件订单，优化物流效率。而支付宝在跨境支付场景中引入区块链技术，保障数据安全与交易透明。这些亮眼成绩彰显了阿里在技术赋能业务和优化服务中的全球竞争力。

阿里近年来加大了对海外市场的拓展，通过与本地合作伙伴联合发展，实现了其数字生态的全球化。

尽管腾讯与阿里的数字生态建设路径存在差异，但两者也有共通之处。首先，在用户体验方面，两家公司都非常注重用户感受。腾讯通过精准推送和智能推荐技术显著优化了社交与娱乐应用（如微信和QQ音乐）的使用体验。据统计，这些技术使得微信月活跃用户数在2023年达到了13亿，QQ音乐的用户留存率也提升至超过15%。另一方面，阿里通过提升菜鸟网络的物流效率，实施个性化推荐算法，大幅增强了电商平台的用户黏性。2022年，"双11"期间，阿里的高效仓配体系每日处理订单高达10亿件，成交额达5403亿元，有力证明了用户体验优化的重要性。

其次，在生态协作方面，两家公司均采用了开放生态的方式促进合作和创新。腾讯通过微信开放平台，与上百万家第三方服务提供商建立了合作关系，推出了滴滴出行、美团外卖等深受用户欢迎的小程序服务。这些小程序的日均活跃用户数已突破4亿人，成为生活服务领域的中坚力量。阿里则通过数字化转型，帮助银泰百货等多个传统零售企业融入其生态系统。据统计，2022年，银泰百货的线上销售额同比增长25%，显现出生态协作的巨大潜力。

最后，数据和技术仍是数字生态建设的核心驱动力。腾讯基于云计算和AI算法的持续创新，为多个行业提供了智能化解决方案。例如，腾讯云已在金融、医疗等领域落地超过10万个解决方案。阿里则通过达摩院，加快了大数据与机器学习的深度融合，仅2023年就投入了500亿元用于技术研发。这些技术不仅显著提升了用户体验，还为整个生态圈的可持续发展注入了不竭动力，深刻改变了数字经济的格局。

然而，不同的战略重心使得两家公司在生态圈建设上展现出鲜明的个性色彩。腾讯更偏向于支持内容消费及社交生态的构建，而阿里则更专注于交易场景的打造和商业生态的延展。

异军突起的拼多多和抖音也为数字生态圈建设贡献了新的方式和功能，进一步丰富了数字生态。

拼多多的核心生态模式围绕"社交+电商"展开，通过用户间的分享互动形成裂变式传播，吸引了大规模的下沉市场用户。拼多多在创造以消费者为中心的购物体验的同时，也通过"拼单"模式改变了传统电商的消费逻辑。拼多多以助力农业为重要方向，利用数字技术提高农产品流通效率，打造了一个连接农民与消费者的农业生态系统。通过"多多农园"等项目，拼多多协助农民实现生产计划、库存管理及销售的发展。拼多多通过优化物流和平台服务，不断提升运营效率。例如，与农产品基地合作，通过技术手段实现从生产到配送的全流程监控。同时，依托大数据分析，拼多多构建了更为精准的需求匹配机制。

抖音以短视频内容为核心，通过持续丰富的内容矩阵吸引用户，同时建立以"创作者"和"内容消费者"为主的双边市场生态系统。通过算法推荐技术，抖音提高了用户黏性，使内容分发更为个性化和精准。此外，抖音还通过支持原创内容，为创作者提供流量扶持、广告分成等，推动生态体系的繁荣。抖音的电商化动作可谓是其数字生态建设的重要发力点。近年来，抖音通过直播带货、电商小程序，以及短视频与购物链接的深度结合，构筑了从内容到消费的闭环体系。以"大众兴趣＋算法转化"为基础，抖音电商为品牌商品与消费者搭建了全新的消费场景。为了进一步拓展商业化路径，抖音还通过广告业务与企业服务构建"B端＋用户"的双边生态。例如，通过帮助商家实现精准获客、为其提供数据分析与广告投放指导工具，抖音提升了对品牌与企业的吸引力。

在企业数字生态圈的建设方面，还有一个不能遗漏的大咖，那就是华为。可以说，华为以其遥遥领先的数字技术在数字生态圈的建设上画下浓墨重彩的一笔。

华为在数字生态建设上聚焦于"设备＋服务"的模式，不仅优化其智能硬件（如手机、IoT设备），还推出HarmonyOS（鸿蒙操作系统）以支持更广泛的智能设备协同。此外，通过与开发者合作，华为打造了鸿蒙生态，使更多第三方应用加入其生态。但是，在华为所有的数字生态建设的贡献中，作者认为最值得关注的是华为的Meta ERP（企业资源管理系统）。

在本书第6章中，作者曾分析工业软件开发最令人困扰的是，作为需求方的业务团队离数字技术太远，而作为服务方的技术团队又离业务太远，由此很容易导致需求方讲不清需求，服务方控不住开发过程。数字系统建设项目失败率高达70%左右，原因盖出于此。在供应链国际化运行的当下，我们已经有太多的企业走出国门，对于没有太多国际化数字供应链研发经验的国内软件服务商来说，它们暂时无法理解这些企业对数字生态的要求、对ERP系统的需求，这是短时间内无法完成的使命。但是，华为开发ERP系统有其独到的先天优势。首先，华为走出国门，以"链主"身份构建国际供应链，亲力亲为的实践让华为有机会深度了解跨国企业在运营过程中对供应链构建和管理的需求。其次，华为本身就是数字技术方面的头部企业，其内部的数字化文化、员工的数字技能和对数字化的认知，都要比一般企业高出一筹,"讲得清需求"对它而言显然不会有太大的问题。最后,华为关于数字产品研发的项目管控经验丰富,因此也能"控得住过程"。如此一来,集需求方和服务方为一身的华为所打造的 Meta ERP 十分值得期待。

供应链本身就是一个企业生态圈,数字供应链就是企业的数字生态圈,但是在整个圈套圈的数字生态圈内,数字供应链是一个比较特殊的圈。它是企业自建的数字生态圈,且目标导向十分明确。这里的目标也是分层次的,既有宏大的规划,也有具体功能的设想。供应链数字生态圈必定依赖于先进的技术和平台,如云计算、大数据、物联网和人工智能技术。这些技术和平台能够实现数据的实时共享和分析,从而支持供应链生态圈内的协作与创新。

一般的企业数字生态圈比数字供应链更具包容性,参与其中的成员更为宽泛,几乎随进随出,没有门槛和资质要求。但数字供应链不一样,若要进入其中,需要获得数字供应链的构建企业的认可,对于不同的入圈成员也设有不同等级的门槛。

有不少企业由于一时间未能厘清思路完成顶层设计,或是因为缺少资金投入,就直接利用数字技术大厂(如腾讯、阿里)提供的小程序或即时通信工具打造数字化工作圈。这已经成了十分普遍的现象。例如,很多企业内部不同的业务团队都利用即时通信工具建立自己的工作群,以便进行业务沟通。当然,要建立跨部门的工作群也是十分简单方便的事。

这样的工作圈还可以超越企业的边界,与上下游供应商进行即时的信息交互、业务沟通甚至价格谈判。不仅可以进行一对一的即时通信,也可以一对多,甚至可以举行线上会议。从短期来看,这些由数字技术支撑的即时通信工具确实提高了沟通效率,因此非常受欢迎。但从长期来看,这样的沟通方式有其弊端。

以一个采购项目的实施为例,通过即时通信工具进行沟通的内容散见于相关人员的移动通信工具,如智能手机,因此难以完整归集汇聚整个项目的数据。例如，如果企业建有供应商管理的数据库，散见于采购人员智能手机的信息不可能被用于数字化的供应商评估，造成企业对供应商的业绩考评不完整、不全面，对供应商的评估逐渐失真，最后导致供应商管理数据库中的数据与供应商业绩的实际表现不符。

另外，即时通信工具的应用也可能形成项目执行全流程监管的盲区，在采购管理中，难以做到"事中监督、事后审计"。曾经有地方政府制定规则，严禁招投标项目的评标专家利用即时通信工具建群，可见是意识到了即时通信工具可能造成的监管盲区。但是，评标专家是否建群本身就是一个监管盲区，因此这一规则也就失去了意义。

同理，如果是销售项目，这些散见于即时通信工具的销售业绩，不能作为数据即时进行汇总和加工，用于分析市场需求的变化趋势，以便产品设计团队做出适当的设计方案调整，或是引领创新设计；也不可能及时反馈给生产部门，以便即时调整生产排期。总而言之，高效协同作业需要的是信息和数据完整且即时的传递，而这些散见于即时通信工具的销售数据在数据链中缺失了。

更为严重的隐患是，下游客户的信息大概率也不会同步到企业的客户管理系统（CRM），这不利于企业客户数据资源的安全管理。一个销售主管跳槽，可能会带走企业几乎所有的客户资源，导致当事企业陷入困境。类似的案例屡有发生，因此企业要注意防范。尤其是从数据资源化的角度来看，整个数据链缺失的一环会成为企业构建私域数据的一个致命伤，严重制约今后企业级 AI 应用的开发。

企业数字生态圈的建设，以及企业如何利用现有的数字生态圈，都要从数字化转型的根本目的出发进行规划。在数字技术飞速发展的进程中，数字生态也在快速进化，但不变的是，企业是为满足市场需求而存在的，只有创造价值，才能达到"盈利且可持续"的目标。在供应链和数字化重叠的当下，企业应该打造需求和数据双引擎驱动的数字供应链。

后 记

本书分享了作者 20 多年来从事供应链研究的所思所想和亲力亲为参与企业数字化转型服务的实战心得体会,撰写过程历经 4 年有余,期间数易其稿,及至付梓之日仍有修改和添加内容的冲动。究其原因除了考虑不周,还因为新技术快速涌现,尤其是人工智能技术快速迭代和创新,给了作者新的启迪和遐想。

考虑不周一定会导致错误难免,所以在此敬请读者理解。本书写作的初心仅为分享与沟通,只求内容对读者有参考价值,不强求读者认同。但若有读者愿意与作者分享读后所思所想甚至批评指正,在此先致谢意。

这个世界变化太快,以至于我们都不能确定新技术的出现和明天太阳的升起哪一个会先行到来。如何将层出不穷的新技术尽快应用于供应链,从大量的创新实践中发现供应链构建和运行的新规律,丰富供应链思维并进而推动供应链管理模式的创新,为中国特色的供应链知识和理论体系建设贡献绵薄之力,始终是令作者心向往之的事业。

作者在书中分享了对于数据资源的认知和利用方式、构建需求和数据双引擎驱动的数字供应链的初步思考,尤其是数字系统建设以"软件+"为第一性原理的"五步法"人工智能技术在采购环节应用的开发心得和所归纳的"五步法"但尤感到意犹未尽。当下作者正带领团队进行数字供应链即服务的新模式探索,对企业私域数据、邻域数据构建和公域数据利用,以及企业级 AI 智能体的开发都会有新的尝试，但愿有机会和读者做进一步的沟通和分享。

作者在构思和撰写本书的过程中，有幸获得北京大学光华管理学院副院长张影教授持续不断的鼓励和不遗余力的支持，在此要表示特别的谢忱。

吴树贵

2025 年 3 月 20 日于北京